Steven Carter
com Julia Sokol

A CORAGEM DE AMAR

Como Superar as Oito Maiores Barreiras para Manter uma Relação Duradoura

Tradução
ROSANE ALBERT

EDITORA CULTRIX
São Paulo

Título do original: *Getting to Commitment*.

O primeiro número à esquerda indica a edição, ou reedição, desta obra. A primeira dezena à direita indica o ano em que esta edição, ou reedição, foi publicada.

Edição	Ano
1-2-3-4-5-6-7-8-9-10	01-02-03-04-05-06-07

Direitos de tradução para o Brasil
adquiridos com exclusividade pela
EDITORA PENSAMENTO-CULTRIX LTDA.
Rua Dr. Mário Vicente, 368 — 04270-000 — São Paulo, SP
Fone: 272-1399 — Fax: 272-4770
E-mail: pensamento@cultrix.com.br
http://www.pensamento-cultrix.com.br
que se reserva a propriedade literária desta tradução.

Impresso em nossas oficinas gráficas.

Para minha mulher, Jill, com amor.

Agradecimentos

Todos os livros são escritos porque muitas pessoas, além do autor, contribuem para isso, e este livro não é exceção.

Em primeiro lugar, devo agradecer à minha esposa Jill, que foi a fonte de inspiração deste livro. Sem a sua crença no amor e na importância do comprometimento numa relação, nada disso teria sido possível.

Em seguida, meus melhores agradecimentos a Julia Sokol, minha antiga companheira de literatura e "co-especialista", cuja perspicácia, compreensão e brilhante talento literário se destacam em todos os projetos que realizamos juntos.

Agradeço também a muitos homens e mulheres que, tão generosamente, compartilharam suas histórias e seu tempo conosco para que outras pessoas pudessem se beneficiar com suas experiências.

Quando estou à procura da comprovação, da verificação e de uma visão mais ampla dos problemas dos relacionamentos, fico feliz ao saber que posso procurar a dra. Irene Harwood. Nos últimos sete anos, ela ajudou a dar forma ao meu trabalho, e sou-lhe muito grato por isso.

E ainda há várias pessoas especiais que devo mencionar – Maggie, Carla, Holly, Harry e Huck –, as quais têm muito a ensinar sobre o amor e o comprometimento. Deus abençoe cada um de vocês.

Como sempre, meus agradecimentos a Barbara Lowenstein e seu pessoal talentoso e comprometido com o trabalho desenvolvido nos bastidores.

Por fim, quero agradecer em especial à equipe do editor M. Evans, particularmente a George de Kay, por sua compreensão e apoio durante tantos anos.

Sumário

Introdução

Não devemos ficar embaraçados ao admitir quem somos. Somos os homens e as mulheres cujos relacionamentos (ou casamentos) parecem nunca dar certo. Nós nos apaixonamos, mas parece que não somos capazes de nos manter nessa condição. Algumas vezes, isso acontece porque as pessoas que desejamos são incapazes de nos amar da mesma forma, e então ficamos com o coração partido e nossos sonhos são destruídos. Outras vezes, somos nós que deixamos de amar; então sentimos culpa por sermos os causadores da rejeição em vez dos rejeitados. De um modo ou de outro, começamos a procurar novos parceiros, esperando que o próximo seja o "certo". Muitas pessoas já se frustraram tantas vezes que tudo o que querem fazer é ficar em casa, tendo por companhia o computador, a televisão, o aparelho de som ou seus animais de estimação.

Nossos pais olham para nós e ficam imaginando o que há de errado conosco. Nossos amigos, felizes no casamento, tentam nos apresentar a parceiros adequados, mesmo que já desconfiem acerca do que está errado. Passamos muitas noites com amigos igualmente solitários e, juntos, ficamos imaginando o que há de errado. Há várias comédias na televisão sobre pessoas que apresentam esse comportamento, mas a situação parece muito mais engraçada na telinha do que na vida real.

O problema é o seguinte: muitos de nós estão ansiosos para manter uma relação de amor e de compromisso com outra pessoa. Mesmo assim, sabotamos e diminuímos nossas chances de encontrar o amor que queremos. Em linguagem bem simples: não entendemos o que é o compromisso; não sabemos como iniciar e manter uma relação que seja importante para nós. À medida que nos envolvemos com alguém, descobrimos que é difícil ser vulnerável; é difícil sentir-se confiante. É difícil fazer boas escolhas e encontrar aquilo que achamos que estamos querendo. É difícil abrir o coração.

Não importa quanto protestemos dizendo que estamos à procura do relacionamento verdadeiro, freqüentemente nos sentimos mais atraídos pela fantasia do que por pessoas reais. E muitas vezes também queremos garantias irreais. Queremos saber o que o futuro nos reserva; queremos saber, com certeza, se tanto nós como os parceiros que escolhemos seremos capazes de cumprir nossas promessas. No entanto, o fato é que o amor verdadeiro não oferece garantias. Não somos sempre perfeitos, as pessoas que amamos não são sempre perfeitas e a união que formamos não é sempre perfeita.

Houve um tempo em que, quando duas pessoas declaravam seu amor uma para a outra, mantinham relações sexuais e passavam a morar na mesma casa, elas permaneciam juntas por toda a vida. Hoje em dia, não é mais assim. Vivemos numa época em que se valoriza a mudança acima de tudo. Levantamos de manhã, pegamos o jornal, ligamos o computador e imediatamente começamos a procurar coisas novas e diferentes. "O que vem a seguir?" e "Com que rapidez chegaremos lá?" parecem ser nossas palavras de ordem. Muitas vezes, nossa sociedade valoriza mais a individualidade do que a parceria, mais a liberdade do que o relacionamento, mais os padrões perfeccionistas do que o compromisso. E nossos relacionamentos estão espelhando essas tendências. Existem tantas opções, tantas possibilidades, tantas escolhas. Isso nos leva a acreditar que os relacionamentos podem ser tão descartáveis, substituíveis e atualizáveis como tudo o mais.

Diante da tendência dos tempos atuais, é fácil compreender por que tantas pessoas têm dificuldade para saber até que ponto devem investir no futuro dos relacionamentos em geral ou de algum em particular. Nós nos comportamos dessa maneira. Em nossa vida pessoal, com freqüência nos surpreendemos criando distâncias entre nós e nossos parceiros. Construímos barreiras incríveis e criamos situações complicadas para não ficarmos, nunca, verdadeiramente vulneráveis. As razões que nos levam a isso são muito óbvias: assumir um compromisso com a pessoa que amamos significa envolver-se numa situação de risco em que nosso frágil coração pode se machucar. E, é claro, comprometer-se com outra pessoa também implica outro tipo de risco: ficarmos presos a um relacionamento do qual possamos nos arrepender mais tarde.

Ainda assim, como muitos já descobriram, fugir do amor sempre nos leva de volta aos mesmos velhos lugares. Isso é assustador. Perguntamos a nós mesmos: o que acontecerá se eu não for capaz de assumir de fato um compromisso amoroso? Será que esse é o tipo de vida que eu quero? Essa pergunta reflete um dos maiores enigmas da existência humana. Amar alguém é ficar exposto a todas as coisas complicadas – tanto as complexas quanto as maravilhosas – que podem acontecer entre duas pessoas. Ficar sozinho e levar uma vida descomprometida é... bem, é ficar sozinho e levar uma vida descomprometida. Certamente, existem argumentos para justificar as duas posições. Mas, se o que você quer é um relacionamento amoroso e humano, prepare-se para enfrentar alguns riscos.

Antes de continuar, eu gostaria de fazer uma observação importante. O medo de se comprometer e a luta pelo compromisso são problemas universais que não resultam de nenhum tipo de orientação sexual nem são de seu domínio exclusivo. Assim, uso com freqüência exemplos com ele/ela que não se referem exclusivamente a questões heterossexuais. São questões humanas.

O amor sempre se apresenta a nós com desafios. Para alguns, esses desafios são vistos como barreiras intransponíveis. Para outros, eles são encarados como uma oportunidade de crescer e desenvolver-se. Para nos apaixonarmos e continuarmos apaixonados, precisamos nos render a um tipo de heroísmo. Se vamos viver uma experiência íntima, nosso coração tem de ser tão valente quanto amoroso. Isso porque é preciso ter coragem de verdade para amar e também para assumir um compromisso. Este livro vai ajudar você a encontrar essa coragem.

O amor é um processo, não uma solução

Estou diante de uma pequena platéia de homens e mulheres muito bem-intencionados, que estão investindo tempo, dinheiro e esperanças numa palestra sobre o compromisso e os conflitos gerados por ele. Como sempre, pedi aos membros da platéia que escrevessem na lousa três perguntas, que seriam respondidas no decorrer da palestra. Enquanto eles escrevem, eu leio as perguntas. Faço isso com toda a atenção, apesar de provavelmente já sabê-las de cor. Por mais que eu saiba que cada pergunta revela a personalidade e o dilema individual de quem a está fazendo, a verdade é que, basicamente, elas são sempre as mesmas.

"Como eu posso lidar com um parceiro que tem medo de se comprometer... um parceiro que não deixa eu me aproximar... que evita a intimidade?"

"Por que eu me apavoro com os relacionamentos?"

"Como posso saber se tenho medo do comprometimento em geral ou apenas em relação a um relacionamento específico?"

"Continuo escolhendo pessoas que têm medo de se comprometer. O que isso revela a meu respeito?"

"O que eu posso fazer para ajudar um parceiro que diz que está assustado?"

"Um de nós parece estar sempre com medo de ir adiante. Como quebrar esse padrão?"

Toda vez que faço uma palestra e me deparo com essas perguntas, imagino o que posso dizer para ajudar as pessoas. Eu conheço a espécie de desilusão e de dor que leva uma pessoa a assistir a uma preleção desse tipo. Sei como é difícil expor a vida pessoal a um grupo de estranhos. Sei quanto trabalho é preciso para manter um bom relacionamento. O que eu não sei é se as pessoas estão preparadas para fazer o trabalho necessário para que isso aconteça. Tenho certeza de que respostas rápidas não são suficientes. Não existem dilemas rápidos.

Algumas vezes, quando estou diante desses homens e dessas mulheres, tenho vontade de dizer: "Mesmo que eu compartilhe com vocês tudo o que sei, tão honesta e abertamente quanto possível, vocês têm certeza de que querem saber o que eu sei? Será que isso vai ajudá-los? Porque, se estiverem sendo sinceros, vocês se verão diante de um problema. Terão de lidar com a informação nova; precisarão mudar sua forma de pensar e de agir. Terão de proceder de maneira diferente tanto no relacionamento de vocês com vocês mesmos quanto em suas relações com outras pessoas. Isso demora, dá trabalho e nem sempre é agradável."

Durante os anos 90, muitos norte-americanos se habituaram a assistir à série *Seinfeld* na televisão. Todas as semanas, olhávamos para George Costanza e ríamos de seus problemas, que eram sempre os mesmos. Uma coisa de que podíamos ter certeza era que George não iria mudar. Eu me lembro de um episódio em particular: George se apaixonou por uma presidiária; a situação dela, por si só, os tornava não-disponíveis um para o outro. Como isso é típico! O relacionamento, por definição, já era limitado e exigia pouco de George. Evidentemente, ele estava fascinado com a situação. E, é claro, a relação deles terminou assim que a moça saiu da prisão. Como sempre, nada mudou. Podemos rir de George, mas com freqüência nosso comportamento é absolutamente previsível. Ao nos relacionarmos, seguimos os mesmos padrões várias vezes. Além de fazer escolhas erradas, estragamos alguns relacionamentos que tinham possibilidade de dar certo. Mas, na vida real, não é divertido. Podemos rir através das lágrimas, mas as lágrimas estão presentes. Eu acho que existe uma minoria de pessoas que não assumem compromisso com o parceiro não porque sejam incapazes disso, mas por se sentirem vazias e magoadas. Com isso, elas desperdiçam muitas oportunidades, e seus relacionamentos ficam incompletos. E como isso é desagradável!

O que fica claro é que, para a maioria das pessoas, fechar os olhos para os acontecimentos não funciona mais. Continuamos a bater nas mesmas teclas e terminamos no mesmo lugar escuro. Tudo o que nos resta, depois de tantos esforços, são os hematomas e os ferimentos causados pelo choque repetido contra paredes tão familiares, vivendo as mesmas emoções negativas. Se os velhos padrões não funcionaram no passado, o que nos faz pensar que eles terão algum efeito no futuro? Eles não nos levaram à amplitude dos relacionamentos; não nos ajudaram a encontrar o amor que queremos.

Dez anos atrás, eu sabia tudo sobre como *não* assumir um compromisso. Sabia tudo sobre o pavor do envolvimento amoroso – todos os detalhes, cada nuança, cada gesto, cada palavra, cada comportamento. Eu era um especialista, se não *o* especialista nesse tipo de medo. Conhecia mil e uma maneiras de fugir do amor. Durante algum tempo, numa época da minha vida, fugir do amor tinha seus atrativos; às vezes era até engraçado. Era divertido escapulir, esquivar-me e namorar. Depois, começou a ficar insuportável. Eu queria um amor que durasse, uma vida de verdade. Queria ser capaz de compartilhar um compromisso profundo com outra pessoa. Queria me apaixonar e permanecer apaixonado. Queria poder assumir verdadeiramente um compromisso.

Para a maioria das pessoas, fechar os olhos para os acontecimentos não funciona mais

Algumas pessoas acreditam honestamente que conseguem ser felizes sem ter um relacionamento estável. Dizem que o compromisso não é um ingrediente essencial em sua vida; que nem todos querem viver desse modo. Eu concordo. Nem todo mundo quer. Mas *eu* queria viver assim, e se você escolheu este livro para ler, é porque, com certeza, está interessado em ter um relacionamento em que haja compromisso. Agora, talvez você queira saber como pode passar do plano ideal para o real.

Meu trabalho é ajudá-lo nesse caminho, desmitificando o processo, familiarizando-o com suas opções e discorrendo sobre as armadilhas mais comuns que você encontrará em sua jornada. A parte mais difícil da tarefa cabe a você. Há apenas uma diferença entre os que conseguem e os que não conseguem chegar lá. Essa diferença não tem nada a ver com a idade, com o histórico de vida ou com a vontade de cada um. Trata-se da coragem.

Analise o seu medo de assumir compromissos

Num dia quente de verão, há mais de dez anos, eu estava em Chicago, sentado no palco do *Oprah Winfrey Show*, esperando pelas câmeras para começar a gravar novamente depois do intervalo comercial. O assunto do programa era a “compromissofobia”.

O programa estava sendo transmitido ao vivo para grande parte do país, e, durante os trinta primeiros minutos, muitos homens sentaram-se no palco e expuseram seus pontos de vista para uma audiência atenta. A impressão era de que estava sendo transmitida uma confissão de um grupo de homens de aparência normal que tinham tomado consciência de suas dificuldades quanto a manter compromissos românticos e relações duradouras. Ao falar sobre seus relacionamentos e seus problemas com as mulheres, esses homens assumiram sua parte de responsabilidade na quebra de promessas, de sonhos e de corações. A audiência presente no estúdio era surpreendentemente simpática. As mulheres, em especial, além de parecerem agradecidas pela honestidade, valorizavam a nova visão e a compreensão de um problema que também havia atingido muitas delas.

Então, chegou a minha vez de falar. Mas eu não estava ali para contar a minha história. Estava ali por outra razão. Eu tinha acabado de publicar um livro chamado *Men Who Can't Love*. Nesse livro, minha co-autora, Julia Sokol, e eu havíamos cunhado o termo *commitmentphobia* [compromissofobia] para descrever o sentimento das pessoas que têm uma reação claustrofóbica à intimidade. A obra, que oferece uma mensagem de alívio às mulheres envolvidas com homens compromissofóbicos, dedica-se a analisar esse problema.

Lembro-me nitidamente daquele dia. No palco, diante de mim, Oprah Winfrey me fazia a primeira pergunta, e eu estava ali, aterrorizado. Olhei para Julia, procurando apoio. Ela sabia como eu estava apavorado. Não apenas por me encontrar num programa tão famoso, mas também porque tenho minha pequena, desagradável e secreta dose de compromissofobia, que eu gostaria de esconder do público. Nesse instante, tornei-me dolorosamente consciente de que, mesmo sendo o *expert* do programa, não era melhor do que nenhum daqueles homens que tinham falado. De certa forma, era até pior. Até aquele momento, eu nunca tinha mantido um relacionamento que envolvesse compromisso. As perguntas óbvias que me assustavam eram bem simples: "Sr. Carter, e quanto ao senhor?" "Como é a sua vida?" "O que o senhor sabe realmente sobre intimidade?" "Como são os seus relacionamentos?" "E o que o senhor tem a dizer quanto ao seu próprio receio de se comprometer?"

Quero deixar bem claro que não existem regras estabelecendo que uma pessoa que escreve sobre relacionamentos seja obrigada a ter uma vida perfeita. Nenhuma lei determina que eu também não possa ter problemas em relação a assumir compromissos. Durante anos, todos os especialistas se basearam na cláusula "façam o que eu digo, mas não façam o que eu faço" para justificar seu próprio comportamento. De certa forma, isso é válido. O fato de o mensageiro também ter defeitos não quer dizer que a mensagem não seja digna de confiança. Para o mensageiro, entretanto, esse tipo de raciocínio tem pouca serventia. Além disso, naquele dia, eu me sentia envergonhado pela maneira como me comportara em muitos, se não em todos, relacionamentos. Tão envergonhado que não conseguia me imaginar contando minha história para ninguém, quanto mais para milhões de pessoas – e em rede nacional. Como especialista em relacionamentos, minha aparente superioridade seria duramente posta à prova, e isso era humilhante.

Depois da publicação de *Men Who Can't Love*, recebi uma grande quantidade de cartas de mulheres que me perguntavam se eu conhecera seus namorados, maridos ou amantes. Senão, diziam elas, como eu teria sido capaz de descrever tão detalhadamente seus relacionamentos? Um dos motivos pelos quais o livro descreve tão acuradamente o comportamento das pessoas com dificuldades para assumir compromissos é o fato de eu ser uma dessas pessoas. Centenas de outros homens e mulheres foram interrogadas sobre seus relacionamentos, mas, mesmo que os detalhes fossem diferentes, as histórias deles eram iguais às minhas. Quando se tratava de fugir do amor, sobravam poucas coisas que eu também não tivesse feito, dito ou sentido. Fui atrás de todos os relacionamentos "errados" e fugi daqueles que tinham a possibilidade de dar certo.

Escrever um livro sobre o medo de se comprometer me ajudou um pouco, mas não o suficiente. Ele me fez ver com clareza como o meu comportamento magoava as mulheres. Despertou em mim a consciência aguda de que a minha ambivalência e, por que não dizer, a minha covardia haviam gerado tanto dor quanto confusão. Assim que o livro foi publicado, eu me senti completamente destruído. Não poderia mais justificar minha velha maneira de agir diante dos relacionamentos. Precisava fazer alguma coisa nova. Mas o quê?

Algumas pessoas fogem do amor procurando parceiros que também estão num processo de fuga

Percebi que, mesmo que eu não seguisse nenhuma das recomendações que eu escrevera no livro, meus relacionamentos amorosos mudariam de alguma forma. O fato de eu pesquisar e escrever sobre a dificuldade de assumir compromissos por si só já me impedia de voltar aos velhos padrões. Por isso, o que fiz foi me voltar para uma coisa muito mais perigosa – para mim mesmo. Durante anos eu fora um compromissófobo ativo, fugindo das mulheres que demonstravam me querer, mas naquele momento eu me sentia muito culpado e consciente demais para continuar agindo assim. Mas o que eu poderia fazer em vez disso? Minha reação idiota era clássica. Eu fugia do amor procurando mulheres que também estavam num processo de fuga. Profundamente envergonhado com a minha incapacidade de me comprometer, eu inventava novas desculpas para mim mesmo, as quais me levavam a procurar mulheres que, quando muito, aceitavam um encontro sob muita pressão e queriam distância de relacionamentos duradouros.

Logo depois da publicação de *Men Who Can't Love*, comecei a sair com uma mulher muito complicada. Fiquei bastante confuso com esse relacionamento, já que eu acreditava não estar apaixonado mas, ao mesmo tempo, o meu sofrimento era grande demais. Para mim, aquela era uma boa lição sobre o que significava querer alguém que não o quer de verdade – ou, pelo menos, que não o quer por muito tempo.

Na semana em que *Men Who Can't Love* chegou à lista dos livros mais vendidos, meu telefone não parava de tocar. Algumas dessas chamadas eram de pessoas que queriam me cumprimentar; outras, de amigos; outras, ainda, de algumas ex-namoradas, que ligavam para me revelar que, finalmente, começavam a entender o meu comportamento. A moça que era minha namorada, na época, disse que não sabia mais se conseguiria assumir o compromisso de jantar comigo, porque o relacionamento a fazia sentir-se sob pressão. Quem sabe ela aceitaria o convite para jantar na semana seguinte? De repente, comecei a entender realmente o sofrimento das mulheres envolvidas com homens que entram e saem de uma relação com facilidade. Nesse meio tempo, um editor me procurou para encomendar um novo livro que desse seqüência ao *Men Who Can't Love*, e minha caixa de correio ficou abarrotada de cartas de pessoas que me perguntavam como podiam quebrar os padrões compromissofóbicos. Elas queriam saber como ir adiante. E então eu escrevi, mas não sei como.

A verdade é que *Men Who Can't Love* oferece aos leitores muitas idéias esclarecedoras. O livro dá informações, perspectiva e orientação. Essas coisas são muito importantes. Eu me sinto bastante orgulhoso da minha obra. Até agora, acho que ela é uma das análises mais honestas e elucidativas das questões ligadas ao comprometimento. Mas, apesar de ter conseguido descrever, analisar e até mesmo prever os padrões de comportamento de homens e mulheres que fogem do amor, eu não sabia, naquele momento, o que fazer para mudar essa situação. Nem em relação à minha própria vida nem à dos outros.

Hoje, acho que eu sei.

A formação de relacionamentos íntimos

Quando falamos de amor e compromisso, na verdade estamos nos referindo à capacidade de lidar com os relacionamentos em nossa vida. Tudo o que fazemos está relacionado a alguma coisa. Estamos ligados aos amigos, ao trabalho, à casa, às crianças, aos animais de estimação, às comunidades e, também, ao nosso planeta. Os bons relacionamentos nos ajudam a sentir prazer e felicidade; as ligações problemáticas têm o poder de nos deixar infelizes e revoltados. Os relacionamentos em que há ausência de significado podem levar ao vazio e ao desespero.

Quando nos envolvemos de fato com alguém (ou com alguma coisa), estamos sempre presentes e à disposição. Por essa razão, um relacionamento amoroso pode ser avaliado pelo grau de envolvimento que existe entre os parceiros – até que ponto estão presentes e disponíveis um para o outro. Ao nos comprometermos com alguém, concordamos em estar presentes e disponíveis; anunciamos que a nossa sincera intenção é permanecer juntos.

Os relacionamentos sobrevivem ou se acabam, dependendo do nível e da integridade da ligação entre os parceiros. Quando um relacionamento é posto à prova, é a ligação – o laço – que é testada. Se não houver um envolvimento profundo, complexo e significativo, o relacionamento provavelmente não passará pelo teste.

Ao falar sobre envolvimento, também estamos falando de rompimento – e da capacidade para lidar com a separação. Porque, quando isso acontece num relacionamento, a maneira como lidamos com a separação em geral é tão intensa e significativa quanto nosso jeito de lidar com a intimidade.

Conheço uma mulher que engordou cerca de dez quilos nos cinco primeiros meses de um novo relacionamento. Todas as noites, depois que o novo parceiro deixava a sua casa, ela se punha a comer tigelas de alimentos "compensadores" – pudins e/ou macarrão na manteiga. Ela me disse que não conseguia se controlar. Enquanto estava com ele, sentia-se "bem"; mas, quando ele saía de casa, à noite, ela ia correndo para a cozinha. Quando não estava mantendo um relacionamento, ela nunca fazia isso. O problema não é que ela não consiga ficar sozinha; na verdade, ela sempre se deu bem sozinha. Mas, assim que se envolve com alguém, fica reduzida a uma massa trêmula e indefesa. Cada vez que o companheiro sai, ela fica traumatizada. Essa mulher teve a sabedoria de compreender que a sua reação não tinha nada a ver com o companheiro. Ele não fazia nada que pudesse desencadear a ansiedade dela. O trauma de sua companheira estava associado a separações anteriores, e ela carregava sua história para todos os relacionamentos.

Com as pessoas que amamos, temos de sobreviver a um processo infinito de ligação e rompimento. Nos relacionamentos, nós nos unimos, nos separamos e depois voltamos a ficar juntos. Na segunda-feira de manhã, o casal que passou um fim de semana idílico é separado pela vida real. O que cada parceiro vai pensar e sentir enquanto os dois estiverem separados pelas circunstâncias da vida? Quando se despedem, ambos parecem estar completamente em sintonia. A relação continuará firme no dia-a-dia de seus mundos separados ou será que um deles ou ambos vão ser arrebatados de tal modo por novas experiências que aquilo que compartilharam se enfraquecerá? O período de desligamento rotineiro será emocionalmente monótono ou cheio de ansiedade, ciúme ou saudade obsessiva?

As pessoas que têm problemas em relação a assumir compromissos quase sempre sentem sérias dificuldades em lidar de forma adequada com seus relacionamentos e rompimentos. Com freqüência, tentam abreviar o processo ou contorná-lo completamente. Algumas vezes, procuram criar ligações íntimas que parecem tão instantâneas quanto impróprias. Em outras ocasiões, produzem barreiras tão grandes que provocam distância entre os parceiros, impedindo a formação de laços verdadeiros.

O amor é um processo, não uma solução

Se eu continuo a repetir essa frase, é porque muitos não conseguem acreditar nela. Desde pequenos, nós aprendemos a querer – e a esperar – que o amor seja alguma coisa mágica que produza mudanças de forma instantânea e definitiva. Talvez nós tenhamos acalentado a esperança de encontrar o estranho perfeito. Nós crescemos esperando honestamente que a experiência de encontrar esse alguém especial e apaixonar-se por ele transformaria *PERMANENTEMENTE* o modo como nos sentimos em relação a nós mesmos e ao mundo. Queríamos acreditar que o amor muda tudo num piscar de olhos – mágica e instantaneamente. Era assim que definíamos o amor. Mesmo quando já somos maduros, é comum nos prendermos a essa visão irreal de como as pessoas se relacionam umas com as outras.

Meu amigo Mike, por exemplo, está tentando decidir se vai ou não morar com uma mulher com quem vem se encontrando há um ano. Perguntei-lhe em que momento ele se sentiu mais profundamente ligado à namorada. Ele me respondeu que foi no primeiro encontro. Isso deixou claro para mim que ele não passou para um outro nível do relacionamento, em que olhamos para trás, para o começo, e vemos como ele era adorável, apesar de também um pouco primitivo. Se ele ainda imagina que o auge da relação foi no começo, é porque evidentemente um dos dois não deixou que o relacionamento amadurecesse. Mike sabe que ele é o tipo de parceiro que resiste ao crescimento.

Anos atrás, uma mulher, que estava envolvida com um homem profundamente compromissófobo, disse-me que o seu terapeuta lhe revelara que esse relacionamento atribulado nunca progredira, depois do primeiro encontro mágico. É verdade que ele sempre tivera a mesma troca de paixão intensa que houve na primeira vez em que eles saíram juntos, mas nunca evoluíra para aquele ponto em que existe uma certa garantia de comportamento; eles nem sequer sabiam se iriam ou não se encontrar de novo. De certa maneira, isso era muito romântico e excitante. Por outro lado, era um inferno.

Sim, um amor novo desperta a magia. E, em alguns casos, isso ocorre instantaneamente. Mas é apenas o começo de um relacionamento amoroso – a primeira demão de uma pintura que terá centenas de camadas. O amor evolui em estágios, e muda à medida que vai crescendo. Duas pessoas que se amam há pouco tempo podem imaginar que seu relacionamento é muito intenso; porém, só com o passar do tempo, se tivermos sorte, poderemos viver, com força total, a experiência extraordinária de amar verdadeiramente outra pessoa.

Para estabelecer uma ligação íntima, precisamos nos revelar ao companheiro por meio de ações, palavras e sentimentos, enquanto esperamos que ele retribua da mesma forma. Isso requer que ambas as partes sejam capazes de se aproximar e ficar juntas pelo tempo suficiente para que se forme um elo.

Pense nas diversas maneiras pelas quais reforçamos nossa relação com outra pessoa: os envolvimentos se formam por meio do contato social e da conversa, do relacionamento sexual e das experiências compartilhadas. Todos nós sabemos que as ligações amorosas se aprofundam à medida que as emoções, as vulnerabilidades e os problemas são compartilhados. Muitas relações não exigem nada; basta que as pessoas fiquem juntas, sentadas na sala, lendo o jornal ou assistindo à televisão, sem precisar conversar.

> **O amor evolui em estágios**

Quando amamos alguém e queremos reforçar o sentido de união, procuramos fazer coisas juntos. Ao partilhar nossos interesses, ampliamos nosso conhecimento e nossa compreensão a respeito da outra pessoa. Convidamos o companheiro a participar do nosso mundo e a conviver com nossos amigos e parentes. Isso fortalece a relação.

À medida que o relacionamento evolui, todas essas ligações vão acontecendo ao mesmo tempo, sobrepondo-se umas às outras, enquanto se formam os laços. São esses laços que preservam a relação em momentos de crise.

As pessoas que têm dificuldade de lidar com relacionamentos não deixam esses laços se desenvolverem naturalmente. Em geral, elas são mais ligadas a suas fantasias do que a um outro ser humano real, de carne e osso. Maggie, que estava envolvida num longo relacionamento, repleto de idas e vindas, com um homem que resistia a assumir compromissos, contou-me há pouco tempo que levou anos para perceber que muitos dos seus sentimentos mais intensos estavam baseados em seus sonhos, não em uma pessoa real. Se ela tivesse sido capaz de olhar para o seu parceiro de maneira realista, teria percebido a ausência de ligações verdadeiras.

Os relacionamentos compromissofóbicos são uniões em que um ou ambos os parceiros resistem a assumir compromissos. Muitas vezes, o parceiro que está fugindo do amor faz isso para levantar barreiras que impeçam a formação ou o aprofundamento das relações. Essas relações podem começar com uma intimidade quase instantânea e um relacionamento sexual intenso, mas então um dos parceiros se recusa a permitir que se desenvolvam outros tipos de vínculo. Por fim, o relacionamento vai ficando profundamente desequilibrado. Existem fortes laços de paixão e sentimentos profundos, mas faltam as experiências compartilhadas. O relacionamento nunca chega a revelar-se e a crescer.

Muitas vezes, nós achamos que a nossa relação é sólida, mas percebemos, mais tarde, que ela não tinha sustentação. Imaginamos que estamos vivendo um relacionamento especial e depois constatamos que ele não passava de uma ligação superficial, fundamentada em informações falsas ou, pior ainda, em fantasias ou falsas esperanças.

Outras vezes, ficamos tão ansiosos para encontrar o amor que nos deixamos seduzir pela possibilidade de um longo relacionamento amoroso antes mesmo que se concretize uma ligação real. Com freqüência descobrimos, com tristeza, que algumas pessoas não são capazes de manter relacionamentos verdadeiros. Talvez elas até consigam desempenhar maravilhosamente bem seu papel num encontro, ou por telefone, ou durante fantásticos dez minutos, mas não conseguem continuar a se exibir, porque não podem ser reais e permanecer verdadeiras. Isso tudo dá uma enorme sensação de vulnerabilidade, de sensibilidade, de estar exposto. Existem muitas oportunidades para ser rejeitado, ferido, mal-entendido ou manipulado.

Se você mantiver uma ligação verdadeira, continuará a ligar pecinhas de si mesmo a pecinhas de outra pessoa. Para estabelecer um relacionamento profundo, precisamos ligar centenas dessas pecinhas durante um período. Depois, temos de observar alguns desses nós se desfazerem e então criar nós novos e mais fortes. É por isso que o tecido que compõe um relacionamento é tão particular e fora do comum.

No começo de um relacionamento, é normal usarmos um tipo de máscara e mantermos uma certa distância. Afinal, quando você vai se encontrar com um estranho, não é uma atitude muito inteligente revelar tudo o que você é, logo no início. Isso seria tolo e perigoso. Mas, se você pretende manter um relacionamento duradouro e gratificante, chegará o momento em que terá de revelar todo o seu eu – gradativamente, é claro. Quando conservamos muitas partes de nós mesmos afastadas de nossos companheiros, acabamos deslizando na superfície do relacionamento. Os laços se tornam frágeis – só para os bons momentos. Isso, às vezes, talvez pareça interessante, mas falta profundidade e riqueza nesses laços, para que nos sintamos verdadeira *e* permanentemente unidos.

No livro *Men Who Can't Love*, falei sobre a compreensão do problema do comprometimento. Neste, agora, apresento os passos necessários para uma pessoa se comprometer. Muitas vezes, algumas mulheres me dizem que, hoje em dia, são capazes de reconhecer um compromissófobo à primeira vista; assim, quando surge a suspeita de algum sintoma em particular, elas põem o rótulo e acaba tudo. Seria ótimo se fosse sempre tão fácil desviar-se do perigo, mas não é. A maioria das pessoas são potencialmente "fugitivas", mas também têm a capacidade de se comprometer com relacionamentos bem-sucedidos.

Hoje, minha vida é muito diferente do que era dez anos atrás. Estou casado e feliz, e minha mulher é estável, amável e carinhosa. Espero permanecer nesse relacionamento. Sinto-me feliz, e o fato de eu ter assumido um compromisso não me trouxe problemas; não me sinto liquidado. Nada disso foi um acidente. Minha mulher diz, brincando, que eu sou a pessoa que mais trabalha no ramo do relacionamento, e ela sabe do que está falando. Trabalhei muito para chegar onde estou. Se eu consegui atingir esse patamar, você também conseguirá, tenho certeza.

A superação das oito barreiras ao amor

Existem alguns desafios básicos entre você e o relacionamento que você merece. Eles surgirão, quase inevitavelmente, toda vez que você tentar estabelecer uma relação. Não são exclusividade sua ou de seus relacionamentos. Na realidade, de diversas formas, eles são arquetípicos e definem o próprio relacionamento.

Mesmo correndo o risco de estar sendo excessivamente simplista, reduzi esses desafios a oito barreiras muito específicas. É possível que você esteja dizendo: "Apenas oito!". Talvez, para você, eles pareçam ser oitocentos ou, em alguns casos, oito milhões. Algumas pessoas se sentem tão exauridas por suas tentativas de se envolver com alguém que nem se interessam em saber quantos desafios existem, pois para elas sempre serão muitos. Excesso de obstáculos para saltar; muitos compromissos para assumir; inúmeras lições para aprender; adversidades sem fim para superar.

Muitas pessoas têm uma má vontade crônica para enfrentar os desafios do relacionamento. Em geral, elas têm fantasias bastante arraigadas sobre como deveria ser fácil manter um relacionamento perfeito. Elas acham que apaixonar-se e permanecer apaixonado não deveria exigir nenhum esforço. Toda vez que sofrem um baque, pensam que existe alguma coisa de errado com os parceiros, com elas mesmas ou com a relação. Essa é uma atitude de autodefesa.

Quando quer comprar uma casa ou um apartamento novos, você sabe que haverá uma série de barreiras que precisarão ser superadas. Em primeiro lugar, é necessário ter o dinheiro para pagar. Depois, você deve contratar um corretor idôneo em quem possa confiar e que seja capaz de ajudá-lo a encontrar o local que atenda às suas necessidades. Uma vez encontrado o lugar, você terá de recorrer a um advogado e se submeter à provação de várias consultas e aprovações, como tirar certidões negativas e conseguir crédito nas instituições bancárias. Finalmente, se você tiver a sorte de sobreviver às várias negociações e ao fechamento do negócio e chegar à condição de proprietário da sua nova casa, o trabalho pesado terá apenas começado. Na casa, haverá outros problemas com que se preocupar, como o encanamento, o aquecimento, a eletricidade. *O telhado.* Num condomínio, existirão as taxas de manutenção e a manutenção em si. O processo não tem fim, consumindo seu tempo, abalando-o financeiramente e aborrecendo-o de muitas maneiras, mas a recompensa final fará tudo valer a pena. O mesmo se aplica aos relacionamentos.

Quando estamos procurando um lugar para viver, aceitamos o fato de que teremos de dar certos passos. O processo é inegociável. Se é isso que você quer, é isso que precisa fazer. Mas, no que diz respeito a relacionamentos, muitas vezes resistimos a admitir que há um processo a ser seguido e muito trabalho a ser feito. É claro, podemos atribuir ao trabalho pesado de ter um companheiro apenas uma manutenção superficial, mas, quando a batalha começa, em geral procuramos uma solução diferente – "Talvez eu encontre outra pessoa...", "Talvez fosse melhor eu ficar sozinho...", "Talvez eu ainda não esteja pronto...", "Talvez eu esteja cometendo um erro".

Quando as pessoas descrevem o "trabalho pesado" dos relacionamentos, o que elas estão, quase inevitavelmente, descrevendo é o encontro com um desses oito desafios. Tentar atrair uma pessoa para um compromisso implica assumir esse processo. Não há atalhos. Temos de encarar esses desafios, caso contrário teremos de conviver o tempo todo com as limitações da relação.

Embora eu vá analisar essas barreiras uma a uma, elas não se apresentarão necessariamente em separado, "ao natural". No processo de relacionamento, você estará lidando com muitas delas, se não todas, ao mesmo tempo. Em certos dias, algumas ficarão mais evidentes do que outras, mas esses desafios não representam oito estágios. Devem ser encarados, antes, como oito diferentes direções das quais pode surgir a resistência.

Por experiência própria, descobri como é importante identificar e separar cada um desses desafios. Quando você faz isso, consegue uma borda de apoio. Se encará-los todos juntos, por outro lado, talvez eles pareçam uma massa assustadora ou um problema insolúvel. Eu descobri que, se separarmos os elementos principais e manejá-los peça por peça, esses obstáculos se tornam transponíveis. Acho que você também chegará à mesma conclusão.

Desafio Um

A coragem de parar de culpar os outros

Os amigos de Beth a amam. Provavelmente por isso é que a preocupação deles com ela é tão grande. A família dela também está preocupada. Ninguém entende por que uma mulher tão bonita e talentosa como Beth não consegue encontrar um homem que aprecie suas excelentes qualidades, e Beth também se faz a mesma pergunta. Ela pensa muito nos homens que falharam com ela: Sam, com quem ela tinha certeza de que acabaria se casando até o dia em que ele lhe disse que iria se casar com outra; Eric, com quem ela achava que poderia desenvolver um bom relacionamento desde que ele concordasse em vê-la mais do que uma vez por mês; Hank, com quem ela viveu momentos de sexo apaixonado, mesmo que ele se recusasse a compartilhar qualquer momento de sua vida social; Barry, que só queria compartilhar sua vida social e se recusava a manter um relacionamento sexual com ela. Que lista! Onde ela os descobriu? Por que os descobriu?

Beth ainda conserva algum sentimento por alguns desses homens. Ela não tem uma idéia concreta do que houve de errado com esses relacionamentos. Tudo o que ela sabe é aquilo que sente: que os homens da sua vida a rejeitaram. Se você perguntar a ela por que seus relacionamentos não duram, ela dirá que é por causa dos homens que conheceu. Ela pode até culpar os homens em geral. Mas não parece ser capaz de perceber que teve participação na escolha desses homens; que teve participação no fracasso dos relacionamentos.

Sam é um dos homens com quem Beth saía. Ele ainda está solteiro e sozinho. Ah, ele realmente se casou, como havia dito a Beth, mas se divorciou depois de um ano. Se você perguntar a Sam por que nenhum de seus relacionamentos deu certo, ele lhe dará uma série de explicações extremamente complicadas. Ele sente que amou Beth. Eles tinham um envolvimento sexual muito forte. Apesar disso, Sam decidiu que não poderia se casar com Beth por achá-la muito dependente da família e também porque imaginava que ela, como professora, não teria uma carreira suficientemente interessante.

Quando Sam encontrou a mulher com quem se casou, ficou fascinado pela ambição dela, por seu espírito independente e sua personalidade expansiva. Beth não era nada disso. Mas a outra tinha sua própria cota de qualidades negativas. Por fim, Sam descobriu que ela era insaciável, exigente e mimada. Sam admite que, de fato, se divorciou da mulher porque ela tinha muito pouco das qualidades de Beth. Sam já havia se casado antes, quando estava com vinte e poucos anos, e, embora goste de diversas coisas que o casamento oferece, suas duas experiências foram tempestuosas e perturbadoras.

Sam agora tem um novo relacionamento, o qual ele acha que não vai durar porque a mulher "não tem pernas bonitas", e, como ele se preocupa de fato com sua capacidade de ser fiel, não sabe se conseguirá se manter casado com uma mulher que não tenha um corpo fabuloso.

Evidentemente, essas breves descrições da vida pessoal de Beth e Sam são muito simplistas e não descrevem por completo as implicações emocionais dessas situações. Beth, por exemplo, foi se tornando cada vez mais deprimida com seus rompimentos. Também ficou com medo dos relacionamentos em geral. Assim como a Bela Adormecida, ela se mantém recolhida em sua concha, esperando por um Príncipe que admire suas qualidades e a desperte com um beijo.

Ao contrário de Beth, Sam está sempre procurando a parceira certa. Ele observa e observa. E ele *sempre* encontra mulheres por quem se sente atraído. Mas, não importa quão forte seja a atração inicial, ele descobre defeitos em todas elas. Existe uma mulher, por exemplo, por quem ele se interessa há anos, mas ela é casada – aliás, com um amigo bem próximo. Atualmente, Sam está tão confuso com seus altos e baixos emocionais que seu comportamento o está deixando insensível.

Beth e Sam têm muita coisa em comum além do fato de terem saído um com o outro por alguns anos. Ambos estão convencidos – absolutamente convencidos – de que os motivos básicos que impedem que seus relacionamentos dêem certo giram em torno dos defeitos de seus vários parceiros. Beth quer um companheiro que a faça sentir-se amada – total e completamente. Sam deseja a mesma coisa. Ambos acham que estão prontos para "o relacionamento verdadeiro"; os dois acreditam que merecem ser amados. Eles se julgam bem-intencionados. Os dois crêem que estão amando. E ambos acusam seus parceiros por, de alguma forma, não terem sido "suficientemente" bons.

Quando os relacionamentos não dão certo, nossa tendência é culpar os parceiros – seus defeitos, suas neuroses, seus problemas em relação a se comprometer. Se eu parar e pensar sobre isso por algum tempo – e se eu for capaz de ser honesto o bastante –, terei de admitir que culpei todas as minhas parceiras pela ruptura dos meus relacionamentos – mesmo quando eu dizia não estar fazendo isso.

Quando os relacionamentos não dão certo, nossa tendência é culpar os parceiros

Lembro-me de um relacionamento que eu tive, no qual eu evitava me comprometer por completo. Minha companheira se achava aborrecida, com toda a razão. Minha parte mais politicamente correta me dizia que isso era problema meu, não dela. De fato, muitas vezes tínhamos longas conversas, em que eu lhe explicava que quem não conseguia amar por inteiro era eu, nem mesmo a mim. Que eu nem sequer me conhecia direito. Minha companheira agia como se acreditasse em minhas palavras. Mas, e eu? Será que eu acreditava realmente? Não.

Mesmo enquanto eu estava falando, uma outra voz em minha cabeça sussurrava: "*Ela* é a culpada por eu não poder ir adiante. Ela é o motivo que me impede de me comprometer mais. Ela não é... excepcional. E, então, eu atacava todos os pontos em que ela não atingia a perfeição, tanto em relação a mim quanto de modo geral. Nem por um instante eu considerava os inúmeros aspectos em que *eu* estava muito longe da perfeição.

Não muito tempo depois de o nosso relacionamento acabar, eu e essa mulher verdadeiramente extraordinária fomos dar um de nossos últimos passeios a pé. Eu ainda precisava justificar o rompimento, pois estava me sentindo muito na defensiva, o que não era de surpreender. Minha posição defensiva nos levou a uma conversa mais ofensiva. Lembro-me de que comecei essa longa e insana divagação sobre como meu cérebro era semelhante a um sofisticado computador de grande capacidade enquanto o dela era um PC doméstico. Embora fôssemos igualmente inteligentes (menti, porque naquela época eu não acreditava realmente nisso) e ambos capazes de executar as mesmas tarefas (também não acreditava nisso), eu vivia numa velocidade diferente da dela. Precisava de mais *input* a partir de mais canais. Em resumo, precisava de muito mais estimulação e de tarefas múltiplas. Sim, sinto-me envergonhado ao admitir que eu realmente disse isso. Por que aquela mulher não me pôs de joelhos e me derrubou na areia, ali, naquele momento, eu de fato não sei. Provavelmente porque ela era muito mais esperta, muito mais decente e humana do que eu. Era evidente que eu perdera a cabeça.

É fácil imaginar como foi complicado para mim admitir que isso aconteceu, especialmente para milhares de leitores cujo respeito tenho lutado para ganhar durante anos. Mas eu precisava contar essa história para deixar claro como podemos enlouquecer quando não conseguimos assumir a responsabilidade por nossos conflitos em relação a assumir compromissos.

Começar aqui, começar já

Seu primeiro desafio no caminho do comprometimento é analisar todas as formas pelas quais você destrói a si mesmo nos relacionamentos. Como *você* liquida a *si mesmo*. Isso não tem nada a ver com o que John, Jane, Bob ou Barbara fizeram ou deixaram de fazer.

Se você costuma escolher parceiros potencialmente maravilhosos e depois foge deles por causa de seus medos, você é responsável.

Se você se envolve com parceiros compromissófobos e fica com eles, você, ainda assim, é responsável.

Você está percebendo minha intenção? O primeiro desafio no caminho do amor é ter coragem de analisar o seu comportamento e o seu histórico amoroso. Você não pode continuar procurando fora de si algo que começa no seu interior. Com certeza, você deve ter tido alguns parceiros terrivelmente difíceis. Mas, para começar, pergunte a si mesmo: "Como eu faço isso?" "Quais são os meus padrões?" "Quais são as minhas desculpas?" "O que eu me recuso a ver?"

A única coisa que lhe permitirá abrir os olhos é a vontade de aceitar a responsabilidade por seus próprios problemas em relação a assumir compromissos e à maneira como eles terminam. Isso é o "abre-te, sésamo", a senha para um início diferente.

Acredite em mim, todos têm algum tipo de problema na hora de assumir compromissos

A maioria das pessoas tem conflitos em relação a assumir compromissos. A única diferença é que alguns lidam melhor com eles do que outros. Não conheço ninguém que não goste da idéia de um relacionamento estável e amoroso ao lado de um parceiro com quem compartilhe experiências românticas.

Também não conheço ninguém que não goste da idéia de sentir tanto as sensações novas quanto a alegria despreocupada que uma excitante vida de solteiro pode proporcionar. Felizmente, à medida que amadurecemos, descobrimos que não podemos estar em casa nos feriados, com as crianças e a nossa companheira, e ao mesmo tempo estar no hotel mais glorioso do Caribe, fazendo amor pela primeira vez com a mulher mais linda do mundo.

Ter conflitos em relação a assumir compromissos é um fato normal. Até o relacionamento mais amoroso exige um trabalho intenso. Mesmo nos melhores relacionamentos, precisamos renunciar a certas liberdades (pessoal, financeira e sexual) em troca de um laço amoroso. Você *deve* ter conflitos. Viver esses conflitos faz parte da condição humana. O que importa não é o conflito em si, mas como você *lida* com ele.

Se você não consegue entender seus problemas com relação a compromissos, conflitos e medos – o que quer que eles sejam –, só pode lidar mal com eles. O que me assusta, acima de tudo, é ouvir alguém *insistindo* em afirmar que não tem medo de compromissos. Alguns homens garantem que, se encontrassem a parceira certa, seriam capazes de assumir por inteiro um compromisso; e há mulheres que dizem estar passando por um momento difícil enquanto se recuperam do fim de um relacionamento com um homem que as abandonou. Nenhum deles enxerga seus próprios padrões.

Eu acredito firmemente que, se você ocultar o seu conflito por muito tempo, será ele quem conduzirá todo o espetáculo. Eu sei do que estou falando. Fugi dos meus conflitos por muitos anos, e eles me trouxeram tanta vergonha que só consegui lidar mal com eles. Eu me julgava negativamente, tentava me esconder da minha própria realidade e me magoava, dando voltas contínuas na vida. Não conseguia encarar os meus problemas e lidar com eles de uma maneira saudável; assim, eles acabaram tomando conta de mim. Ditaram meu comportamento, minhas escolhas e meus sentimentos.

Faz parte do ser humano ser ao menos um pouco ambivalente em relação a assumir compromissos

Tanto faz que você seja um solteiro "louco e selvagem" ou um marido monógamo e devotado, pai de três filhos; faz parte do ser humano ser ao menos um pouco ambivalente em relação a assumir compromissos. Comprometer-se *é* assustador. Não importa o quanto você ame o seu parceiro, é natural ter algum medo e ansiedade. É normal. Trabalhar esses medos no contexto de um relacionamento estável com um parceiro bem-intencionado é sinal de maturidade emocional.

Quando eu estava no auge dos meus conflitos de comprometimento, descobri que tinha dois tipos de amigos que, de certa forma, personificavam os dois possíveis estilos de vida. Um grupo era como eu – fugitivos –, com quem eu podia conversar sobre minhas fantasias de relacionamentos e rompimentos; no outro grupo estavam os amigos que eram completamente ligados ao mundo – pessoas que eram como âncoras para mim. Este último grupo estava vinculado ao mundo real por crianças, hipotecas e animais de estimação. Esses amigos eram tão bons que me deixavam sentar em suas salas de visita, por um curto espaço de tempo, para contar minhas tristes histórias. Para eles era uma diversão, e para mim era um lugar onde eu podia pôr os pés no chão. Entretanto, eu não conseguia ficar lá por muito tempo. Chegava a ser quase tranqüilo demais. Sei que, às vezes, eles olhavam para mim como se eu fosse um ser de outro planeta. Eles achavam que eu estava louco por levar uma vida tão estressante e desligada, apesar de ser a única que eu sabia viver.

Eu gostava de visitar meus amigos acomodados; porém, na verdade, não os invejava. De fato, não importava o quanto eu pudesse estar mal, sempre me sentia superior. O amor deles parecia aconchegante, mas também "pequeno". Eu procurava alguma coisa maior – uma avalanche de sentimentos, potencialidades, envolvimentos e qualidades especiais. Eu me perguntava o que essas pessoas sabiam realmente sobre o amor. Os problemas deles pareciam demasiado mundanos e triviais.

Tenho entrevistado homens e mulheres que apresentam esse tipo de conflito durante anos. Sempre fico chocado com a capacidade que eles têm de desprezar seus irmãos comprometidos. Quando eles olham ao redor, para seus amigos e semelhantes, tudo o que conseguem ver são pessoas que, de alguma forma, "se acomodaram" com um amor que não é perfeito. Eu sei como eles se sentem. Eles acham que estão procurando algo especial que essas outras pessoas não encontraram.

É muito frustrante tentar falar com homens ou mulheres que vivem essa situação. Eles estão fugindo do amor e nem sequer percebem isso. Existe uma única coisa que as pessoas com esse tipo de problema têm em comum. Todos esperam que o amor os atinja certeiramente. Todos acham que o compromisso começa com o "parceiro certo", a pessoa que vai fazê-los sentir-se protegidos, amados e fazendo parte de um mundo especial. Alguns percorrem o mundo, procurando o companheiro certo; outros ficam em casa, sonhando com o parceiro perfeito que um dia encontrarão. Nenhum desses métodos funciona.

As pessoas que têm conflitos em relação a assumir compromissos geralmente transportam essa mesma atitude para outras áreas de suas vidas. Estão sempre procurando o emprego perfeito, o apartamento ideal ou, mesmo, o par de sapatos mais adequado. Resistem a *todas* as formas de comprometimento e evitam decisões das quais sintam que não há retorno.

Não estou dizendo isso para que você comece a se espancar por suas falhas. Digo isso para que você *pare* de se espancar – e de espancar os outros também. Quanto mais cedo você conseguir despejar seus conflitos sobre a mesa, bem à vista, mais cedo você conseguirá eliminá-los. É possível mudar.

O caminho entre a acusação e a admissão da própria responsabilidade

A estrada para o amor e o compromisso começa quando você pára de fugir dos seus conflitos, e não quando encontra a pessoa certa. Nem quando você se torna monógamo ou quando fica noivo. Nem quando você se casa e, tampouco, quando tem seu primeiro filho; nem quando comemora suas bodas de prata. Ela começa quando você pára de culpar seus parceiros porque eles falharam com você e levanta a bandeira e assume a responsabilidade pela forma como *você* lidou com *seus* relacionamentos.

Comece por observar como você constrói as suas relações

Existem três grandes perguntas que você deve fazer a si mesmo:

- Como armo situações para me desiludir?
- Como crio situações que provocam desilusão nos outros?
- Como posso agir de forma diferente no futuro?

Essas perguntas podem ser aplicadas a quase todas as situações. Recentemente, participei de um programa de rádio que consistia de perguntas feitas por telefone, e uma das ouvintes ligou para falar a respeito de sua história amorosa. A seguir, transcrevo parte do que ela disse:

"Os três últimos homens com quem me envolvi tinham medo. Mas o último foi o pior. Eu tinha certeza de que iríamos compartilhar nossas vidas; mas, então, ele praticamente deu uma guinada de 180 graus, adotando uma conduta imprevisível, e acabou tudo. Quero saber o que há em mim que dá margem a que isso aconteça. Por que sujeitos como esse me procuram?"

Freqüentemente, ouço variações dessa pergunta, e acho que essa mulher, assim como outras, está fazendo a pergunta errada. Se pessoas com sérias dificuldades para assumir compromissos continuam a cruzar o seu caminho, lembre-se: há muitas delas circulando por aí. Se você sair de casa, terá uma grande chance de encontrar possíveis parceiros que não conseguem manter relacionamentos verdadeiros. A questão não é por que eles o procuram, mas por que *você se envolve*. Em vez de focalizar todas as pessoas problemáticas do mundo, está na hora de você começar a pensar em como mudar seus próprios padrões.

A primeira grande pergunta que você deve fazer a si mesmo é: *como armo situações para me desiludir?*

Não existe graça nenhuma em ficar zanzando por aí como uma vítima confusa. E é quase impossível conseguir assumir um compromisso se você continuar a cometer os mesmos erros de julgamento. Quer uma ajuda para descobrir como você cria situações para se desiludir no amor? De uma forma bastante padronizada, isso acontece de uma das maneiras descritas a seguir, ou de todas.

1. Ao não prestar atenção à sua própria história de amor e às suas necessidades.

Você é a pessoa mais indicada para compreender seu comportamento. Só você sabe exatamente até que ponto é vulnerável a um certo tipo de aproximação e de sedução. Você tem alguma tendência a não se proteger devidamente? Você sempre deixa que o relacionamento flua muito rápido ou se torne íntimo depressa demais? Quando você encontra um parceiro em potencial, você pára por um momento e ouve a sua sábia vozinha interior que o aconselha? Ou você apenas vai adiante e espera pelo melhor? Você lança mão de uma série de racionalizações insatisfatórias que não funcionaram no passado, semelhantes a: "Como vou saber se posso confiar em alguém se não confiar nele?"

Preste muita atenção às lições da sua própria vida. Se você, por exemplo, estiver sempre envolvido em relacionamentos em que se exige certa distância porque o parceiro é casado, sempre infiel ou geográfica ou emocionalmente indisponível, encare o fato de que você pode estar escolhendo relacionamentos desse tipo.

Todos nós precisamos nos proteger mais e manter nossos limites emocionais e físicos no lugar até que *saibamos* – não apenas esperemos – que as coisas vão funcionar.

2. Ao não conhecer ou não levar em conta a história de vida do nosso parceiro em potencial.

Se alguém, no passado, teve conflitos em relação a assumir compromissos, quase com certeza vai tê-los no futuro. Procure saber sobre a vida do seu parceiro para não sofrer mais tarde. Você não precisa sobrecarregar no primeiro encontro uma artilharia de perguntas. Deixe apenas que o relacionamento entre vocês flua naturalmente e você descobrirá. As pessoas falam; os amigos e os parentes dele falam. Você não precisa sondar; nem ser acusador ou fazer julgamentos. Basta ouvir e fazer algumas perguntas *leves*, e você descobrirá o que precisa saber. E, se ouvir ou perceber algo que prenuncie confusões, preste atenção e se proteja.

Donna, uma mulher a quem entrevistei certa ocasião, contou-me que seu namorado tinha tanto medo de se comprometer que desmanchou o compromisso entre eles por *e-mail*. Ela disse que, no começo do relacionamento, nada no comportamento dele a fez suspeitar que deveria tomar cuidado. "Deve ter havido alguma coisa", eu lhe disse. "Bem", ela respondeu, "em nosso primeiro encontro, num restaurante bem caro, havia uma mulher de muito boa aparência sentada em outra mesa. Quando Gerald a viu, disse 'humm'. Então, a mulher se levantou, veio até a nossa mesa, sentou-se e disse: 'Você está me ignorando há cinco meses. Pensei que tínhamos um relacionamento. Algum dia você vai me explicar o que aconteceu?'"

"E então", perguntei a Donna, "isso não a fez ficar com medo de que ele a deixasse futuramente, da mesma forma como deixou aquela mulher?"

À medida que Donna foi falando, ela se lembrou de inúmeras outras histórias que Gerald havia lhe contado sobre as ocasiões em que fugira de relacionamentos com outras mulheres. Ela simplesmente não prestara atenção.

3. Ao acreditar a) que você é especial e b) que o seu relacionamento será tão especial que as regras do bom senso não se aplicam a ele.

Algumas pessoas costumam esperar a vida inteira por aquela pessoa especial. Impropriamente românticos, nós nos apaixonamos pelo amor. Queremos acreditar que a nossa relação é tão especial que tem um toque de magia. Quando observamos outras pessoas que não estão sendo realistas, percebemos como elas se encontram iludidas. Porém, no que diz respeito à nossa vida, achamos que todas as regras podem ser quebradas.

Donna, por exemplo, era capaz de perceber que Gerald não agira corretamente com a mulher que interrompera o almoço deles, mas ela estava tão envolvida com a dinâmica do romance que ela e Gerald estavam vivendo que não conseguiu admitir que ele poderia ser cruel também com ela. Sim, é claro que não podemos sair pelo mundo com uma postura completamente cínica e negativa. E as pessoas mudam. Mesmo Gerald pode mudar algum dia. Mas elas mudam apenas quando acontece alguma coisa importante que altere sua perspectiva diante da vida, ou então quando se comprometem de fato a fazer isso.

4. Ao não se dar conta das mensagens duplas transmitidas pelo companheiro.

Eu costumo dizer que, quando as pessoas que têm dificuldades para assumir compromissos me procuram, vêm carregadas de negatividade. Elas estão sempre fazendo ou dizendo alguma coisa que soa como um aviso. Costumam dar muita ênfase às expressões "Minha ex-mulher/namorada/família, etc.", o que, em resumo, quer dizer: "Não consigo assumir um compromisso", ou "Tome cuidado comigo", ou "Eu não mereço confiança", ou "Parece que não sou capaz de me manter interessado", ou mesmo "Meu casamento vai mal".

É muito comum não darmos a devida atenção a esse tipo de mensagem, sobretudo quando nosso parceiro em potencial nos cobre de carinho e atenção. Todos nós temos a tendência de só prestar atenção no comportamento positivo das pessoas, achando que as restrições que temos a elas são temporárias ou desaparecerão. Esse é um grande erro.

As mensagens duplas são parte integrante dos relacionamentos compromissofóbicos. A pessoa que está dominada pelos conflitos quase sempre diz sim e não ao mesmo tempo. Ao mesmo tempo que cobre o companheiro com palavras doces e carinhosas, cria altíssimas barreiras que impedem a aproximação do outro. O problema dessas mensagens confusas é que, geralmente, ambas são verdadeiras.

As pessoas que têm conflitos relacionados a assumir compromissos muitas vezes estão indecisas de verdade. Uma parte quer comprometer-se – em geral desesperadamente. A outra quer afastar-se – muitas vezes tomada por um desespero na mesma intensidade. Se você estiver envolvido com uma pessoa assim, precisa ouvir as *duas* mensagens – a negativa, que distancia, e a positiva, apaixonada. Para que você possa se defender apropriadamente, seria bom prestar tanta atenção no comportamento negativo quanto você costuma fazer com o positivo.

5. Ao ignorar a realidade, não prestando atenção no que está acontecendo no momento.

Testar a realidade é muito importante. Uma pergunta que você deve fazer a si mesmo é se os seus relacionamentos têm sido satisfatórios o tempo todo. Eles têm feito você feliz dia após dia? Têm sido ricos e reconfortantes? Ou você criou mitos a respeito do que está acontecendo?

É sempre um erro deixar que os sonhos, as fantasias ou as promessas de um futuro róseo que o seu companheiro lhe faz se tornem mais importantes do que a realidade do dia-a-dia. Isso sem mencionar que viver no passado não é a melhor maneira de encontrar o amor que queremos.

É preciso muita coragem para enfrentar o seu relacionamento como um todo. Mas vale a pena.

6. Ao deixar que outra pessoa o inclua na sua agenda romântica, mesmo quando você sente que ela não está sendo realista.

"Ela disse que pensou que estava se apaixonando já no nosso primeiro encontro."

"Ele já foi casado três vezes, mas me fez sentir como se jamais tivesse se apaixonado antes."

"No dia seguinte ao nosso encontro, ele me mandou meia dúzia de *faxes*, dizendo-me o quanto me achava maravilhosa."

"Eu nem gostava muito dele; ele só me conquistou pela sua persistência."

Eu já disse isso antes, e tenho certeza de que direi de novo: geralmente, as únicas pessoas que são corajosas o bastante para não ter vergonha de sua agenda amorosa são as que têm muita prática. Não sou contra o romance, eu o acho maravilhoso. No entanto, suspeito das pessoas que ficam o tempo todo procurando outras, sem se preocupar com a realidade.

Se você passar a vida inteira acreditando que um dia encontrará o seu "grande" amor, pode ser envolvido pela primeira pessoa que usar "a grande linguagem amorosa" ou que tiver um comportamento desse tipo. Talvez você acredite que os seus sonhos estão sendo realizados, mesmo se houver pouca continuidade e os elementos essenciais estiverem faltando.

As pessoas costumam ser aconselhadas a "seguir o coração", em vez da razão. Eu acho que essa é uma das mensagens mais erradas do mundo. Não quero parecer cínico. Acredito que haja bastante espaço para o coração num relacionamento. Quero apenas deixar claro que, geralmente, as pessoas que dizem estar seguindo a voz do coração estão, na verdade, indo atrás de suas fantasias e de seus hormônios. A relação que estabelecemos com o coração leva tempo para se desenvolver e é, de fato, muito sutil. Por outro lado, nossas fantasias e nossos hormônios são tão sutis quanto um gorila.

7. Ao extrapolar seus próprios limites.

Às vezes, estamos tão carentes de amor que nos entregamos demais e muito rápido. Ficamos preocupados imaginando que, se não formos inteiramente receptivos, generosos e carinhosos, poderemos ser rejeitados. Abrimos nosso coração, nossas portas, nossa geladeira e, algumas vezes, até nosso talão de cheques. Estabelecemos poucos limites e não mantemos nenhuma reserva.

Como fazemos isso? A seguir apresento uma lista parcial de comportamentos característicos: deixamos que pessoas estranhas entrem na nossa vida muito rapidamente; não nos protegemos de forma adequada; damos mais do que está sendo pedido – ou sendo dado; arriscamos demais em nome do amor. Mudamos de religião ou de emprego; trocamos de endereço; redecoramos a casa e compramos móveis novos para satisfazer as necessidades da outra pessoa; dividimos impropriamente nossos recursos; damos prioridade às necessidades do outro em detrimento das nossas; às vezes, até abandonamos os amigos, desistimos dos nossos animais de estimação e modificamos nosso relacionamento com os filhos.

Num momento nos sentimos íntegros, independentes; no minuto seguinte, temos a sensação de estar nos acomodando, de não estar fazendo nada. O que torna esse comportamento ainda mais autodestrutivo é que, muitas vezes, a pessoa que recebe sabe que não merece e pode até questionar o seu comportamento ou duvidar da sua sinceridade.

Lembre-se, se você empregar 10.000 por cento antes de saber se o relacionamento oferece uma garantia a tanta aplicação, você não terá para onde ir, só pode recuar.

A segunda grande pergunta que você deve fazer a si mesmo é: *como crio situações que provocam desilusão nos outros?*

Algumas pessoas se magoam ao ferir os outros. Não é divertido andar por aí se sentindo ao mesmo tempo culpado e confuso. Você quer saber como pode criar situações que provoquem desilusão nos outros? Veja os exemplos a seguir:

1. Ao não levar em conta as suas necessidades e o seu próprio histórico amoroso.

Só você sabe quantas vezes invadiu os limites e as defesas de um parceiro em potencial com gestos e linguagem excessivamente românticos – e, pouco depois, decidiu que não estava interessado em continuar com o relacionamento. Alguma vez você foi atrás de alguém, mesmo quando milhares de vozinhas lhe sussurravam que aquela não era a pessoa certa para você – vozes que você se negou a ouvir até conseguir fazer a conquista?

Se você tem conflitos em relação a assumir compromissos, é porque provavelmente tem consciência deles. Se você é capaz de sair com mais de uma pessoa num mesmo período e fazer cada uma delas sentir que é a única, você sabe disso melhor do que ninguém. Não é possível passar a vida achando que os parceiros cuidarão de si mesmos. Esse tiro, quase inevitavelmente, sairá pela culatra.

2. Ao não dar a devida atenção ao histórico dos relacionamentos e à estrutura emocional do seu parceiro em potencial.

Observe bem a pessoa que você quer impressionar. Você acha que ela ficará muito desiludida – mais do que você – se o relacionamento que você está tentando estabelecer der errado? Ela é visivelmente mais vulnerável? Ela tem algum problema oculto que esteja provocando maior vulnerabilidade, como uma decepção amorosa, um caso recente que terminou de forma desastrosa, filhos pequenos ou problemas familiares?

Certa vez, quando eu entrevistava um homem, ele me disse que se sentiu particularmente culpado em relação a uma mulher com quem deixara de sair havia pouco tempo. No começo da relação deles, ela dissera: "Prometa-me que, não importa o que acontecer, você não mentirá para mim". E, naquele instante de profunda emotividade, ele fez a promessa. "E então?", perguntei. "E então eu menti a ela. Droga!", disse ele. "Provavelmente, eu já estava mentindo para ela."

3. Ao pensar que você tem de vender a si mesmo e à sua maneira especial de ser, como se fosse uma mercadoria.

Talvez você tenha a tendência de tratar seus parceiros em potencial como se fossem "compradores" a quem você está "empurrando" sua mercadoria. O que você se esquece de considerar é que você não é um carro novo (ou usado). Depois de fazer a venda, é possível que você não esteja preparado para entregar as chaves, mesmo que a intensidade do seu charme e a promessa implícita, que são a parte essencial da venda, forem projetadas para fazer alguém acreditar que você estará preparado para concretizá-la assim que a pessoa disser o "sim".

Alguns vendedores se concentram mais na transação comercial e naquilo que estão vendendo do que nos clientes. Na verdade, às vezes eles até despersonalizam os clientes. Infelizmente, no campo do romance, essa atitude cria alguns problemas sérios: o parceiro a quem você estava "vendendo" o seu produto captou três mensagens da sua conversa...

1. Nossa, ele é uma pessoa especial!
2. Nossa, ele está apaixonado; também devo ser muito especial!
3. Nossa, juntos teremos um relacionamento terrivelmente especial!

Não se surpreenda se a pessoa a quem você estiver vendendo sua "especialidade" ficar desgastada caso você não prossiga com o romance. Para ela, pode parecer a quebra de um contrato. Na verdade, talvez a sua própria insegurança o leve a continuar vendendo seu caráter "especial" ou "de valor" para um provável parceiro. Nessas situações, geralmente, os parceiros têm consciência da sua insegurança. Muitas vezes isso apenas reforça a atração, fazendo você parecer ainda mais sensível e atraente.

4. Quando você não percebe que está passando duas mensagens diferentes para o seu companheiro.

Recentemente, num programa de rádio em que o ouvinte faz perguntas por telefone, um rapaz me contou que não conseguia entender por que as mulheres sempre esperavam dele mais do que ele era capaz de dar. "As mulheres vivem atrás de mim, e não sei por quê, já que sempre as aviso para não me levarem a sério", disse ele.

Lembro-me de ter dito a ele: "Eu acredito que você as previna, mas creio também que muitas pessoas não conseguem ouvir os avisos; em vez disso, encaram-nos como um desafio. Porém, gostaria de saber se existe alguma coisa a mais que você lhes diga que possa confundi-las. Logo que as conhece, você se comporta de maneira envolvente e sedutora?"

Ele me respondeu que era obrigado a admitir que se desdobrava para agradar as mulheres. Cobria-as de presentes, levava-as a lugares caros e mostrava-se um homem apaixonado e cheio de cuidados. Ele gostava de empolgar uma mulher. E conseguia.

Moral da história: se você extrapolar todos os itens no campo do romance, não se surpreenda caso a outra pessoa se sinta tratada de uma maneira especial. O seu comportamento não é de quem está querendo apenas se divertir, o que torna a situação tão confusa quanto sedutora.

Tenho conhecido muita gente, tanto homens quanto mulheres, que costumam criar situações embaraçosas semelhantes às desse rapaz do programa de rádio. Lembro-me sempre de Doug, um contador de 35 anos que foi morar com a namorada e passava os fins de semana jogando com os dois filhos dela, a quem ele amava de verdade. Pela maneira como Doug agia, a moça pensou que a relação deles tinha futuro. Ele, por sua vez, imaginava ter deixado claro para ela que tipo de ligação existia entre eles, pois muitas vezes dissera: "Não tenho certeza de nada do que quero".

Algumas pessoas, é claro, tomam muito cuidado para não *fazer* nada que sugira a possibilidade de que um determinado relacionamento possa caminhar para um compromisso. No entanto, geralmente, elas não são tão cuidadosas com as *palavras*. Uma das mulheres que entrevistei me contou que o seu namorado telefonava para ela umas três vezes por dia para lhe dizer que a amava, mas não a levava a festas ou a lugares públicos porque isso implicaria um compromisso que ele não estava preparado para assumir.

Se você estiver confuso sobre o que quer realmente, o que o leva a transmitir uma mensagem dupla, convença-se de que seus parceiros são humanos; eles ouvirão apenas o que querem; o resto, sem dúvida, será descartado. Enquanto isso, o relacionamento fica pendurado nas extremidades das duas mensagens, tornando-se uma montanha-russa sem um centro verdadeiro.

5. Ao pretender ignorar a realidade, tentando se convencer de que as suas ações não terão conseqüências.

Se você estiver morando com alguém, não duvide: você tem um relacionamento.

Se você estiver se encontrando com alguém algumas vezes por semana, por um período de seis meses ou mais, você tem um relacionamento.

Se você divide os seus segredos e pensamentos regularmente com a mesma pessoa, você tem um relacionamento.

Se você criou condições para que se formasse um clima de intimidade e confiança, você tem um relacionamento.

Alguma vez você já se convenceu de que não tem um relacionamento, quando isso simplesmente não é verdade? Já disse a si mesmo que o seu parceiro sabe que não deve levar o caso a sério, quando isso não corresponde à realidade?

Encare os acontecimentos: o fato de você acreditar que pode entrar e sair da vida de outra pessoa sem deixar marcas não é verdadeiro, é uma fantasia. A realidade é que você vai sofrer; e seu companheiro, provavelmente, mais ainda.

6. Ao prometer coisas e agir de forma a criar expectativas que não serão cumpridas.

Eu sei perfeitamente como é fácil ser levado pela conquista amorosa e se sentir envolvido por ela. Compreendo como é fácil deixar que as coisas cheguem a esse ponto. E entendo que você imagine estar sendo sincero ao fazer isso. Mas eu conheço muito bem a sensação de acordar na manhã seguinte, quando a adrenalina tiver abaixado, e pensar: "Meu Deus, o que foi que eu fiz?".

Se o seu comportamento amoroso e suas possíveis conseqüências nunca lhe causaram medo, então você precisa dar um passo para trás e avaliar o seu estilo. Pense em tudo o que fez para criar um clima de intimidade e confiança e nas vezes em que recusou um "não" como resposta... até que a outra pessoa dissesse "sim". Com toda a honestidade, ninguém pede para ser tão pressionado. Mas, se você faz isso, a outra pessoa pode muito bem acreditar em suas palavras e em seus atos. É preciso agir mais devagar.

7. Ao ter limites que oscilam de acordo com as circunstâncias.

Ao tentar conquistar alguém, talvez você crie um casulo tão romântico que dê a impressão de que só existem vocês dois no mundo. E, então, suas necessidades mudam, e você cria barreiras tão altas que o seu parceiro se sentirá excluído. Você consegue parecer apaixonado, caloroso e totalmente envolvido num momento e, no momento seguinte, distante, contido e absolutamente frio?

Não faz muito tempo, um rapaz me contou que a namorada dele passa pelo menos quatro noites por semana no seu apartamento, e então eles se entregam a uma intensa atividade sexual. Entretanto, a moça não quer que ele vá à casa dela, nem que eles freqüentem lugares públicos – como cinemas –, por medo de que ele possa se enganar quanto ao tipo de relação que eles estão vivendo. Ou seja: em certas ocasiões, essa mulher quer ficar tão perto dele que não haja espaço para nada entre eles; em outras, ela cria distâncias enormes, levantando barreiras imensas e intransponíveis.

De maneira geral, as pessoas que têm problemas quanto a assumir compromissos querem duas coisas ao mesmo tempo. Às vezes anseiam por um relacionamento íntimo; outras, querem que a relação se desfaça. Elas lidam com esses dois desejos opostos derrubando e levantando barreiras.

A terceira grande pergunta que você deve fazer a si mesmo é: *como posso agir de forma diferente no futuro?*

É claro que existe uma resposta óbvia para essa pergunta: tenha consciência do que você fez no passado e não repita seus padrões. Se você mudar para melhor, os seus relacionamentos também se aperfeiçoarão.

Quanto à questão de tornar os relacionamentos mais satisfatórios no futuro, eu compreendo que algumas pessoas não queiram, de fato, que as coisas sejam diferentes. "Eu quero que isso mude", dizem elas. "Estou pronto para uma relação mais saudável." "Estou pronto para o amor." As palavras saem da boca, mas não caem em solo fértil; não chegam a criar raízes e a produzir um comportamento novo. A linguagem está lá, mas não existe um compromisso real para mudar. Como o problema tratado aqui é o compromisso, imagino que isso não seja surpresa.

Se você mudar para melhor, seus relacionamentos também se aperfeiçoarão

Se o seu desejo mais sincero é encontrar e manter um amor que tenha significado em sua vida, essa é uma luta que tem de ser travada com seriedade. *Você* precisa realmente querer isso e mudar de verdade. Dez anos atrás, eu queria que a minha vida fosse diferente, mas ainda imaginava que o tempo e as circunstâncias mudariam as coisas para mim. Eu achava que surgiriam novas parceiras e que os relacionamentos seriam diferentes. Pensava que, com o tempo, eu conseguiria realizar meus planos futuros e que tudo o que eu tinha a fazer era esperar. E, então, esperei, esperei... e percebi que nada havia mudado de verdade.

A primeira coisa que precisamos fazer é compreender como funcionam as relações verdadeiras. Os relacionamentos não surgem por um passe de mágica ou por um milagre. Eles *sempre* exigem tempo e as melhores intenções de ambos os parceiros. Há *sempre* inúmeras questões, pequenas ou grandes, que precisam ser resolvidas *antes* que as duas pessoas descubram se devem ou não ficar juntas. E existem *sempre* questões a serem resolvidas *depois* que as pessoas decidem ficar juntas. Os relacionamentos que envolvem compromisso não acontecem de forma mágica. Para que isso ocorra, é essencial que, antes, nos comprometamos a trabalhar nosso próprio eu.

Desafio Dois

A coragem de dizer adeus aos seus fantasmas

Antes de estabelecer relacionamentos que envolvam compromisso, muitas vezes precisamos analisar nosso passado para descobrir o que causou os problemas presentes. Minha amiga Angela fala muito sobre o que ela chama de seu "histórico amoroso". Há um ano, ela se afastou do homem com quem morava, e de quem estava noiva, para poder ficar com a pessoa que ela imaginava ser o "grande amor" da sua vida. Porém, logo, o seu grande amor lhe "deu o fora", trocando-a por outra pessoa. Ela diz que vai levar mais de um ano para descobrir o que realmente aconteceu. Por que ela se afastou do noivo? Por que se apaixonou por outro? Teria sido apenas uma loucura momentânea gerada pela idéia do casamento? Por que o seu novo amor, por sua vez, a rejeitou uma semana depois de ela romper o noivado? Angela diz que está se sentindo deprimida e sozinha. De fato, ela está assombrada por suas recordações, mas não sabe exatamente de quem sente saudade. Será que sente falta do noivo e da vida estável que levava com ele? Ou sentirá falta do "grande amor", que acabou se mostrando um grande malvado? Ou, como o terapeuta sugeriu, será que ela, na verdade, não estaria sentindo falta da mãe, que a deixava com uma série interminável de babás quando ela era bebê?

No momento em que nos tornamos velhos e sábios o suficiente para conseguir assumir um relacionamento amoroso maduro, geralmente já trazemos um belo histórico de vida, que nos cerca com aquilo que chamo de "fantasmas". Todos nós temos uma cota deles.

Você, que está lendo este livro, sem dúvida quer aprender mais sobre a sua própria história. Quer saber por que você escolheu pessoas que não se encaixavam em seu ideal romântico; quer saber por que você continua de mãos vazias. Ao descobrir quais são os seus fantasmas e por que eles existem, você compreenderá melhor quem você é e por que tem um determinado tipo de comportamento. Quando se trata de relacionamentos, só temos uma visão nítida dos fatos depois que eles acontecem. Eu costumo dizer que o discernimento suplanta a necessidade da visão posterior.

RELACIONAR-SE NO PRESENTE = LIGAR-SE AO PASSADO

Para algumas pessoas, envolver-se com alguém parece resumir-se a um programa simples, como sair para jantar e depois ir ao cinema. Em seguida, há uma conversa agradável, risadas, um passeio à beira-mar de mãos dadas, um beijo que leva a outro e, aí, a próxima coisa que percebemos é que estamos tendo um RELACIONAMENTO. Por que deveria ser mais complicado do que isso? Por quê? Porque, por piores ou melhores que sejamos, somos bem mais complexos do que essa situação insinua.

Os psicólogos nos dizem que a luta para relacionar-se, no presente, depende inteiramente das batalhas do passado e é ditada por elas. Quando nos sentimos soterrados sob o peso do passado, é raro nos sentirmos totalmente "livres" para nos relacionar com nossos parceiros; vamos só até onde nossas lutas passadas nos permitem.

Em poucas palavras, para construir e manter uma nova relação amorosa, sua mente e seu coração precisam, e vão, rever todas as ligações passadas. Ao iniciar um novo relacionamento, você começa automaticamente uma perambulação interna pelas trilhas da memória. Quer você goste, quer não, à medida que novas emoções entram em ebulição, você faz uma revisão emocional de todos os relacionamentos por que passou durante a sua vida, tanto os que lhe deram prazer quanto os que o deixaram magoado. Isso envolve as amizades e os antagonismos; os triunfos e as lágrimas; os erros e as fantasias.

E se essas coisas já soam para você como um terrível amontoado de emoções, compreenda que esse processo de revisão não se limita aos relacionamentos que começaram com sua primeira paixão da infância. Você vai revisar as relações com seus pais, irmãos e outras pessoas que cuidavam de você desde o momento em que nasceu (se você concorda com os estudos feitos sobre as ligações intra-uterinas de gêmeos, também pode levar em consideração o período *antes* do nascimento). Pense em como era o seu relacionamento com sua mãe, seu pai, seus irmãos, tios, avós, as empregadas domésticas, as babás, os vizinhos e amigos – presentes e ausentes, mortos e vivos. Se alguém teve qualquer contato com a sua vida, você descobrirá que essa presença está assombrando os seus relacionamentos atuais; e, a menos que você faça as pazes com o seu passado, isso acontecerá inúmeras vezes.

O "supercomputador" emocional que vive dentro de você recuperará essa informação do seu banco de memória de maneira tão rápida e eficiente que o resultado pode ser esmagador. O inventário emocional que acontece em cada situação nova não é uma coisa que se faça voluntariamente. Além de ocorrer de forma automática e inevitável, para tornar o assunto ainda mais complexo, talvez você tenha consciência de muito pouco dele. Esse processo de visitar o passado pode ficar fora do seu controle, a menos que você tome algumas medidas concretas e objetivas. Ao familiarizar-se com os diversos fantasmas emocionais que vêm do seu passado, você pode se tornar mais consciente e livre para encontrar relacionamentos em que haja mais amor, no presente e no futuro.

É PRECISO CORAGEM PARA ENCARAR SEUS FANTASMAS

Pode-se dizer que quase tudo o que sabemos sobre amor e comprometimento aprendemos com nossos fantasmas. Algumas pessoas são afortunadas, pois tiveram uma infância maravilhosa, cercada de gente carinhosa, tanto quem cuidava delas quanto os companheirinhos da mesma idade. Ao atingir a idade adulta, namoraram durante alguns anos antes de se apaixonar e se casar. Quando pensam a respeito do passado, não se sentem assombradas. Ao contrário, sentem-se apoiadas por lembranças consistentes de relacionamentos amorosos. Todavia, a maioria das pessoas tem um passado que inclui pelo menos alguns fantasmas que gostariam de ter deixado para trás. Esses fantasmas representam as perdas, as experiências e os acontecimentos que nos traumatizaram no meio do caminho e que, portanto, nos impedem de ir adiante nos relacionamentos amorosos.

Ignorar esses fantasmas não os faz desaparecer. Embora não sejamos assombrados por eles durante as 24 horas do dia, quando menos os desejamos eles surgem – provocando um curto-circuito em nossa capacidade de prosseguir com bons relacionamentos. Eles aparecem quando o telefone toca ou deixa de tocar; quando pedimos alguém em namoro ou tentamos conseguir um beijo; quando andamos de mãos dadas no parque; e eles surgem até mesmo quando caminhamos para o altar. Nossos fantasmas aparecem toda vez que procuramos começar uma relação amorosa. Aparentemente, o único meio de fazê-los desaparecer é encará-los, enxergando-os como eles são na verdade. Vamos analisar alguns dos fantasmas emocionais que costumam assombrar nossa vida.

Os fantasmas dos amores do passado

Vivemos numa época em que é considerado normal ter alguns, ou mesmo muitos, relacionamentos antes do casamento. Pense nos detalhes de que você precisou se lembrar sobre cada um dos seus parceiros – dia do aniversário, tamanho do manequim, se ele gostava de café amargo, com adoçante ou com açúcar. Não é de admirar que, mesmo quando finalmente nos ajustamos a um parceiro, ainda percebamos, rondando à nossa volta, alguns fantasmas dos companheiros anteriores – com suas diversas preferências, estilos de fazer amor e peculiaridades.

Para ter uma perspectiva dos seus fantasmas, faça uma viagem pela memória, dando ênfase ao seu próprio histórico amoroso. Pense nos relacionamentos que você teve e nas perdas que sofreu. Essas lembranças, quer sejam muitas ou poucas, estão repletas de emoção. Procure recordar a primeira paixão, a quinta, as várias paixões; os namoricos de verão, de inverno, de outono e de primavera. E o seu primeiro namoro, o primeiro beijo e todos os namoros e beijos que se seguiram? Deve ter havido noivos e esposos e, pelo menos, um "grande amor da minha vida". Não importa se esses relacionamentos acabaram mal ou nem tanto (o que quer que isso queira dizer), pois, de qualquer forma, eles significaram rompimentos e perdas.

As pessoas gostam de acreditar que o passado é o passado, mas nada permanece definitivamente no passado enquanto não for submetido a um processo e enterrado. Se, por exemplo, você tem uma história complexa, repleta de perdas que não foram devidamente trabalhadas ou lamentadas, essas perdas vão enchê-lo de mal-estar, ansiedade e até mesmo pavor, toda vez que você tentar um novo relacionamento.

Nada permanece definitivamente no passado enquanto não for submetido a um processo e enterrado

Quando perdemos um ente querido pelo rompimento de uma relação, nem sempre demonstramos nossa aflição da forma mais apropriada. Às vezes nos apegamos por muito tempo às lembranças nostálgicas desses relacionamentos desfeitos; outras vezes, expulsamos da memória a lembrança de pessoas que amamos no passado, como se elas jamais tivessem existido.

Existe um motivo para que a maioria dos programas terapêuticos de recuperação ressaltem a importância do perdão e da reparação. Os criadores desses programas sabem muito bem como é difícil ir adiante quando não se fez as pazes com o passado.

Achei extremamente saudável montar um gráfico dos meus relacionamentos passados e pôr no papel tudo o que senti no final de cada um, procurando me conscientizar de como aqueles sentimentos influíram nas coisas que eu fiz na ocasião. Comecei pela sétima série. Meu primeiro romancinho não foi uma experiência muito positiva. A lembrança começa no pátio da escola, na hora do recreio, quando uma colega de classe se aproximou de mim e me disse que uma outra colega – não me lembro do nome dela, mas vamos chamá-la de Nancy – *realmente* gostava de mim. Imediatamente, fiquei lisonjeado. Assim, depois do recreio, essa mesma mensageira me perguntou se eu aprovava o apoio que ela estava dando. "É lógico", eu disse, sem saber o que isso queria dizer.

Naquela tarde, sentado na classe, recebi um bilhete. Mais uma vez, a mesma mensageira. O bilhete dizia: "Nancy quer saber se você quer namorar firme. Se quiser, mande sua pulseira de identificação." Isso me parecia um tanto ameaçador e muito adulto. Lembro-me de ter embrulhado a pulseira com papel, depois coloquei-a num envelope e passei-a de carteira em carteira, até chegar à de Nancy. Ela olhou para mim e sorriu. Eu sorri em resposta. Estávamos namorando firme! Minha nossa!

No dia seguinte, minha pulseira voltou para mim exatamente da mesma forma – embrulhada em papel e dentro de um envelope. Nancy me rejeitara. Tudo tinha acabado com a mesma rapidez com que começara. Até o momento em que ela me escolhera, eu nem havia tomado conhecimento dela, e agora não conseguia ignorar sua presença. Senti-me humilhado e ferido. Lembro-me nitidamente da minha determinação de ser mais cuidadoso no futuro.

Quando fiz o levantamento dos meus fantasmas amorosos e escrevi uma lista começando com essa relação frustrada, percebi com clareza como os meus sentimentos, ao terminar um relacionamento, influíam na minha mudança de comportamento e de atitude, de certa forma determinando o que aconteceria em seguida. Em algumas ocasiões, isso era muito sutil; em outras, extremamente óbvio. Muitas pessoas que seguiram minha sugestão tiveram uma experiência semelhante.

- Julian diz que um romance dos tempos de faculdade o deixou tão aniquilado que ele logo se atirou num casamento "maçante" com a primeira mulher que inflou o seu ego.

- Quando o noivado de Jamie acabou, ela se sentiu insegura e sem atrativos. Para vingar-se, acreditando que um outro homem pudesse ajudá-la a apagar esses sentimentos, ela começou a namorar. Numa festa que houve no seu escritório, quando ela se deu conta de que estava correspondendo às investidas de um homem de quem nem sequer gostava, chegou à conclusão de que o seu comportamento parecia estranho.

Tudo isso é muito óbvio e, apesar de um tanto embaraçoso, faz parte da psicologia popular. No entanto, quando acontece conosco, mesmo que o fato salte à vista, não encaramos a experiência em sua plenitude e não trabalhamos nossos sentimentos. Para fugir do sofrimento, logo nos concentramos em descobrir outro parceiro – ou em tentar recuperar o antigo. Não aprendemos a lição, e assim a história tende a se repetir inúmeras vezes.

O fantasma do amor inesquecível

Alguns ex-amores assumem proporções tão míticas que merecem uma categoria só para eles. Muitas pessoas me dizem como é difícil parar de chafurdar nas lembranças amorosas e seguir adiante. Conheço pelo menos duas mulheres e um homem que sofreram durante anos com alguns relacionamentos desfeitos. Uma dessas mulheres me revelou, há pouco tempo, que chegou a um ponto em que se sente verdadeiramente embaraçada quando diz que não consegue se desligar do seu ex-marido, que ela não vê há oito anos. Como isso acontece? E por quê?

Cheguei à conclusão de que as pessoas que continuam a se apegar à lembrança de algum parceiro em particular tendem a se confundir sobre a natureza do amor em si mesmo. Sua crença no amor está vinculada à crença num parceiro específico, e elas não conseguem separar as duas coisas.

Uma mulher chegou mesmo a me dizer: "Eu amo tanto Kyle que esse relacionamento tem que dar certo; senão, eu deixarei de acreditar no amor." Por um curto espaço de tempo, "Kyle" a fez sentir-se completamente amada, de uma forma que ela só vivera em sonhos. Mesmo que o amor de Kyle tenha se revelado superficial, apesar de todas as declarações que ele havia feito, a única coisa que ela quer é voltar a se sentir do jeito que se sentia quando o relacionamento estava no auge. Ela se prende a essas recordações da mesma forma que uma criancinha se apega à proteção dos pais.

Algumas pessoas apenas sentem falta de seus ex-parceiros. Outras vivem uma combinação assustadora de amor e ódio, depressão e raiva, desejo e desgosto. Se você estiver tentando terminar um relacionamento – e eu sei como essa experiência é indescritivelmente dolorosa –, procure ler alguns dos inúmeros livros que têm sido escritos sobre o processo de lamentação da perda; talvez eles lhe sejam úteis, se você quiser começar a trabalhar esse sentimento. Mais útil ainda, e em geral muito necessário, é procurar um conselheiro, um terapeuta ou um grupo de apoio. Se você tiver vontade, consulte um médico – um psiquiatra ou um clínico-geral –, para saber se você deve tomar uma medicação antidepressiva durante esse período.

Muitas pessoas que começam a fazer terapia só tomam essa decisão nos momentos mais cruciais. Conheço perfeitamente essa situação, porque foi o que aconteceu comigo. Assim como muitas pessoas, eu descobri que esse período pode ser uma grande oportunidade para atingir as lembranças mais profundas que estão alimentando nossa dor e nos impedindo de ir adiante.

Os grandes fantasmas da infância

"Nossa!", minha amiga Sheila cacarejou em meu ouvido. *"Casei-me com minha mãe. Tudo bem, ele é mais alto e briga comigo, em vez de brigar com o meu pai. Mas, fora isso, ele é exatamente igual a ela."*

Nossos primeiros relacionamentos amorosos se deram com as pessoas que cuidaram de nós na infância. Foram essas as primeiras pessoas para quem abrimos nosso coração, as primeiras pessoas em quem confiamos. Preste atenção nos olhos de um bebê quando ele olha para a mãe. Se isso não for amor, o que é? Observe a garotinha de dois anos agarrando-se ao pai sem preocupação ou vergonha. Se isso não for amor, o que é? Observe o irmãozinho segurando a mão da irmãzinha e a criança que está dando os primeiros passos enquanto brinca com o avô. Ouça uma menina de seis anos falando do seu professor. A vulnerabilidade do coração nessas primeiras relações é única, e nunca mais será a mesma depois que as pessoas começarem a construir suas defesas. Qualquer coisa que afete sua capacidade de se aproximar de outro ser humano interferirá no seu futuro. E esses fantasmas maiores, os fantasmas do seu passado mais remoto, afetam ainda mais essa capacidade. Quando temos experiências muito negativas na infância, ficamos com pouca coragem de amar.

Não importa o quanto tenha sido idílica a sua infância, seus primeiros relacionamentos quase inevitavelmente lhe trarão, pelo menos, alguns fantasmas teimosos e intratáveis. Seus pais podem ter sido muito carinhosos e comunicativos um com o outro, mas será que tinham capacidade para se comunicar com você? Talvez eles tenham sido muito amorosos com você, mas e a relação entre eles, era boa? E quanto aos seus irmãos? Você se dava bem com eles?

Quando temos experiências muito negativas na infância, ficamos com pouca coragem de amar

Alguns de nós crescemos com pais ausentes, emocional ou fisicamente, ou demasiado ansiosos, críticos, controladores, zangados, ressentidos, explosivos, desgastados financeiramente. Todas essas situações criam suas próprias assombrações. Anos mais tarde, nós nos damos conta de que estamos morando com uma pessoa que age da mesma forma que nossos pais; muito tempo depois, percebemos em nós mesmos características que nos fazem lembrar dos aspectos que nos desagradavam em nossos pais; o tempo passa, e notamos que estamos agindo com nossos companheiros da mesma forma como nos comportávamos com nossos irmãos.

Fantasmas ligados a uma época e a um lugar especiais

Louise diz que estava com 50 anos quando percebeu que muitas das escolhas que fizera ao se relacionar podiam ter sido determinadas pelos efeitos da Segunda Guerra Mundial. Ela vivera seus primeiros cinco anos numa pequena cidade do Meio-Oeste dos Estados Unidos, onde a maioria dos homens estava na guerra. Essa experiência lhe forneceu lembranças marcantes de mulheres que viviam entre a expectativa da volta dos seus amados e o medo de que eles não voltassem. Até os 35 anos, Louise se relacionou regularmente com homens casados ou que moravam bem longe. Seus relacionamentos, assim como as mulheres da sua família durante a guerra, eram marcados por encontros apaixonados e separações dolorosas.

Caso você tenha crescido nessas regiões em que grande parte dos pais, particularmente os homens, sai cedo para o trabalho, todas as manhãs, e volta à noite, sua percepção de como as pessoas se relacionam será muito diferente daquela de quem foi criado numa fazenda ou cujos pais trabalhavam juntos num pequeno negócio familiar.

Todos nós somos afetados pelos ambientes em que vivemos e pelos acontecimentos da nossa infância. A segregação racial, os movimentos dos direitos civis, a Guerra do Vietnã, o movimento pela paz, a música folclórica, o *rock and roll*, as drogas, o movimento de liberação feminina, a revolução sexual e mesmo a espiritualidade da nova era – todos deixaram fantasmas atrás de si, tanto ruins quanto bons, que influenciaram a maneira como construímos nossos relacionamentos. Também sofremos a influência de filmes, de programas de televisão, de livros ou de qualquer outra coisa que contribua para caracterizar o pensamento e a moralidade da época em que vivemos.

Os fantasmas do Natal passado

Em *Um Conto de Natal*, de Dickens, Ebeneezer Scrooge é assombrado pelo Fantasma do Natal Passado. Como ele, todos nós temos fantasmas que nos visitam especialmente nos feriados ou em ocasiões especiais. Eles aparecem no Kwanzaa, no Rosh Hashanah, no Ramadan, bem como nos aniversários, no Dia dos Namorados, na passagem de ano, no Dia das Mães, no Dia dos Pais e, até, no Dia da Independência. Com certeza, você já sabe do que estou falando.

Eu costumo entrevistar pessoas, perguntando sobre seus relacionamentos, há mais de dez anos, e existe um tema constante nessas entrevistas: a carga emocional que as pessoas depositam na comemoração dos dias especiais. Muitas revistas e artigos de jornal já descreveram as expectativas irreais e os conseqüentes desapontamentos que vivemos durante os dias festivos. Apesar de não percebermos, inúmeras vezes usamos esses dias para avaliar o sucesso ou o fracasso de nossos relacionamentos e tendemos a julgar os parceiros pela maneira como eles comemoram as datas especiais. Uma frase que costumo ouvir bastante é "Eu vou continuar com esse relacionamento até o Natal ou o Ano-Novo".

Às vezes, rompemos um relacionamento por causa de alguma coisa que aconteceu ou deixou de acontecer num dia especial. Será que o Dia dos Namorados foi tão emocionante quanto esperávamos? Ele comemorou nosso aniversário de casamento do jeito que imaginávamos? As pessoas que têm dificuldades para assumir compromissos, por exemplo, costumam terminar seus relacionamentos às vésperas de festas familiares, como o Natal ou o Dia de Ação de Graças. Elas alegam que não querem que suas intenções sejam mal interpretadas; não querem que ninguém pense que o relacionamento é permanente.

Os fantasmas dos grandes traumas pessoais

Antes que Dorothy começasse o curso primário, sua mãe ficou inválida, presa a uma cama.

O pai de Jonathan era alcoólatra.

O pai de Rebecca abandonou a família quando ela era bebê.

Carlos teve uma doença grave na infância que o manteve hospitalizado durante meses, além de ter sido submetido a muitas cirurgias complexas.

A irmã de Eileen morreu quando ela tinha 6 anos.

Durante a vida, muitas pessoas sofrem, pelo menos, um grande trauma ou uma perda que constantemente volta para assombrá-las. Quanto mais jovens elas eram na ocasião, maior é a probabilidade de que tenham enterrado o sofrimento emocional que presenciaram e sentiram. As crianças pequenas não têm capacidade ou discernimento para lidar com as perdas; não têm maneiras sofisticadas de se entristecer. As perdas da infância raramente são trabalhadas; em vez disso, são recolhidas e estocadas. Os "fantasmas" de pais violentos, que tinham um comportamento sexual impróprio, eram excessivamente críticos e exigentes, opressores, distantes ou ausentes ou faziam chantagem emocional – para enumerar apenas alguns –, ficam conosco por toda a vida.

Algumas pessoas não gostam de relembrar a infância para descobrir por que os seus relacionamentos se desvirtuam tão freqüentemente. "O passado é o passado", elas dizem. "O que está feito está feito." "Todo o mundo tem algum problema." "Quero ir para adiante, não olhar para trás." O problema é que o que está feito não está feito de jeito nenhum, e pode significar a sua anulação pessoal. Quando adultos, algumas vezes continuamos a nos esconder do sofrimento da infância evitando relacionamentos que nos façam sentir vulneráveis. Procuramos soluções "seguras" com parceiros que não exijam laços ou que não estejam disponíveis para um relacionamento mais profundo, ou seja, que não permaneçam íntimos por muito tempo. Se, acidentalmente, percebemos que o amor nos enlaçou, podemos sentir uma ansiedade generalizada, que não conseguimos explicar, ou ficar incomodados quando as coisas vão bem por muito tempo.

Há pessoas que são capazes de entreter as visitas com grotescas histórias familiares sobre guerra, traumatizantes ou exageradamente exaltadas, ou com relatos terríveis sobre relacionamentos passados. Mas existe uma diferença enorme entre tomar conhecimento dessas histórias e estar emocionalmente ligado ao seu conteúdo e significado.

Quando uma criança é mordida por um cachorro, é compreensível que depois ela sinta medo. A mesma coisa acontece com quem já foi picado por uma abelha. Tenho uma amiga que, ao dobrar um corredor do escritório em que trabalhava, foi atingida no queixo por um taco de golfe – um companheiro de trabalho estava treinando uma jogada. Anos mais tarde, ela estava caminhando por uma rua muito movimentada e, ao dobrar uma esquina, viu dois manequins masculinos articulados balançando tacos de golfe na vitrine de uma loja de departamentos. A reação dela foi pular para trás na mesma hora, como se tivesse sido atingida novamente.

Com o amor acontece a mesma coisa. Se tentarmos nos entregar ao amor e formos atingidos no rosto com um simbólico taco de golfe, carregaremos a lembrança conosco, e ela estará sempre presente. Muitas vezes, ocultamos tão bem essas lembranças que perdemos a capacidade de alcançar e reconhecer o sofrimento que existe nelas. Ficamos desligados da nossa experiência, mas isso não significa que deixamos de carregar as recordações e os mecanismos de defesa que as acompanham. Algumas dessas experiências são tão profundas que só podemos entrar em contato com elas e superá-las por meio de terapia. Outras estão borbulhando na superfície. Nós sabemos que elas estão lá; apenas não conhecemos o seu poder.

O espírito humano é incrivelmente maleável, capaz de lidar com perdas e se recuperar. Mas, quando somos crianças, nem sempre temos capacidade de trabalhar por completo o processo de perda. Por sermos muito jovens, desenvolvemos estratégias primitivas para lidar com isso ou negamos os acontecimentos para evitar o sofrimento. Aprendemos essas estratégias com a própria família – que nos incentiva a "passar por cima do problema", a "sair da situação" ou a "ver o lado positivo da questão" (sem tomar conhecimento do negativo). Quanto mais reprimimos a dor, maiores são as defesas que levantamos contra futuras perdas.

Fantasmas criados pela fantasia

Você se lembra de suas primeiras fantasias amorosas e/ou sexuais? À medida que você amadureceu, elas mudaram muito em intensidade e significado? Provavelmente não.

Benjamin conta que seu pai, cujo temperamento era terrível, costumava abalar emocionalmente toda a família, em particular sua mãe. Em suas fantasias infantis, Benjamin era um super-herói capaz de ajudar a mãe e dar uma lição no pai. Hoje em dia, Benjamin só sente atração por mulheres envolvidas em algum tipo de confusão.

Debra diz que encontrou seu primeiro amor em seu cercadinho, quando ainda era bebê. Tratava-se do bebê da casa ao lado. Quando ela fez cinco anos, ele e a família se mudaram. Ela ficou com o coração partido. Para complicar a situação, um dia antes da partida da família, seu namoradinho caiu e quebrou o braço – o direito. Todas as noites, antes de dormir, ela pensava no garotinho. Em suas fantasias, imaginava que eles iriam crescer e se casar, e que ela o ajudaria, por causa do braço quebrado. Então, ele ficaria muito dependente dos seus cuidados e agradecido por isso. Essas foram suas primeiras fantasias como protetora. Quando se tornou adulta, ela continuou a alimentar suas fantasias de que iria encontrar uma pessoa e tomar conta dela. Como era de esperar, muitos dos seus relacionamentos adultos foram com homens comprometidos, e, na maioria deles, ela agiu como protetora ou adulta responsável.

Enquanto somos crianças, quando não conseguimos a qualidade de amor que desejamos, costumamos nos refugiar em fantasias, que preenchem um vazio e ajudam a curar nossas feridas emocionais; essas fantasias, ou sonhos de olhos abertos, nos dão uma sensação de poder que não temos na infância. Quando amadurecemos, nossos sonhos permanecem conosco, evoluindo à medida que evoluímos. Na infância, as fantasias geralmente são baseadas em pessoas reais, mas existe uma diferença crucial. Nas fantasias, *sempre temos o controle do que acontece*. Os fantasmas criados pela fantasia nos satisfazem muito, mas podem limitar nossa evolução como adultos, à medida que nos levam a ter dificuldade de lidar com pessoas de carne e osso.

Diferentemente dos parceiros de verdade, que podem ser altos, baixos, gordos, magros, extrovertidos, calados, etc., os parceiros na fantasia sempre querem nos dar aquilo que queremos; sempre querem fazer o que queremos; SEMPRE QUEREM DE NÓS EXATAMENTE AQUILO QUE QUEREMOS DAR. Esses parceiros, frutos da fantasia, tornam-se presenças semelhantes a fantasmas em nossa vida. Eles nos acompanham, onde quer que estejamos, para nos dar consolo e satisfação.

Com esse tipo de parceiro, você pode combinar perfeitamente. O que acontece na vida real é que você desenvolve uma atitude crítica, em geral pelo fato de tentar ajustar os parceiros de verdade aos ideais que eles possivelmente não representam. A pedra fundamental do mecanismo de descobrir defeitos é a crença de que a perfeição existe. Essa crença só pode vir da fantasia.

Como os fantasmas do passado podem estar embutidos na nossa programação

Seus fantasmas provavelmente estão influenciando sua escolha de parceiros, a maneira como você se comporta com eles e até mesmo como vocês passam os feriados. E então, você está começando a se sentir como uma casa mal-assombrada no Dia das Bruxas? Você está vendo fantasmas por toda parte? Há alguma coisa que possa fazer a respeito disso?

Se você quiser aprender a lidar com esses fantasmas, aconselho-o a procurar um terapeuta competente. Para mim, optar pela terapia foi um passo importante no meu desenvolvimento emocional. Mas, com a experiência que adquiri com a minha própria terapia e também observando a experiência de outras pessoas, concluí que mesmo a mais exaustiva "caça aos fantasmas" não garante necessariamente um começo novo e diferente. É possível que continuemos a cometer os mesmos erros e a fazer as mesmas escolhas tolas. Ainda que estejamos certos de que não temos mais medo do amor, podemos continuar dando voltas e voltas em torno do mesmo círculo de relacionamento autodestrutivo.

Por que isso acontece? Porque os fantasmas do nosso passado programaram como deveríamos agir no futuro. E esses "programas" agem como um *software* complexo – *software* fantasma, se quiser – que continua a funcionar em nosso sistema, mesmo que os fantasmas já tenham se afastado há muito tempo. Algumas pessoas são programadas para ser difíceis e mal-humoradas; outras, para manter tudo "na superfície"; ou para ser namoradeiras; ou para ser cáusticas e críticas; ou para ser infiéis; ou para ser mais tolerantes diante das agressões; ou para menosprezar o sexo oposto; ou para desdenhar o próprio sexo.

Os fantasmas do nosso passado programaram como deveríamos agir no futuro

Todos esses programas agem como obstáculos gigantescos que nos impedem de progredir no campo do amor. Eles nos distanciam dos nossos verdadeiros sentimentos; do nosso eu verdadeiro; e nos afastam das pessoas que escolhemos como parceiros. É importante compreender que esses são apenas programas fantasmas. Isso não é o que você é; é o que você aprendeu a ser; e o que foi aprendido também pode ser descartado; você *pode* encontrar programas melhores. Para começar, procure ficar bem consciente de quem você é e de como se comporta nos relacionamentos. Sem as vozes incentivadoras dos fantasmas, que o levam a se culpar ou a se maltratar, você terá condições de se perguntar regularmente: "Por que eu preciso disso?" "Por que eu disse aquilo?" "Por que eu fiz isso?" Se existe algum ponto em que você pode fazer mudanças agora, é na área de sua própria programação. Se quiser compreender como seus programas funcionam, ou seja, de que maneira eles agem para ajudá-lo ou atrapalhá-lo, você pode se tornar seu próprio especialista em *software*.

Os fantasmas programam tanto as suas escolhas quanto o seu comportamento. Vamos analisar alguns dos programas mais comuns e observar como eles nos impedem de conseguir o amor que queremos.

Programado para ser crítico e exigente

Você nasceu numa família que enxerga *tudo*? Se esse for o seu caso, quando chegar o momento de escolher parceiros, talvez você se surpreenda ouvindo as vozes, geralmente depreciativas, de um de seus pais ou de ambos. "No que ela trabalha? É um serviço normal?" "Ele certamente deve saber como se comportar à mesa." "Acho que ele terá problemas com o excesso de peso, daqui a alguns anos." "Ele é muito baixo/alto/gordo/magro/conservador/liberal/fixado na carreira/sem ambição." Algumas vezes, essas vozes têm um tom de aprovação. "Ela é tão bem-sucedida/rica/esperta." "Ele tem um apartamento tão grande/casa/carro/estilo de penteado." "Ele tem bom gosto/amigos/férias." Mas será que as coisas que essas vozes estão aprovando são as mesmas que queremos valorizar?

É evidente que, às vezes, algumas vozes fantasmas nos lembram de prestar atenção em características realmente importantes. Se a sua família sempre deu ênfase aos aspectos de amor/dedicação/bondade, você deve ter sido programado, de uma forma bem autoprotetora, para procurar essas qualidades num companheiro. No entanto, em geral, nossa programação é meramente superficial.

Diversas pessoas da minha família, por exemplo, são muito altas, e depois de adulto eu me lembrei de centenas de conversas que giravam em torno de como era bom ser alto e como era ruim ser baixo. Também tive muitas namoradas altas, o que, do ponto de vista lógico, tem sentido, em função da minha altura. Entretanto, quando comecei a levar a sério o relacionamento com minha mulher, que é bem baixa, descobri que essas mensagens me confundiam. Eu estava profundamente apaixonado e ainda me preocupava com a altura dela. Era ridículo!

Programado para fazer o contrário daquilo que os pais fizeram

Eles moravam no subúrbio, portanto eu vivo na cidade.

Eles querem que eu namore alguém que é católico/protestante/judeu/muçulmano/budista; por isso, pode ter certeza de que nunca vou falar com alguém que se encaixe nessa descrição.

À primeira vista, talvez pareça que você está fugindo das vozes fantasmas da sua infância. Em geral, ao evitar as escolhas de seus pais, tudo o que você está fazendo é se limitar. Uma vez mais, esse tipo de programação tende a nos tornar tão superficiais que isso vai contra os nossos interesses.

Programado para ter uma comunicação limitada

Meu amigo Sam diz que ninguém na família dele sabe expressar seus sentimentos. Quando sua mãe fica zangada, ela se fecha e pára de falar – às vezes, durante dias; quando seu pai fica com raiva, ele grita, bate as portas e sai de casa de forma intempestiva. Sam diz que, atualmente, as discussões o deixam aterrorizado. Para ele, o menor desentendimento parece ser o fim do mundo.

Cada família tem seu próprio estilo de comunicação. Algumas famílias não falam sobre sexo, por exemplo; outras não falam de outra coisa que não seja sexo. Outras falam sobre política; outras, sobre sentimentos. Outras incentivam com palavras de apoio; outras são especialistas em criticar e esfriar o entusiasmo alheio. Algumas famílias não falam; outras gritam. Minha amiga Courtney tem dois irmãos. Ela diz que, em sua família, ela, um dos irmãos e o pai gostam de conversar, enquanto a mãe e o outro irmão são basicamente muito quietos. Quando moravam juntos, um grupo estava sempre falando, e o outro, sempre ouvindo. Anos mais tarde, seu irmão calado lhe contou como se ressentia por nunca ter conseguido uma brecha para falar. Quando ficou adulto, ele se casou com uma mulher mais quieta ainda do que ele, e agora ela está pensando em se divorciar, alegando que, como casal, eles nunca se comunicam.

Não é uma tarefa fácil destruir os programas de comunicação que nos são incutidos na infância, mas nós somos capazes de fazer isso. Em primeiro lugar, precisamos encontrar uma maneira de nos comunicar; aprender a ouvir; ser cuidadosos com nossas palavras e com nosso tom de voz; e podemos incentivar os entes queridos a fazer o mesmo. O primeiro passo é tomar conhecimento da nossa programação.

Programado para se sentir à vontade com o conflito

Madeleine está namorando um homem que, pelo que ela descreve, é sensível, bom, lhe dá apoio e é sério. Mas, então, o que há de errado? Madeleine está entediada. Apesar de eles terem muita coisa em comum e uma vida sexual ótima, Madeleine não se sente estimulada e, quando percebe, está provocando discussões e brigas. Ela tem medo de que o seu parceiro fique cansado dos seus questionamentos e a abandone.

Por isso, ela foi fazer terapia. Depois de algumas sessões, o terapeuta a alertou sobre uma coisa muito importante. Madeleine é a filha do meio, com dois irmãos mais velhos e dois mais novos. Durante a fase de crescimento, a competição entre os cinco era excessiva. De fato, Madeleine muitas vezes se sentia magoada e odiava essa situação. Apesar disso, o relacionamento conturbado entre ela e os irmãos tornou-se seu modelo de relacionamento. Ela está acostumada a viver num ambiente em que as pessoas só se comunicam ao criar confusão. Um diz: "Você deixou alguma coisa estragada na geladeira." O outro responde: "Não deixei." "Deixou", vem a réplica. "Você é um idiota." "Não sou." "É, sim." Não interessa onde Madeleine esteja, sua mente nunca se liberta dos irmãos.

Programado para criar crises

Algumas pessoas são programadas para o drama, e, quando ele não está presente, elas se sentem aborrecidas, vazias e irritadas. Empregamos o drama para recuperar as primeiras experiências familiares; usamos o drama para nos sentir mais vivos; para ter mais objetivos; para nos desobrigarmos de fazer certas coisas que não queremos; para atrair a atenção do parceiro e testá-lo; e também para evitar a realidade da vida quando cessa o drama.

Há milhares de maneiras de arrumar confusão. Você pode criar suas próprias situações ou assumir o drama de outra pessoa como se fosse seu. De que forma essa programação afeta os seus relacionamentos?

- Você acaba escolhendo parceiros que estão sempre envolvidos em confusão – viciados; pessoas com problemas emocionais ou financeiros; militantes envolvidos em lutas que não levam a lugar nenhum; pessoas que o atraem para o turbilhão em que elas vivem.
- Você mantém a distância aqueles que não gostam de drama.
- Você pode descobrir que está usando as crises como substituto da intimidade.

Certamente é verdade que as pessoas ficam mais próximas quando superam juntas uma experiência crítica. No entanto, as crises nunca devem ser a base de um relacionamento.

Programado para escolher parceiros que não estão disponíveis

"Por que os compromissófobos sempre me perseguem? Por que eu os persigo?" Tantas pessoas já me fizeram essa pergunta, e eu sempre dou a mesma resposta. Escolhemos parceiros que não estão à nossa disposição – pessoas que moram em outros países ou Estados, ou já têm outros relacionamentos prioritários, ou são profundamente compromissófobos –, porque esses relacionamentos nos deixam à vontade. De certo modo, eles nos são familiares. Alguma coisa em nossa experiência de vida nos programou para desconfiar da proximidade e, inversamente, para nos adaptar aos relacionamentos distantes.

Quando coordeno *workshops* sobre compromissofobia, muitas das mulheres participantes revelam que seus pais sempre foram emocionalmente não-disponíveis – pais que trabalhavam demais; que se comunicavam por grunhidos e sinais; que eram instáveis; que não moravam em casa e, até mesmo, que eram amorosos mas não sabiam comunicar seus sentimentos. Esse tipo de relacionamento paterno criou uma sensação de nostalgia nessas mulheres, que elas inconscientemente carregaram para a vida adulta.

É claro que é possível fazer alguma coisa diferente, como procurar parceiros que sejam presentes e disponíveis. Mas você só conseguirá fazer isso se estiver consciente de suas tendências e muito determinado a ficar bem atento em seus relacionamentos. Tudo começa com as pessoas que você escolhe. Essa é uma das razões pelas quais aconselho àqueles que têm tendência a se envolver em relacionamentos compromissofóbicos que descubram tudo o que puderem sobre o histórico amoroso do parceiro em potencial *antes* de se envolverem. Esse é um dos meus discursos mais repetidos, o que não o torna menos importante.

Programado para recuar quando alguém se aproxima demais

Você foi programado para acreditar que todo amor é sufocante ou provoca culpa? As pessoas que cuidavam de você na infância eram dominadoras ou superprotetoras? O amor de seus pais era tão carregado de exigências ou impregnado de tanta violência que você se retraiu em relação ao amor?

Meu amigo James, por exemplo, se retrai toda vez que alguém lhe faz algum bem. Ele não quer que a namorada lhe compre presentes, cozinhe para ele ou o ajude a fazer qualquer coisa. Em vez de considerar esses gestos como prova do amor que ela lhe tem, James os encara como preparativos para futuras exigências e/ou chantagem emocional. Segundo ele, o amor que sua mãe lhe dava vinha enroscado em metros e metros de cordas emaranhadas e torcidas. Sim, ele quer ter um relacionamento, mas que se adapte às condições dele. James não quer receber nem dar demais, de forma que se sinta envolvido pelas necessidades de outra pessoa. Ele precisa iniciar seu trabalho de reprogramação, passo a passo. Recentemente, James e a namorada começaram a fazer uma terapia para casal, e estão achando esse tipo de ajuda muito útil para ambos.

Programado para ficar quando você deveria partir

"Por que estou agüentando tanta agressividade?" Tenho conversado bastante, e seriamente, com homens e mulheres que vivem fazendo essa pergunta a si mesmos. Em geral, há pelo menos uma coisa em comum entre eles: quer a agressão seja física ou emocional, essas pessoas parecem imaginar que conseguem "lidar" com o que está acontecendo. Agem como se já tivessem sobrevivido a experiências semelhantes ou até mesmo piores, e acreditam que podem sobreviver novamente. Em resumo, alguma outra experiência os programou para tolerar um comportamento que não deveria ser tolerado. Com freqüência, essas pessoas reagem de maneira muito diferente quando vêem outra sendo tratada da mesma forma. Se você estiver vivendo um relacionamento agressivo, pergunte a si mesmo como se sentiria se visse alguém que você ama enfrentando uma situação semelhante. Que conselhos você daria a essa pessoa querida?

Programado para ir embora quando você deveria ficar

Alguma vez você já sentiu que, apesar de estar realmente envolvido e atraído por alguém, quer terminar tudo? Há pessoas que são programadas para nunca se firmar numa situação. Querem sempre se assegurar de que têm uma "saída" – uma janelinha pela qual possam sair do relacionamento, se algum dia isso for necessário. Ainda acreditam que talvez, apenas talvez, possam encontrar alguém mais bonito, mais magro, mais esperto, mais *sexy*, menos exigente, mais comunicativo.

Quando os programas fantasmas se chocam

Segundo a minha experiência, os maiores problemas de comprometimento acontecem com as pessoas que carregam dois programas fantasmas distintos que se opõem frontalmente. Isso parece complicado, por isso vou dar alguns exemplos para esclarecer.

As primeiras experiências que Tasha viveu não lhe forneceram bons modelos de relacionamento amoroso. De fato, sua família era tão complicada que ela sempre se sentiu "diferente" das outras pessoas. Ela não queria sair com o vizinho, porque achava que moços como aquele não iriam gostar dela. Não queria se sentir parte de um casal suburbano, pois julgava aquele tipo de vida superficial e hipócrita. Mas a fértil imaginação de Tasha compensava-a pelas desilusões anteriores desenvolvendo um poderoso programa que criava fantasias para substituir os relacionamentos amorosos que ela não conseguia ter. Nessas fantasias, Tasha encontrava, de alguma forma, um homem brilhante, sensível, capaz de "entendê-la", da mesma forma que ela o "entenderia". A vida comum não era suficientemente boa para ela, nem tampouco um homem comum. Seu programa que gerava fantasia lhe dizia que ela merecia uma vida mais "interessante", uma vida maior-do-que-a-vida, com um parceiro além-da-imaginação, o que confirmaria o quanto ela era "especial".

Quando Tasha encontra um homem, os dois programas dela se chocam. Por um lado, ela imediatamente rejeita qualquer homem que pareça muito "normal" – qualquer homem que ofereça uma possibilidade real de relacionamento. Por outro lado, ela assimila bem todas as mensagens que recebe de homens que têm boas técnicas de sedução, prestando pouca ou nenhuma atenção à veracidade daquilo que eles estão dizendo. Ela não procura saber se esses homens são estáveis, confiáveis ou sinceros e nem ao menos se eles têm outras namoradas ou até mesmo uma esposa. Ela não percebe que eles nunca assumiram compromissos e, então, fica transtornada quando não consegue fazê-los se comprometer com ela.

Os programas de Alex também estão em permanente choque um com o outro. Seus primeiros anos de vida lhe deixaram um enorme vazio interior que implora, o tempo todo, para ser preenchido. Pode-se dizer que ele foi programado para ser carente. Ao mesmo tempo, ele desenvolveu outro programa, para compensar aquilo de que sentia falta em sua vida. Trata-se do programa "livre como um pássaro". Ele quer se sentir livre de laços, capaz de iniciar uma vida nova e excitante com uma visão imediatista.

Quando Alex conhece uma mulher e sente atração por ela, a primeira coisa que o move é sua necessidade. Por isso, no começo de um relacionamento, ele faz tudo para estabelecer uma relação amorosa profunda, mas logo sua carência entra em conflito direto com a fantasia de ser e permanecer livre. E os resultados desse conflito provocam muita confusão na mente de qualquer mulher que tenha se aproximado dele. Tarde da noite ou de manhã bem cedo, Alex se comporta como um coelhinho aninhado e faminto de amor, que se mostra insaciável. Mas, à medida que os dias passam, ele começa a pensar em aeroportos e a se imaginar indo embora *sozinho*. Num momento é o Dr. Jeckyll, o médico; no outro é Mr. Hyde, o monstro. Não deve ser fácil para Alex, mas imagine como se sentem as parceiras dele.

Como se pode perceber com esses dois exemplos, talvez os programas conflitantes tenham origem nas mesmas circunstâncias. Mas, sejam quais forem as origens, isso sempre resulta em confusão. Os programas conflitantes produzem conseqüências danosas. Alguém sempre sai ferido, e, na maioria das vezes, todos ficam magoados.

Como os programas que criam fantasias e os problemas de comprometimento andam juntos

Os sonhos nos dão inspiração, objetivos e esperança. Podem até ajudar a curar nossas feridas. Isso certamente é verdadeiro, mesmo no que diz respeito às fantasias e aos sonhos românticos. Mas, para ser mantidas, as fantasias precisam de uma dose regular de saudável realidade. Se não houver o equilíbrio adequado, elas podem nos confundir, criar uma profunda nostalgia e afastar-nos cada vez mais de nossas possibilidades reais e concretas. E isso costuma gerar futuros aborrecimentos.

Existem pessoas que são criadas sem bons modelos dos papéis que cada um desempenha nos relacionamentos. Então, às vezes, recorrem à fantasia para satisfazer suas necessidades, e isso as leva a fechar-se às possibilidades reais, concentrando-se, em vez disso, nos amantes sonhados. Muitos homens e mulheres não aceitam nada que fique aquém do amor idealizado. Esperam por ele. Com muita freqüência, o que encontram, em vez do amor, são pessoas com uma soberba capacidade de urdir histórias que se entrelaçam às suas fantasias.

Se uma pessoa cresce sem aprender como deve ser um relacionamento real, quando ela encontra um provável parceiro que está "vendendo" fantasias românticas, o programa de relacionamento disfuncional se choca com o programa esperançoso de fantasias, e essa mistura pode ser incrivelmente dolorosa. Nosso coração se abre na mesma hora, sem questionamentos, sem se precaver, certo de que a procura terminou. Entretanto, os parceiros criados pela fantasia têm pouco interesse em contribuir com a realidade e se ressentem se você tiver coragem de pedi-la a eles. Esses parceiros também vivem na fantasia e não estão interessados em se estabelecer; nem em construir uma vida; e tampouco querem falar com você sobre isso numa terapia. O único interesse deles é a própria busca da fantasia.

Sempre haverá homens e mulheres que comerciam a fantasia – pessoas que tentam vender a você sonhos sem data de entrega. Assim, o comprador precisa estar atento. A melhor maneira de você se defender contra quaisquer deficiências que possam existir no *software* do seu relacionamento é compreender a alquimia defeituosa do programa de fantasias. Essa compreensão o protegerá de possíveis danos provocados pela fantasia alheia; mas, talvez ainda mais importante, protegerá você de si mesmo.

Entre em contato com sua própria programação

Todos nós conhecemos pessoas que são vítimas de sua própria programação. Isso fica evidente quando olhamos à nossa volta: existe programação quando Carl escolhe uma mulher a quem possa dominar e depois a rejeita, assim que ela permite que ele faça isso. Quando Richard se casa com uma mulher dependente de drogas, uma alcoólatra ou uma mulher cujos parentes alcoólatras controlam sua vida doméstica. Quando Bobbie namora currículos em vez de gente. E os seus programas, quais são?

O que precisamos reconhecer é que todos esses programas nos levam a um mesmo destino: um lugar muito distante da relação íntima e duradoura em que possamos realmente confiar. Mesmo que tenhamos sido programados para a) gostar de manter distância – permanecendo sentados diante de computadores, de livros românticos ou da nossa amiga de sempre, a televisão, ou b) aceitar a distância – agüentando parceiros que não querem intimidade –, o resultado final é ficar a distância. E a distância é a antítese da relação significativa, que acontece quando duas pessoas ficam *juntas* inúmeras vezes, numa atmosfera de confiança, abertura e vulnerabilidade – sem fantasias, crises ou qualquer tipo de agressividade em seu comportamento.

Todos nós crescemos à vontade com nossos fantasmas; acostumamo-nos ao legado de programação que esses fantasmas nos forneceram. Gostemos ou não, é assim que percebemos "quem somos nós"; e é difícil nos imaginarmos sentindo de outra maneira. É fácil aceitar nossa programação e ter pena de nós mesmos pela difícil sina que nos foi destinada. Agindo assim, nossos fantasmas se solidificam dentro de nós, fazendo com que a mudança seja cada vez mais um desafio.

É preciso muita coragem para olhar seus fantasmas bem no fundo dos olhos e analisar sua programação. É preciso coragem para desafiar os programas fantasmas que *dirigem* seus relacionamentos. (Eu diria *arruínam*, porque era o que eu estava pensando.) A liberação começa quando você se compromete a se reprogramar, um programa de cada vez.

É preciso coragem para desafiar os programas fantasmas que dirigem seus relacionamentos

Sei como isso é difícil. Quando eu e minha mulher começamos a namorar, eu já a conhecia havia seis meses. Não pensava que ela fosse o meu tipo. Depois do nosso segundo encontro, todos os programas negativos da minha mente começaram a funcionar, lutando contra a possibilidade de eu me apaixonar. Fiquei apavorado. Está tudo errado, gritei para mim mesmo. Ela é muito baixa, eu sou muito alto. Nem sei se estou pronto para amadurecer. Eu sabia que havia encontrado alguém que oferecia a possibilidade de uma relação merecedora do trabalho árduo que todo relacionamento acarreta. Mas, mesmo sabendo o que eu sei, ainda reagia com toda a minha programação negativa. Em nosso terceiro encontro, surgiu uma crise, um sério desentendimento; percebendo que essa era a minha saída, agarrei a oportunidade. Falei-lhe longamente sobre a minha incapacidade de prosseguir o namoro. Fui para casa e percebi a extensão do erro que eu acabara de cometer. Telefonei para o meu terapeuta; telefonei para muitos amigos e, por fim, telefonei para Jill. Depois disso, nunca mais olhei para trás. Mas, muitas vezes, fui obrigado a lutar contra os meus medos e programas fantasmas.

Aprendi, e você também é capaz disso, que esses programas não são indeléveis – a menos que você decida que seja assim. Você pode passar o resto da vida assumindo seus fantasmas, sua programação e ficar sentindo pena de si mesmo pela difícil sina que lhe foi destinada. Ou então pode se comprometer aqui e agora a livrar-se de seus fantasmas passo a passo, um de cada vez.

Liberar seus fantasmas e livrar-se das camadas de programação que se acumularam talvez pareça uma tarefa assustadora. Mas a recompensa está nas relações verdadeiras e duradouras que serão construídas a partir daí. Você tem medo de ficar perdido sem a companhia de seus fantasmas vitalícios?

Não, acho que você se *descobrirá*, pois, à medida que os fantasmas e seus programas forem se dissolvendo lentamente, o que restará será o seu eu mais autêntico. E esse ser é uma pessoa que se sairá melhor no amor do que qualquer fantasma ou programa jamais conseguiria.

DESAFIO TRÊS

A coragem de se descobrir e lutar por si mesmo

Muito tempo antes que eu tivesse tido a experiência ou os instrumentos para entender o significado dessas frases, já ouvia as pessoas dizerem que você tem de se comprometer consigo mesmo antes de assumir um compromisso com outra pessoa. Que é necessário tomar conta de si mesmo antes de cuidar do outro. Que é preciso ser capaz de ficar sozinho antes de viver um relacionamento amoroso. Que você tem de ter uma vida sua antes que possa realmente construir e compartilhar uma vida com outra pessoa. Você também já deve ter ouvido frases como essas centenas de vezes e talvez até tenha dado esses conselhos a amigos.

É possível que muita gente esteja pensando, ao ler isto: "Estou sozinho o tempo todo. Tempo demais, na verdade. Sei como é estar sozinho." Ou então: "Eu tenho uma vida; quero apenas compartilhá-la com alguém." Ou ainda: "Tenho um relacionamento comigo mesmo, mas quero um relacionamento com um parceiro." Mas eu sei que essas mesmas pessoas também estão *esperando* para começar uma vida "real", que inclua um relacionamento amoroso. Não há nada de errado em esperar um amor duradouro; porém, essa esperança também tem a capacidade de destruir a possibilidade de você realmente encontrá-lo.

Um dos estágios do processo de "preparar-se" para viver com alguém é construir um relacionamento cuidadoso com você mesmo e criar uma vida plena. Não uma vida provisória, que você vai levando até que surja aquela pessoa mágica. Mas uma vida com a qual você esteja comprometido – tão comprometido que você se sentirá seriamente pressionado a fazer mudanças radicais. Pense no que significa ter uma vida equilibrada, que você valoriza e que o faz sentir-se bem e completo, com ou sem um companheiro.

Lembro-me de que, *três dias* antes de conhecer minha mulher, eu disse ao meu terapeuta: "Gosto da minha vida do jeito que ela está agora. Não estou bem certo se eu estaria preparado para um relacionamento. Isso exigiria muitas mudanças da minha parte, e não sei se quero fazer isso no momento. Talvez eu deva permanecer solteiro." Por mais estranhas que essas palavras tenham soado para você (devo dizer que elas também soaram de forma muito estranha para mim), era aquela sensação de contentamento que fazia a balança pender a meu favor. Foi isso que tornou minha vida realmente capaz de se desenrolar. Foi isso que me permitiu descobrir uma companheira saudável. Ter uma vida de que você cuide e com a qual esteja comprometido é o ingrediente secreto para você construir uma vida maior – junto com um parceiro amoroso –, da qual você também cuide e com a qual também esteja comprometido.

Eis algumas questões para reflexão:

- Se você não tiver um relacionamento amoroso com você mesmo – se tiver pouca consideração pelo que você é como pessoa e pelo seu valor como ser humano –, como será capaz de assumir um compromisso amoroso com outra pessoa?
- Se você perder a ligação com você mesmo nos relacionamentos – perder de vista os próprios valores e necessidades, suas prioridades e seus objetivos –, como vai manter uma relação amorosa com alguém?
- Se você nem sabe quem realmente é – se seu "eu" mais verdadeiro permanece um mistério para você –, como vai conseguir estabelecer uma relação bem-sucedida e manter um compromisso com outra pessoa?

Essas são algumas das questões mais fundamentais do "eu". Suas implicações podem ser enormes, considerando-se sua capacidade ou incapacidade de encontrar um companheiro e manter um relacionamento em que haja compromisso.

O desafio ao compromisso não está relacionado apenas à importância da auto-estima. Não me entenda mal. Não há dúvida, pelo menos da minha parte, de que esse problema da auto-estima é uma das importantes correntes secundárias na luta do compromissófobo. Mas a auto-estima é apenas um dos problemas do "eu" que podem causar um impacto dramático nas fantasias e medos relativos ao compromisso. Existe um quadro maior que você não quer perder e que precisamos analisar em primeiro lugar.

Sobre o eu/sobre o relacionamento

Quando falamos sobre o "eu" e como ele afeta a nossa capacidade de estabelecer elos e de permanecer ligados num relacionamento, há, na verdade, três diferentes áreas de vulnerabilidade:

A BAIXA AUTO-ESTIMA

A PERDA DO EU

A AUSÊNCIA DO EU

Vamos começar com um pequeno resumo de cada uma.

Baixa auto-estima: Muitos lutam com questões relacionadas à valorização do próprio eu. Vozes negativas soam em nossa mente, levando-nos a uma série de comportamentos de defesa. E na arena dos relacionamentos, essas vozes tendem a ser particularmente altas. Você sofre de baixa auto-estima? Ou seja, você costuma colocar seus companheiros num pedestal e desvalorizar-se freqüentemente? Se alguma coisa não dá certo, você sempre acha que a culpa foi sua? Está sempre esperando o desenlace negativo que você "merece"? Você é seu crítico mais ferrenho? Você critica demais os outros para compensar as dúvidas que tem em relação a você mesmo? Questiona sempre seus julgamentos, decisões e escolhas? Você tem a tendência de se contentar com o mínimo porque acha que não merece mais? Você se doa muito porque acredita que essa é a única forma de conseguir o que deseja? Você se vangloria em excesso para se tornar mais atraente? Esses são os sintomas da baixa auto-estima.

Perda do eu: Você é um daqueles que perde o próprio *eu* num relacionamento? Perde seus limites? Suas prioridades? Perde de vista suas necessidades e seus valores? Ou tudo isso? Se o seu problema for esse, talvez você saiba do que eu estou falando, já que sua luta para permanecer num relacionamento é particularmente dolorosa. Você passa um tempo insuportável se escondendo na presença de um parceiro forte? Torna-se uma pessoa diferente – uma pessoa a quem você realmente não conhece nem gosta? Seus limites se tornam imprecisos? Você se sente engolido? Você se rebaixa (renunciando a mais coisas do que pode suportar) para tentar ser amado? Num relacionamento, sua maior luta é para se manter firme em si mesmo. E nessa batalha, você está sempre perdendo.

Ausência do eu: Quem é você? O que é importante para você? Quais são os seus valores? Quais são as suas potencialidades? O que você leva para um relacionamento? Do que você necessita, num relacionamento? Algumas pessoas não têm respostas precisas para essas perguntas. Muitos de nós, mesmo já sendo adultos, ainda temos uma noção pouco definida de quem somos. Com freqüência agimos de acordo com uma falsa *persona* – um rosto que "vestimos" para ir ao encontro de um mundo que não tem um verdadeiro elo de ligação com a nossa alma. Você analisa o seu relacionamento para se definir no mundo? Você fica com raiva quando o relacionamento não cumpre essa função? Sente-se perdido quando está sem amor? Sente-se constantemente desiludido pela incapacidade de seus parceiros de conservar a mágica do relacionamento? Sua vida em geral parece desconectada? Essas várias expressões de "vazio" interior indicam a ausência de um eu bem definido.

Vamos agora analisar melhor essas três diferentes questões do "eu". É muito importante compreender como cada uma delas influencia nossas escolhas, nossos comportamentos, nossos medos e nossa capacidade de nos relacionarmos.

1ª QUESTÃO DO EU: A BAIXA AUTO-ESTIMA

"O medo de assumir compromissos não é apenas um reflexo dos problemas subjacentes de auto-estima?" Toda vez que dou uma palestra sobre comprometimento e compromissofobia, há sempre pelo menos uma pessoa na sala que faz essa pergunta – falando, é claro, em nome de muitas. Às vezes, a pessoa que faz a pergunta está pensando em si mesma: "Na verdade, será que a dificuldade do meu parceiro em assumir compromissos não se deve a um problema de auto-estima?" Outras vezes, elas pensam exatamente o contrário, isto é: "Será que o que me leva a ser *atraído* por pessoas que não conseguem assumir compromissos não é a *minha* própria falta de auto-estima?"

"Auto-estima" é uma das expressões mais comuns, hoje em dia, e costuma ser usada como um "diagnóstico" para muitos, se não a maioria, dos nossos relacionamentos doentios. Assim, não deveria causar muita surpresa o fato de as pessoas gostarem de usar o conceito de auto-estima para explicar o fenômeno que chamamos de medo de assumir compromissos. Seria ótimo se pudéssemos rotular todos os conflitos de comprometimento como um problema de auto-estima, tornando esse fenômeno complexo algo tão linear e simples. Infelizmente, não é uma coisa tão simples assim. E você já deve ter visto muitos exemplos que contradizem essa concepção "globalizada". O fato de as pessoas poderem *usar* o rótulo da auto-estima para *fugir* da responsabilidade por seus conflitos de comprometimento tão facilmente quanto são capazes de usá-lo para *assumir* responsabilidade em excesso pelos mesmos conflitos indica quão pouco se sabe sobre a relação que existe entre auto-estima e conflito de comprometimento.

O problema de comprometimento não é uma coisa tão simples assim

Entretanto, essas pessoas não estão totalmente erradas. *Algumas vezes*, a baixa auto-estima está no âmago da luta pela relação. *Outras vezes*, é a baixa auto-estima que produz o medo nas pessoas. *Outras, ainda,* a baixa auto-estima é a força que nos leva a fazer escolhas erradas. Esses são os cenários que vamos analisar agora.

Alicia: a história clássica de "baixa auto-estima"

Sempre que promovo um *workshop* ou dou uma palestra, encontro pelo menos duas ou três mulheres como Alicia. Em quase todos os seus relacionamentos, ela assumiu o papel de vítima. E a estrutura parece ser sempre a mesma. A relação começa com uma perseguição intensa, e Alicia, mesmo hesitando a princípio, acaba agradecendo por ter sido escolhida. Ao que parece, os homens sempre a "perseguem", mesmo que ela não se esforce muito para iniciar um relacionamento. E todos eles sempre parecem gostar muito dela – pelo menos no começo.

Depois que Alicia é "escolhida", sua defesa é facilmente derrubada pela aparente sinceridade do perseguidor. A emoção que prevalece no momento é: "Não consigo acreditar que ele me queira". Mas então, a certa altura do relacionamento, o perseguidor demonstra uma súbita e inexplicável mudança em seus sentimentos, e a perseguição se transforma em pânico. Isso sempre deixa Alicia zangada e confusa, sobretudo pelo fato de que "era ele quem pressionava para que os dois ficassem mais íntimos".

Alicia não acredita que tenha uma série de opções quando se trata de amor. Ela acha que precisa esperar pacientemente e aproveitar o melhor que puder as opções que lhe surgirem. Ela não se sente capaz de ser muito exigente, nem muito difícil, mesmo que tenha algum poder para escolher as pessoas com quem quer se relacionar. Quando, finalmente, encontra alguém que se interessa por ela, uma parte dela sente como se essa fosse sua última oportunidade. E ela assume essa posição de impotência.

Na verdade, Alicia teve cinco "últimas chances" nos três últimos anos, mas isso não altera em nada o seu modo de pensar. E o comportamento dela não muda nunca. Nem sua postura de sentir "gratidão". Tudo isso porque é a baixa auto-estima que comanda a sua mente.

Karlin: uma mulher que procura "jogar em segurança"

Karlin é uma das mais brilhantes, interessantes e multitalentosas mulheres que se poderia encontrar na cidade de Los Angeles. E isso significa muito. Ela é uma atriz talentosa, uma escritora incrível, uma ativista política séria e oferece jantares fantásticos que fazem a gente pensar que Martha Stewart está escondida na cozinha.

A lista de amigos de Karlin parece a relação do *Quem é Quem* das pessoas com quem você gostaria de bater um papo. Mas a lista de ex-namorados de Karlin assemelha-se a um *Quem é Quem* de malandros, desajustados e malucos. Se o rapaz for um desempregado permanente, Karlin provavelmente já o namorou. E se ele tiver uma curta ficha corrida na polícia, é possível que Karlin quase tenha se casado com ele.

Todos os amigos que gostam muito de Karlin olham para ela e se perguntam "Por quê?". Esse é o modo de agir de Karlin. Ela sabe que merece mais, que tem mais a oferecer, mas só se envolve com homens com quem se sinta "segura". Para se encaixar na definição de segurança de Karlin, o homem tem de admirá-la, colocá-la num pedestal e se sentir inferior a ela. Karlin acredita que homens desse tipo terão menos possibilidade de rejeitá-la, o que, a propósito, nem sempre é verdadeiro.

Karlin nunca se sente feliz com suas escolhas. Ela tem consciência de que seus diversos galãs não são o tipo de pessoa que ela gostaria que eles fossem. Ela está constantemente frustrada porque não existe profundidade em seus relacionamentos, sempre desiludida porque falta alguma coisa. Karlin reconhece, tanto para si mesma quanto para seus amigos mais próximos, que seus diversos namorados deixam muito a desejar... E mesmo assim ela continua escolhendo variações do mesmo tema. Karlin fica apavorada ao pensar em procurar alguém mais interessante, mas sempre se aborrece por se envolver com pessoas desse feitio. É uma armadilha que a mantém distante de relacionamentos que envolvam compromisso, e ela está nessa condição porque lhe falta auto-estima.

Maria: uma história diferente, mas o final é o mesmo

Maria sabe exatamente quem ela é. Sua personalidade é bem definida, assim como seu temperamento. Seus valores, suas predileções, aversões e necessidades também são bem definidos. Quando está em casa com seus melhores amigos, Maria é agitada, engraçada e sarcástica, gosta de dar opiniões, é extravagante e uma boa companhia. Só existe um problema: essa não é a Maria que ela mostra ao mundo.

Fora de casa – no trabalho, na escola ou nos encontros –, Maria se esforça para ser "perfeita". Ela se empenha em se mostrar às pessoas da maneira que ela acha que elas gostariam: a Maria doce, a Maria charmosa, a Maria compreensiva, a Maria otimista. Não é de admirar, portanto, que ela tenha uma série de amigos superficiais. E não é de admirar, também, que essas amizades não levem a lugar nenhum.

Por que Maria age assim? Porque tem baixa auto-estima. Ela está sempre representando, pois acha que a verdadeira Maria não seria bem-vinda nem amada. Evidentemente, esse é um conflito de auto-estima. Como tem medo de ser rejeitada, não quer assumir riscos e não valoriza o seu eu verdadeiro, Maria decide jogar em segurança e, para isso, cria uma Maria ideal, melhorada.

Nas relações amorosas, isso atua em sentido contrário. De uma forma ou de outra, Maria não se deixa conhecer. Nem quando foge dos homens que estão interessados em conhecê-la, nem quando fica gravitando em torno daqueles que não querem saber quem ela é de verdade. De um modo ou de outro, Maria sempre acaba se sentindo sozinha. Ao mesmo tempo que uma parte dela *anseia* por um relacionamento, uma voz mais poderosa em seu íntimo a leva a querer ficar sozinha. Isso acontece porque ela tem medo de se revelar, pois acredita que a verdadeira Maria nunca seria aceita ou amada.

Edward: uma quarta variação, mas ainda com o mesmo final

A história de relacionamentos fracassados de Edward é longa e dolorosa. Sua primeira mulher o deixou para ficar com outro homem. Sua segunda mulher o trocou por outra mulher. E ele já está prevendo o momento em que a terceira mulher lhe pedirá para arrumar as malas e ir embora. Toda vez que Edward fala de sua mulher, faz um comentário semelhante a esse: "Não sei o que ela vê em mim" ou "Ainda não descobri por que ela se casou *comigo*". O diálogo interior dele é pior ainda. Ele diz a si mesmo: "Ela se casou comigo por causa do meu dinheiro" ou "Ela se casou comigo porque tem medo de ficar sozinha" ou "Ela se casou comigo porque eu a engravidei".

Edward nunca foi capaz de confiar em nenhuma das mulheres com quem ficou. Mas isso se deve, em grande parte, ao modo como ele constrói os relacionamentos. Como sente que tem pouco valor como pessoa, Edward faz tudo o que pode para promover sua imagem de marido em potencial.

Sempre dirige carros muito caros, que são facilmente "notados", e gasta dinheiro a rodo quando vai a um encontro. Se estiver saindo com uma mulher de quem goste, ele imediatamente se oferece para pagar as contas dela. Depois de algum tempo, ele a convida para morar com ele, e nunca pede nenhuma ajuda no que diz respeito às despesas.

Edward jamais procura estabelecer primeiro uma ligação emocional. O elo se faz por meio do dinheiro. Ele compra atenção e afeto antes de ter a oportunidade de ver se conseguiria recebê-los apenas porque é uma pessoa decente, digna de ser amada. E então fica o tempo todo desconfiado e se sentindo excluído, perguntando-se se a sua companheira realmente gosta dele. A maioria desses relacionamentos não dura muito. Mas, mesmo os que duram mais, nunca parecem ser de fato amorosos.

Como você pode imaginar, o esquema de Edward sempre acaba tendo resultados previsíveis. Quando sua primeira mulher foi embora, ela o deixou desfalcado. A segunda mulher, ao abandoná-lo, levou boa parte do rendimento dele. No momento em que a terceira mulher se recusou a assinar um acordo pré-nupcial, Edward logo concluiu que os planos dela já incluíam basicamente a separação. Naquele dia, o medo tomou conta dele.

Na realidade, Edward não consegue deixar de conduzir seus relacionamentos dessa forma. Ele não é capaz de se precaver no que diz respeito às finanças e, mais importante, não sabe se preservar emocionalmente. À medida que os relacionamentos terminam, ele se torna cada vez mais amargo, dia após dia mais cínico e desconfiado. Edward chegou a um ponto em que nem mesmo *quer* conduzir seus relacionamentos dessa forma; ele está apavorado demais para tentar qualquer outro procedimento.

Alicia, Maria, Karlin e Edward são pessoas muito diferentes, mas têm duas coisas importantes em comum. Eles sofrem de baixa auto-estima; assim, acabam ficando sozinhos, por um mecanismo alimentado por essa baixa auto-estima.

Como seus problemas com auto-estima podem estar afetando sua capacidade de construir e manter uma relação emocional significativa? Você se encaixou em alguma dessas histórias?

Como quebrar o círculo vicioso da baixa auto-estima

Todos nós merecemos ser amados, mas chegar sozinho a essa conclusão exige algum trabalho. A baixa auto-estima é um fardo terrível. Ela pode atacar uma pessoa inúmeras vezes, deixando-a cada vez mais convencida de que aquilo que ela é não é o bastante. Apesar disso, a baixa auto-estima não é necessariamente uma condenação para a vida toda. Todos os dias, nós vemos, ouvimos e lemos histórias sobre pessoas bem-sucedidas; mas, para isso, existe apenas uma exigência: só você pode dar os passos necessários para quebrar esse círculo vicioso.

Quando somos jovens, as palavras negativas ditas por nossos pais, parentes, colegas, professores, etc. nos fazem sentir que não merecemos ser amados. Ou que nosso valor é condicionado a determinadas circunstâncias. E essas palavras costumam ser reforçadas por experiências negativas. Porém, quando crescemos, assumimos aquelas vozes e nos transformamos em nossos piores críticos, mesmo que os primeiros críticos já tenham desaparecido da nossa vida há muito tempo. É por isso que a mudança tem de começar com você.

Isso também explica por que a luta para construir a auto-estima geralmente tem início no espelho, onde você aprende a se dizer palavras carinhosas e a se elogiar. O objetivo é criar uma voz interior nova, que fale mais alto e mais claramente do que as antigas e destrutivas. É simples, sem dúvida, mas muito eficiente.

Construir a auto-estima também significa rodear-se de pessoas que falam com você usando palavras carinhosas e de apoio; isso exige que você se afaste das pessoas ferinas e negativas. Você, com certeza, deve ter amigos, colegas e parentes que ainda o perturbam com mensagens negativas – vozes exteriores que você continua a tolerar. Se essas pessoas não conseguem mudar o teor das palavras que lhe dizem, é preciso mudar a natureza desses relacionamentos. Manter distância pode ser um ato de amor-próprio, quando é muito doloroso ficar próximo de alguém.

A construção da auto-estima também implica assumir riscos – o risco de ser aceito ou rejeitado por aquilo que você realmente é, não pelo que pode fazer ou dar. Você quer assumir riscos? Talvez hoje você deseje isso mais do que nunca, agora que sabe o pouco que tem a perder.

A baixa auto-estima diminui suas chances de começar um relacionamento em que haja compromisso

Talvez o mais importante que você tem a fazer nesse momento seja permitir-se perceber o quanto a falta de auto-estima pode governar sua vida e impedir que você tenha qualquer expectativa em relação a compromissos e envolvimentos.

A baixa auto-estima...

...leva a escolhas erradas.

Em vez de procurar ativamente parceiros que tenham as características que você quer e rejeitar aqueles que não atendem a uma série razoável de suas expectativas, você se sente "ameaçado" quando *alguém* escolhe você. Mas esses "alguéns" raramente, se é que isso acontece alguma vez, se entregam a uma relação em que haja compromisso.

...faz você ficar desnecessariamente agradecido.

Em vez de esperar do seu relacionamento algo mais recompensador, você se conforma em apenas *ter* um relacionamento. Você quer o compromisso e uma ligação mais profunda, mas nunca se esforça para que isso aconteça.

...impede você de fazer perguntas difíceis.

Se você não acredita, de fato, que tem valor, terá dificuldade de fazer perguntas difíceis a um possível parceiro sobre: fidelidade, amor, crianças, comportamento agressivo, vícios, a pessoa com quem seu *parceiro* ainda está casado! A baixa auto-estima não deixa que você ponha em risco a aparente harmonia do relacionamento, mas essas perguntas iluminam o caminho do comprometimento.

...impede você de expor suas necessidades.

Você se convence de que suas necessidades não são importantes e de que as dos outros vêm sempre em primeiro lugar, o que o leva a se desvalorizar; assim, ninguém o leva a sério. Evidentemente, isso o torna mais amargo, ao mesmo tempo que diminui sua capacidade de se relacionar.

...leva você a pôr as outras pessoas num pedestal.

Elas são tudo e você não é nada. Pelo menos é o que as suas atitudes indicam. Isso faz com que as pessoas não lhe dêem valor e não reconheçam as suas características especiais. Assim, você nunca é considerado um parceiro com quem valha a pena assumir um compromisso.

...impede você de assumir riscos emocionais.

Para construir uma relação mais profunda com outra pessoa, *é preciso* que você assuma riscos e revele quem você realmente é, compartilhando sentimentos, medos, segredos, o seu eu verdadeiro. Se não assumir riscos, você não conseguirá criar um envolvimento.

...faz você querer agir sentindo-se seguro.

Mas você ainda não aprendeu que não existe segurança no campo dos relacionamentos? Se fizer apenas escolhas "seguras", ou mostrar apenas comportamentos "seguros", ou se não estiver conseguindo o que acha que merece, você se sentirá infeliz e incompleto. Mesmo que surja uma perspectiva de comprometimento, ou você não lhe dará valor ou não confiará nela.

...muitas vezes faz você ficar excessivamente crítico em relação às outras pessoas.

Muitas pessoas compensam o fato de não se darem muito valor rebaixando os outros até que eles atinjam o seu nível. "Ela não é tão bonita assim." "Ele não é muito esperto." "Ela tem um emprego horroroso." "Ele tem uma pele muito feia." Você descobre alguma coisa de errado em todo o mundo, e admite os defeitos alheios porque eles o fazem sentir-se mais desejável. Mas essa atitude tem um efeito contrário quando você tenta criar vínculos emocionais. Ao criticar demais os outros, você afasta as pessoas respeitáveis. E muitas vezes você se descobre tentando criar um relacionamento com alguém que o intimida ou que é perigosamente narcisista, porque essas são as únicas pessoas que "passam" por suas rígidas avaliações. Isso diminui muito as possibilidades de que surja um compromisso saudável e bem-intencionado.

...leva você a compensar, caprichando na imagem que você faz de você mesmo.

Tudo o que você faz é falar sobre a pessoa maravilhosa que você é. Ou talvez você seja do tipo que gosta de citar nomes, que nunca pára de tentar impressionar os outros com a lista de pessoas que conhece. Você acha que isso vai fazer as pessoas gostarem mais de você, mas, em geral, o que acontece é o contrário, ou seja, a maioria delas tenderá a se manter a distância. Provavelmente, apenas as pessoas que "engolem" as suas histórias permanecerão à sua volta, até que você mesmo comece a fazer pouco da credulidade delas e decida que não vale a pena manter um compromisso sério com elas.

2ª QUESTÃO DO EU: A PERDA DO EU

O que estamos perdendo exatamente quando "perdemos a nós mesmos" num relacionamento? Isso depende de quem você é. Algumas pessoas perdem a confiança, ou a força e a independência, ou o controle de si mesmas. Outras perdem a capacidade de julgar e o sentido de equilíbrio na vida. Mas muitas perdem a ligação com o seu núcleo fundamental. E essas ligações perdidas nos afetam muito quando se trata de amor. Alguma das variações a seguir lhe parece familiar?

Quando você está vivendo um relacionamento...

...você perde seus limites?

Corinna perde. Ela é uma mulher moderna. É forte, rígida, tem opinião própria e é muito independente, até o momento em que encontra um homem por quem se sinta muito atraída. E então, num piscar de olhos, tudo se modifica. *Mi casa* se torna *su casa*. O que é meu é seu, e espero que a recíproca seja verdadeira. Use o meu telefone, coma a minha comida, pegue meu dinheiro emprestado. Instale-se! E não se trata apenas de limites físicos; para Corinna, todas as linhas perdem a nitidez. Uma vitória do parceiro torna-se vitória dela, o que é motivo de alegria para o companheiro a deixa alegre também. Só que os fracassos do parceiro também passam a ser dela, além dos problemas dele. Corinna não consegue se manter dentro dos seus limites e assusta os homens que ama. Sua incapacidade de manter limites firmes afasta a pessoa por quem *você* está apaixonado?

...você perde de vista as prioridades?

Quando você está vivendo um relacionamento, você coloca de lado tudo o mais – amizades, família, trabalho, objetivos? O relacionamento é *tudo*? Você desiste da sua vida anterior e mergulha na possibilidade de uma vida nova? Se isso acontece, você está esperando que o seu parceiro lhe dê um mundo inteirinho. E o que dizer da pressão? E, para acumular desgraça sobre desgraça, quando essa estratégia surte o efeito contrário, você fica com menos do que quando começou.

...você perde de vista suas necessidades?

É o que acontece com as pessoas que se afastam muito de si mesmas num relacionamento. Em vez de respeitar as suas necessidades, mantendo-as claramente definidas, elas têm a seguinte atitude: "Aceito o que você tiver para me dar." "Preciso de um companheiro que seja monógamo" se transforma em "Tenho de ter paciência até que ele consiga mudar". "Preciso de um parceiro com quem eu possa conversar sobre meus sentimentos" passa a ser "Posso falar disso com outra pessoa". "Quero um companheiro que divida as despesas comigo" torna-se "Eu ganho o suficiente para nós dois". Mas, quando não damos a devida atenção às nossas necessidades, isso produz insatisfação, o que, inevitavelmente, diminui nossa capacidade de nos envolvermos com o companheiro.

...você perde de vista seus valores?

Dan acredita profundamente na prática de idéias igualitárias num relacionamento. Ele sempre acreditou que ambos devem trabalhar e dividir as despesas. Nunca é procurado para fazer um programa de graça, e jamais quis arcar com as despesas de ninguém. E ele sempre consegue expressar esses pontos de vista para os amigos de maneira aberta, e não defensiva. Mas, toda vez que se sente atraído por uma mulher, Dan perde a capacidade de praticar o que prega. Sua experiência com Janice é um exemplo perfeito disso. Janice era uma "princesa" assumida, do mais alto padrão, e, a partir do momento em que se encontraram, Dan abriu a carteira e começou a pagar tudo. A princípio, eram as pequenas despesas com os encontros, cinemas e restaurantes; porém, aos poucos, ele passou a pagar os consertos do carro, a renovação do guarda-roupa dela, até que assumiu o pagamento do aluguel. Dan age assim porque acha que é isso que "se espera" dele. O problema é que Dan se ressente demais com essa situação, que ele mesmo criou e à qual se sente completamente preso, além de ter perdido o respeito da companheira. O que podemos aprender com isso? Se perdermos de vista nossos valores num relacionamento, seremos alvo de pouca ou nenhuma consideração.

O amigo de Dan, Alan, tem uma opinião firme sobre os perigos de beber demais e ingerir drogas e, também, sobre as pessoas que agem dessa forma. Mas, no momento em que Louisa apareceu bêbada no terceiro encontro deles, Alan ficou confuso. E quando ela lhe contou sobre seus "infortúnios" com tóxicos, ele sentiu-se atordoado. Bandeiras vermelhas se agitaram em sua mente e soaram alarmes. Mas Louisa era gloriosa, de uma beleza fantástica, e parecia estar sinceramente atraída por ele. Assim, Alan decidiu que poderia "lidar com isso". Resolveu se esforçar para aceitar o consumo de drogas e até começou a manter um bom suprimento de vodca na geladeira. O problema é que Alan *não consegue* lidar com isso, e agora ele tem certeza de que precisa romper o relacionamento.

...você perde de vista seus objetivos?

Diana é uma artista talentosa que, aos poucos, está fazendo carreira em Nova York. A arte é a sua paixão e o seu grande amor, ela está ficando famosa, e essa é sua maior realização... até arrumar um namorado. Então, inevitavelmente, os objetivos *dele* se tornam as metas importantes, e Diana se dispõe a empregar todo o seu tempo para lutar pelo sucesso do parceiro, deixando suas aspirações em banho-maria. Mas, se ficar muito tempo no fogo, a água do banho-maria seca, a panela queima e a cozinha pode até pegar fogo. Diana está sempre zangada, embora não saiba por quê. Está zangada com os homens da sua vida e, principalmente, com ela mesma. Talvez porque os companheiros não apóiem os objetivos *dela* – ou nem mesmo perguntem se ela tem algum. Ou talvez porque *ela* não apóia seus próprios objetivos e está sempre se sentindo prejudicada.

...você perde completamente de vista quem você é?

Você diz que detesta o frio, mas está aprendendo a esquiar para ficar com a pessoa por quem está apaixonada. Diz que é rigorosamente vegetariana, mas se descobre assando um leitão para agradar o seu amado. Você se diz musicista, mas se associa a uma agremiação esportiva para satisfazer seu querido. Declara-se comprometida com o Partido Democrata, mas se descobre arrecadando fundos para o Partido Republicano, só para apoiar as tendências políticas de quem você ama. E, por um tempo, você se sente bem com esses desvios radicais. Mas uma sensação interior de mal-estar, desilusão e, até mesmo, ressentimento cresce dentro de você. No começo, você consegue lidar com isso, mas esses sentimentos vão crescendo, e sua frustração constante acaba se transformando em depressão e raiva. Entretanto, seus companheiros contam com sua maleabilidade e muitas vezes tiram vantagem dela. Com o passar do tempo, você percebe que a sua relação se desintegrou.

Ao nos afastarmos do nosso eu, perdemos o compromisso com a relação

Quando, num relacionamento, você perde de vista o seu próprio eu, o resultado quase nunca é positivo. Normalmente, é uma combinação de amargura, frustração, alienação, raiva e depressão. Você acaba se relacionando com pessoas que não gostam de você, que não o levam a sério, que não têm a menor idéia dos seus sentimentos íntimos – e esses não são os ingredientes adequados para uma parceria em que haja comprometimento. Na melhor das hipóteses, esse é um processo desorientador; na pior, é doloroso, difícil e autodestrutivo, além de ser sempre uma forma de desligamento.

As pessoas que se afastam de si mesmas num relacionamento acabam, compreensivelmente, tendo medo de se comprometer. A experiência lhes mostrou que elas perdem demais todas as vezes em que se apaixonam e que acabam se sentindo desgastadas pelas perdas. O que precisamos entender é que o nosso primeiro compromisso deve ser honrar e defender a nós mesmos e lutar com unhas e dentes por cada partícula do nosso ser. Não interessa o que isso vai custar, nem o que os outros vão pensar, dizer ou fazer; não importa o grau de intensidade da luta; é o único caminho válido. Esse comportamento não é egoísta, nem autodestrutivo; pelo contrário, é saudável e necessário, se você pretende construir um relacionamento significativo e recompensador.

3ª QUESTÃO DO EU: A AUSÊNCIA DO EU

Todos nós nascemos com as sementes de um eu, as quais podem evoluir para um eu único, completo e poderoso. Mas a experiência da infância nem sempre apóia esse "segundo nascimento". Para algumas pessoas, os desafios da infância destroem essas sementes, ou as quebram, ou impedem que elas desabrochem por completo. Em vez de sermos alimentados e apoiados com amor incondicional para alcançarmos a totalidade da expressão do nosso ser, somos forçados, bem cedo, a nos amoldar; somos coagidos, intimidados ou impelidos, vítimas da violência, para um caminho que não é o nosso. A duras penas, aprendemos muito cedo que o amor é completamente condicional. Ansiosos por agradar e com medo de ser abandonados, obedecemos. Desistimos do nosso eu para conseguir ser amados. E o vínculo interior com nosso potencial é enterrado bem fundo.

Essa batalha particular do eu é a mais difícil de ser entendida pela maioria das pessoas. Se essa luta não for sua, não será fácil imaginá-la; mas, se for sua, será ainda mais difícil imaginá-la – você foi tão bem programado que nem sequer percebe que a pessoa que você exibe para o mundo não é realmente você.

Essa é a parte mais confusa: aqueles que têm uma percepção pouco definida do seu próprio eu tendem a apresentar um "falso eu" muito bem definido, que não passa de um "impostor interno" que nos diz quem somos nós e do que precisamos para viver. Em vez de ter um centro bem definido a quem possamos *recorrer* para obter orientação e respostas, nossa mente está repleta de regras e regulamentos a que prestamos obediência. Esse falso eu pode ter uma resposta para tudo – como andar e como falar, quando sorrir e quando ficar sério, quando e onde sentir ou deixar de sentir alguma coisa, o certo e o errado, o bom e o mau, atitudes e opiniões. As regras e os regulamentos servem de salva-vidas para os que não conseguem atingir os sentimentos autênticos do seu ser, tornando possível a sobrevivência. Ainda que, bem no fundo, reste um sentimento incômodo de vazio, que aflora quando ficamos sozinhos por muito tempo.

Por que o amor nunca é o bastante (ou sempre é demais)?

O que isso tem a ver com relacionamentos? E, em função disso, o que tem a ver com comprometimento? A resposta, na verdade, é simples: a ausência de ligações interiores provoca a devastação das ligações exteriores (isto é, acaba com aquilo que chamamos de relacionamento). Sem uma base interna sólida, as relações românticas são tão dolorosamente vitais quanto vulneráveis. Você precisa de amor para se sentir completo, mas ele nunca parece ser o bastante, pois existe um vazio interior, resultante da ausência do eu. Não importa o quanto a outra pessoa tenha a oferecer, nunca é o suficiente, e só a fantasia tem o poder de fazê-lo sentir-se completo. Os outros parecem ser sempre insuficientes, porque muita gente pode lhe oferecer amor, mas ninguém pode lhe dar um eu. E, então, há o outro lado da moeda.

Quando você não tem uma percepção muito clara do seu eu, é muito fácil entregar o que você tem – você fez isso durante a vida inteira –, mas a sua reação posterior é atacar a pessoa a quem você entregou o que tinha. Você só *sabe* até que ponto está assumindo um compromisso quando já está completamente comprometido. Só percebe que se entregou demais quando já está furioso por ter se dado tanto. Você pode ser um parceiro incrivelmente compreensivo até o momento de registrar, em algum lugar do seu íntimo, que esse, na verdade, não é você. Você talvez seja uma pessoa que dá muito apoio, é cúmplice do seu parceiro ou é generoso ou cheio de fantasia, até perceber, bem no fundo, que esse não é você. É possível que você consiga interpretar todos os tipos de papel durante um tempo, mas o problema é que os papéis nunca se mantêm, porque o único "papel" que é autêntico é o do seu verdadeiro eu.

Você só sabe até que ponto está assumindo um compromisso quando já está completamente comprometido

As pessoas que não têm uma identidade autêntica podem encarar a vida como uma seqüência de empregos produtivos. Você pensa que "ser um parceiro" significa agir de certa maneira; então, apressa-se em assumir esse papel. E por um tempo você desempenha o papel da sua vida. Porém, à medida que se afasta cada vez mais do que você é realmente, seu mal-estar interior aumenta. Até que uma voz aguda, bem no fundo do seu ser, que representa os vestígios de seu *verdadeiro eu*, finalmente grita bem alto, para poder ser ouvida. Talvez você já tenha ouvido o grito, que muitas vezes soa como: "Não agüento mais esse relacionamento!" Você pode tentar ser um tipo diferente de parceiro ou uma pessoa inteiramente diferente, mas a voz do seu verdadeiro eu – que ainda vive bem no seu íntimo – sempre vai lembrá-lo de quem você é e de que tipo de relacionamento lhe dará condições de sobreviver e de se desenvolver.

Gelatina à procura de uma fôrma

As pessoas que não têm um eu completamente formado podem ser comparadas à gelatina, pois são capazes de se encaixar num número infinito de fôrmas, embora seu molde favorito, seu "papel" preferido, seja o do companheiro perfeito. Ser um companheiro perfeito não é uma tarefa fácil para a maioria das pessoas "normais", mas é um papel sob medida para homens e mulheres que não têm um eu claramente definido. Ser um companheiro perfeito significa desistir de si mesmo, o que não é difícil quando se tem uma identidade pouco definida. Ser um companheiro perfeito implica ser capaz de se fundir com o outro, e essa capacidade de se fundir é um conceito falso. Essas pessoas têm uma capacidade incomum de ler a mente dos outros e de lhes dar o que eles estão querendo. Quando interagem com um companheiro, ouvem e vêem tudo – cada detalhe e cada sutileza. Estão sempre perfeitamente sintonizados, conseguem prever tudo e cuidar de tudo de maneira completa e desinteressada.

O parceiro que recebe essa atenção se sente tão "observado e compreendido" que se cria um vínculo especial. Se alguma vez você já tiver sentido esse vínculo, com certeza não deve tê-lo esquecido, porque é como se você tivesse feito uma união cármica, como se finalmente tivesse encontrado sua alma gêmea. E essa ligação tem um enorme poder, que leva as pessoas a se apaixonarem com facilidade. Mas de repente, do dia para a noite, essa bem-aventurança se transforma em choque, assim que o seu companheiro cármico apresenta sinais de rebeldia. Aquela pessoa que parece estar tão maravilhada com essa união absolutamente perfeita pode rejeitá-lo de forma drástica de uma hora para outra – e aparentemente sem sentir culpa nem remorso. Isso lhe provoca um sofrimento desconcertante, tudo perde o sentido, seu mundo fica de cabeça para baixo, e você procura respostas desesperadamente. Mas a explicação é muito simples: o "doador" de todas aquelas coisas boas não pode mais continuar fazendo isso. O seu companheiro "perfeito" está vivendo uma rebelião interna – ele finalmente ouviu seu próprio "grito interior". Os fragmentos do eu verdadeiro do seu parceiro de repente atacaram o falso eu. Eles não conseguem mais continuar fingindo, não querem mais continuar sendo quem não são e precisam quebrar o molde.

Sem o eu, o comprometimento é assustador

Talvez agora você consiga perceber com mais clareza como o verdadeiro comprometimento é improvável, se não impossível, na ausência do eu. E então pode se dar conta de que uma sedução do falso eu é simplesmente uma penosa promessa de comprometimento que não será cumprida. Em minha opinião, essa luta em particular provoca as cenas mais tristes de um relacionamento. Começos perfeitos transformam-se em finais brutais, e os companheiros perfeitos viram pó. As perspectivas de compromisso que antes pareciam tão promissoras desmancham-se no ar, restando apenas as lembranças. Apesar de isso parecer complicado, tem uma explicação bem simples: o amor verdadeiro não pode ser construído sem a base de um eu autêntico.

Um papel com o qual não pude conviver

Você deve estar se perguntando como é possível que uma pessoa como eu, que não sou terapeuta, saiba tanto a respeito dessa luta dolorosa. A resposta é igualmente dolorosa: eu também já sofri com esse problema. Eu era o companheiro dócil, o parceiro ideal, aquele que estava atento a tudo. Eu era o companheiro ridiculamente compreensivo, que dava apoio desinteressadamente. Eu era o companheiro "perfeito". Eu me doava o tempo todo, até que chegava um momento em que não conseguia mais viver esse papel. E então, numa fração de segundo, tudo acabava.

É importante que você saiba que o único e maior obstáculo para a recuperação de um relacionamento e de um compromisso é descobrir e alimentar a percepção do verdadeiro eu. Só assim você encontrará o amor e o equilíbrio. Mesmo que seja preciso ficar mais tempo sozinho, em meditação, fazendo uma terapia ou freqüentando grupos de apoio, o tempo e o trabalho empregados valem a pena. Faça tudo o que estiver ao seu alcance para tornar viável esse caminho.

O fortalecimento do eu: sugestões para consegui-lo

- **Desista das fantasias de fusão.** O impulso de querer formar uma só pessoa com o seu parceiro acaba impedindo o processo de descoberta, construção e fortalecimento do seu eu individual. O amor oferece muitos momentos de completa fusão, mas sempre devemos voltar ao nosso próprio eu.

- **Não tenha pressa de se descobrir.** Esse é um passo essencial antes de você se fortalecer e assumir seu eu. Para algumas pessoas, esse processo de busca é muito difícil no contexto de um relacionamento – você precisa de mais tempo sozinho, ou mesmo de um período saudável de afastamento?
- **Dê mais valor a você e à sua individualidade.** Todo amor começa com o amor-próprio, e a sua individualidade é a sua força.
- **Compreenda que desistir do seu eu foi uma escolha que você foi obrigado a fazer. E recuperá-lo também é uma escolha – uma escolha que você pode fazer agora.** Você pode sentir pena de si mesmo pelo resto da vida por ter tido um começo tão difícil, ou pode recolher toda essa energia emocional e canalizá-la para o seu próprio desenvolvimento. Você realmente tem uma escolha.
- **Perca a esperança de que outra pessoa faça por você o que você não consegue fazer por si mesmo.** Se você esperar que alguém mude de forma mágica o que você sente por si mesmo, acabará se sentindo impotente, o que é falso. A verdade é que ninguém, a não ser você, é capaz de construir sua integridade.
- **Perca o medo de não ser amado.** Você não vai conseguir ser amado por todo mundo, nem é isso o que você *quer*. E, quanto mais você se amar, mais evidente se tornará essa condição.
- **Aprenda a ficar sozinho.** O melhor meio de aprender a ficar com outra pessoa é aprender a ficar sozinho. Se os seus problemas de identidade sempre mudaram o rumo dos seus relacionamentos, a melhor coisa que você tem a fazer, por você e por seus parceiros em potencial, é empregar mais tempo com você mesmo.
- **Tenha em mente que, se o seu relacionamento, ou a falta dele, define quem você é, isso significa que o seu eu não está bem definido.** Os relacionamentos existem para enriquecer a sua vida, não para *ser* a sua vida; caso contrário, tanto o parceiro como o relacionamento serão alvo de muita pressão. Antes de procurar um companheiro, mergulhe dentro de si mesmo em busca de definição.
- **Pare de culpar os outros pelas suas próprias deficiências.** A insatisfação consigo mesma muitas vezes leva a pessoa a acusar os outros. Assuma a responsabilidade por suas próprias lutas.
- **Não tenha medo de ser egoísta.** O egoísmo não é uma coisa ruim quando implica cuidar melhor de você mesmo.

- **Defenda-se**. Isso não é um risco, é uma obrigação (com *você* mesmo). Não tenha medo de expressar o que você é e o que você vale. Ser aceito ou rejeitado por aquilo que você realmente é deveria ser uma das suas metas na vida. Isso é o máximo que uma pessoa pode querer.
- **Seja o seu maior fã.** Para começar, seja o seu melhor amigo, defensor e partidário. Isso não significa que você vá se iludir, mas sim que vai cuidar de si mesmo e aprender que você merece ser amado.

DESAFIO QUATRO

A coragem de se manter com os pés na realidade

A capacidade de ser levado pela fantasia talvez seja a única grande razão pela qual tantas pessoas não conseguem se comprometer nos relacionamentos. Freqüentemente, conduzimos grande parte da nossa vida pessoal para um ponto qualquer na terra da fantasia. Às vezes, usamos a fantasia para reescrever uma história ou para idealizar companheiros que não fazem mais parte da nossa vida. Outras vezes, desperdiçamos muito tempo suspirando por parceiros ideais que ainda vão aparecer em nosso caminho. Ou então, ficamos tão envolvidos pela fantasia que não percebemos as oportunidades concretas de criar ligações verdadeiras.

É típico da tendência fantasiosa ficarmos imaginando qual será a aparência, a voz e o comportamento desse parceiro, muito antes de ele aparecer. Chegamos até a imaginar a vida que levaremos com os parceiros produzidos por nossa fantasia.

E, então, uma pessoa de verdade, vivinha, de carne e osso, aparece. *Finalmente!*

Você sorri. A pessoa de verdade, de carne e osso, sorri. E ela parece *muito* atraente. E também parece se sentir muito atraída por você. É como se os céus tivessem sorrido para você. E assim vocês começam a conhecer um ao outro.

Quando isso acontece na sua vida, o que você faz? Continua no mundo da fantasia, com a cabeça nas nuvens? Ou finca os pés em terra firme e faz tudo o que puder para permanecer preso à realidade?

PENSE NA SUA CAPACIDADE DE FANTASIAR

Algumas vezes, quando duas pessoas se encontram, existe pouca ou nenhuma atração entre elas. Nessas circunstâncias, dizemos que o relacionamento nunca vai para a frente. Mas, outras vezes, acontece uma coisa ainda mais perturbadora: o relacionamento decola com facilidade, só que nunca mais aterriza. Isso porque um dos parceiros, ou ambos, continua a flutuar, suspenso por grandes bolhas de fantasia. Conseqüentemente, o relacionamento não volta ao mundo real, onde, afinal, nossa vida se desenrola. Se você observar com atenção os casais cujo amor resistiu aos duros testes do tempo, perceberá que o amor deles acontece aqui e agora e está baseado numa estrutura bem firme.

Você consegue afirmar, com segurança, que é capaz de enxergar com clareza seus parceiros e seus relacionamentos? Tem coragem suficiente para perguntar ao seu companheiro o que ele espera de um relacionamento? Tem coragem suficiente para ouvir respostas verdadeiras? Você consegue lidar com linguagens ou comportamentos negativos e acreditar neles quando os vê ou ouve? Ou você distorce os fatos para que eles se encaixem na sua rica vida fantasiosa (isto é, ele não está me rejeitando, ele é apenas inseguro)? Você confunde desejo, ou mesmo luxúria, com amor? Consegue dizer a verdade – seja ela boa ou má – sobre o que sente ou deixa de sentir? Você é capaz de encarar a verdade – boa ou má – a respeito do que está acontecendo, no momento exato em que acontece?

Mesmo diante da agitação de sentimentos despertados por um novo amor, com os hormônios circulando em ebulição por todo o corpo, você é capaz de permanecer ligado ao mundo real e *no* relacionamento que você descobriu? Você consegue enxergar a realidade? Esse é o incrível desafio que toda relação traz.

Para vencer esse desafio, as pessoas precisam fincar pelo menos um pé no chão até *descobrirem*, com certeza absoluta, que o relacionamento é para valer e que é aquilo que elas esperavam. Essa atitude nos dá a oportunidade de viver um romance e, ao mesmo tempo, diminui a possibilidade de cometermos um grande erro. Devemos reconhecer que não podemos ficar flutuando sobre os nossos romances, esperando que o mundo nos proteja de uma queda. Já passamos por isso inúmeras vezes; portanto, não podemos continuar cometendo os mesmos erros.

Tente visualizar esse pé fincado firmemente no chão, cheio de bom senso e um pouco na retaguarda. Você consegue vê-lo? Senti-lo? Ou ainda está flutuando por aí com a confiança e a irresponsabilidade de uma criança?

Lembre-se de que a confiança e a irresponsabilidade só se admitem nas crianças que têm pais confiáveis e responsáveis. Você está lidando com pessoas cujas necessidades nem sempre coincidem com as suas; que a) não são responsáveis pela sua segurança; e b) são vulneráveis, elas próprias.

Descendo das nuvens

Durante os muitos anos em que não tive um envolvimento real e sólido em minha vida, descobri que eu estava sempre idealizando um relacionamento baseado naquilo que eu imaginava que ele pudesse me dar. O meu conceito de amor, não importa qual fosse a imagem que eu criara dele, envolvia a prática regular de sexo, a realização de um desejo não muito claro e a esperança de ter uma vida mais completa. Assim como muitas pessoas, eu era mais uma vítima da influência de inúmeros filmes e programas de televisão. Eu tinha fantasias fantásticas sobre todo tipo de sentimentos.

Muitas vezes, minhas fantasias não me deixavam perceber ou avaliar as oportunidades que estavam bem diante dos meus olhos. Minha cabeça, geralmente, estava nas nuvens. Quando uma companheira em potencial passava diante do meu distorcido ângulo de visão, as nuvens não se afastavam. Eu não conseguia voltar para o chão. O que isso significava para mim? Em vez de considerar viáveis os relacionamentos com mulheres que pareciam acessíveis, livres e interessantes de verdade, eu me descobria criando fantasias sobre como seduzir mulheres que eram difíceis, distantes e desinteressadas.

Naquela época, apesar de me esforçar para encontrar uma pessoa com quem eu pudesse me envolver de verdade, eu não sabia lidar com o que estava acontecendo. Como eu esperava que tudo fosse mágico e perfeito, nunca abordava as questões mais importantes de um relacionamento. Nunca aprendi a encarar as pequenas contrariedades que fazem parte de toda relação autêntica. Quando surgia uma divergência, por exemplo, eu logo encerrava o assunto ou pensava em outras possíveis companheiras.

Em muitas ocasiões, em vez de assumir aquela relação presente com a mulher com quem eu estava, eu ficava pensando nas outras que tinham ido embora. Restringia minhas lembranças a uma noite memorável, em vez de analisar todos os acontecimentos e a forma como haviam ocorrido. Eu pensava no passado e ficava melancólico. Pensava no futuro, e isso me assustava. Mas minha capacidade de estar presente no dia-a-dia era praticamente nula.

Como eu esperava que tudo fosse mágico e perfeito, eu nunca questionava os pontos mais importantes de um relacionamento

Essa tendência me causou muitos problemas. Eu entrava nos relacionamentos sem fazer as perguntas adequadas, permanecia neles esperando que os problemas se resolvessem num passe de mágica e raramente enfrentava as dificuldades quando elas apareciam.

Uma das facetas da minha mulher que mais me impressionou desde o nosso primeiro encontro foi o fato de ela nunca ter medo de questionar os pontos mais difíceis do nosso relacionamento. Ela é uma mulher maravilhosamente romântica, mas mesmo assim sempre tem tido coragem de se firmar na realidade e de lidar com ela. Eu me lembro de que, quando pedi Jill em casamento, ela me deixou aturdido com algumas perguntas muito diretas. Em primeiro lugar, ela disse: "Por que você quer se casar comigo?" O que não era muito difícil de responder. Eu disse: "Porque a amo e quero ficar com você pelo resto da minha vida." Mas essa resposta não foi suficiente para ela, que continuou a me questionar. "Poderíamos continuar como estávamos até agora... o que o casamento significa para você? O que mudaria? O que ficaria do mesmo jeito? Como dividiríamos as responsabilidades? Como lidaríamos com a parte financeira? Isso significa que você quer tomar conta de mim? Isso quer dizer que você quer formar uma família? O que isso significa para você?" Esse interrogatório, realmente, me paralisou. Eu precisava pensar nas perguntas que Jill me fizera e encontrar as respostas verdadeiras para elas. Francamente, eu nunca passara da fase romântica, que corresponde a ficarmos-juntos-para-sempre-porque-eu-te-amo. Não tinha certeza do que eu queria, nem se alguma coisa seria diferente. Mais do que qualquer coisa, eu queria um símbolo concreto do nosso amor. Mas isso não era suficiente para ela. O que Jill esperava era lidar com informações concretas e verdadeiras. Ela não queria viver apegada à esperança; desejava que o nosso relacionamento fosse real.

Jill foi muito corajosa ao me questionar, já que havia o risco de eu ficar apavorado ao pensar nas perguntas que ela fizera. Em vez de tecer uma linda fantasia, ela me fez pensar sobre coisas como questões domésticas e finanças. Como ela foi corajosa, autêntica, e como protegeu a si mesma! É preciso muita coragem para viver o tempo presente, para abrir bem os olhos e encarar realisticamente os relacionamentos e o rumo que eles estão tomando.

Investir na fantasia, ignorar a realidade

Não faz muito tempo, tive uma longa conversa com uma mulher chamada Theresa, a quem entrevistei alguns anos atrás, quando estava escrevendo um outro livro. Ela tem 36 anos e se divorciou há três. Cerca de um ano e meio atrás, Theresa, que estava trabalhando numa biblioteca, percebeu que um homem atraente, mais ou menos da sua idade, ia todas as manhãs à biblioteca para ler o jornal.

Na hora de ir embora, ele parava e conversava com ela por alguns minutos; e por meio dessas conversas Theresa ficou sabendo que ele era um negociante local que tinha uma pequena empresa de informática. Por intermédio dos colegas de trabalho, Theresa soube que ele era um dos solteiros mais disputados da cidade e que "atirava para todos os lados". Theresa logo começou a construir as mais deliciosas fantasias, com Patrick sempre ocupando o primeiro papel masculino.

Dois meses se passaram até que o rapaz convidasse Theresa para sair. Finalmente, numa terça-feira, ao meio-dia, ele foi até a mesa dela, disse-lhe que não havia almoçado e perguntou se ela não gostaria de acompanhá-lo. Na terça seguinte, aconteceu a mesma coisa, e isso se tornou uma rotina. Ele parecia inteligente e amigável. Theresa, que era muito versada em informática, passava quase tanto tempo quanto Patrick diante do computador. Ela adorava conversar com ele, mas não conseguia descobrir se o interesse dele por ela era de caráter amoroso ou se ele a encarava apenas como uma amiga com quem podia falar do seu trabalho.

Apesar de gostar realmente de Patrick, Theresa tinha medo de lhe fazer perguntas muito pessoais; não queria que ele pensasse que ela o estava pressionando. Patrick falava tão pouco de sua vida pessoal que ela não conseguia definir o que havia entre eles. Ao mesmo tempo, uma outra pessoa da biblioteca lhe contou que, embora Patrick saísse bastante com muitas mulheres, ele tinha uma namorada que morava fora da cidade. Theresa não sabia se suportaria ouvir muita coisa a respeito da moça; ela não queria que Patrick visse o sofrimento em seu rosto caso ele falasse sobre outra mulher.

Embora Theresa não estivesse certa sobre os sentimentos de Patrick, tinha certeza do que sentia pelo rapaz. Não estava interessada em nenhuma outra pessoa, e ela e suas amigas mais íntimas ficavam horas imaginando como Patrick poderia se tornar mais romântico. Theresa temia que, apesar de sua reputação, Patrick fosse tímido. Finalmente, depois de meses de almoços e bate-papos, Patrick lhe contou que estava planejando abrir outra loja de informática a uns catorze quilômetros dali e convidou-a para ir trabalhar com ele, dirigindo o novo ponto. Theresa vibrou com o convite. Seu emprego atual na biblioteca era mal remunerado, e fazia meses que ela vinha procurando outra colocação. Além disso, trabalhando com Patrick ela teria oportunidade de conhecê-lo melhor.

À medida que se aproximava a data de inauguração da nova loja, Theresa e Patrick passavam cada vez mais tempo juntos. Ele a incentivou a fazer alguns cursos de computação para aprender mais sobre a fabricação de computadores e programas de computação. Ela achou os cursos difíceis, mas interessantes. Entretanto, apesar de suas esperanças e do longo tempo que eles passavam juntos, nada de romântico aconteceu. Patrick parecia estar interessado nela, mas não fazia o menor esforço para levar adiante o relacionamento. Intimamente, Theresa alimentava a esperança de que os sentimentos de Patrick por ela não fossem platônicos, porém não tinha nada de concreto em que se firmar a esse respeito. No entanto, Theresa sentia que havia uma ligação intensa entre eles, apesar de não expressa. Muitas vezes, ela percebia isso no olhar de Patrick.

Nesse período, Patrick estava excepcionalmente atencioso com Jennie, a filha de 8 anos de Theresa, que sempre ia à loja com a mãe. Ele chegou até a dar à menina um computador de modelo antigo, que não era mais usado, "modernizando-o" de tal forma que ela pudesse usá-lo para fazer as lições de casa. Theresa interpretou essa atitude dele como uma tentativa de aproximar-se mais dela.

Finalmente chegou o dia da inauguração da loja, e houve uma pequena comemoração. Entre os convidados estava a namorada de Patrick, Margo. Theresa ficou arrasada, pois alimentara a esperança de que ela e Patrick tivessem um futuro além dos negócios. Quando voltou para casa, naquela noite, não conseguia parar de chorar.

Duas semanas depois, à noite, Patrick telefonou para a casa de Theresa num horário em que Jennie já estava dormindo e perguntou se poderia ir até lá. Sem fazer nenhuma pergunta, ela respondeu afirmativamente. Quando Patrick chegou, ela percebeu que ele tinha alguma coisa para lhe dizer. Ele e Margo haviam desmanchado o namoro. Ele lhe contou que Margo sentia ciúme dela, Theresa, e que haviam brigado por causa disso. Theresa não fez perguntas, porque não tinha certeza do que significava tudo aquilo. Patrick deu a entender que Margo não o estava satisfazendo ultimamente, e Theresa concluiu que isso poderia significar que ela, sim, seria capaz de fazê-lo. Por fim, Patrick perguntou a Theresa se ela queria jantar com ele naquele fim de semana. Ela concordou, acrescentando que sábado seria um bom dia, já que a filha ficaria com seu ex-marido.

No sábado à noite, Patrick chegou à casa de Theresa para buscá-la, mas depois de dez minutos estavam no sofá, abraçados. Naquela noite, eles não saíram para jantar. Também não conversaram sobre o que estava acontecendo. Mais tarde, na mesma noite, eles falaram sobre suas vidas pessoais. Patrick contou a Theresa sobre seus relacionamentos. Theresa contou a Patrick sobre a sua separação. Eles só não conversaram sobre o que estava acontecendo entre eles.

Theresa e Patrick logo desenvolveram uma rotina. Saíam todos os sábados à noite, e Patrick passava o domingo lá. Quando Jennie chegava da casa do pai, no domingo à noite, Patrick sugeria que encomendassem uma *pizza* ou comida chinesa para o jantar. Ele e Jennie assistiam à televisão enquanto Theresa arrumava a mesa e cuidava da comida e da louça. E então ele ia embora, antes que Jennie fosse para a cama. Durante essa única noite na semana, eles pareciam formar uma família.

No trabalho, entretanto, embora Patrick não fizesse nada para esconder o fato de que ele e Theresa estavam mantendo um relacionamento, ele também nunca fazia nada que demonstrasse que ela era mais do que uma empregada. Ele a tratava da mesma maneira que tratava os outros; nunca havia nenhuma palavra ou gesto de carinho que revelasse a intimidade que existia entre eles. Na verdade, Patrick raramente permitia que seus olhares se cruzassem, e Theresa começou a perceber que o sentimento que ela tinha por ele antes que se concretizasse o relacionamento amoroso parecia nitidamente ter diminuído de intensidade.

Em seus encontros, eles iam ao cinema, saíam para dançar, jantavam com amigos e conversavam sobre tudo – exceto sobre o que estava acontecendo entre eles. Depois de alguns meses, Theresa ficou perturbada, pois a afeição e o comprometimento nunca eram expressos em palavras. Uma noite, ela disse a Patrick: "Eu te amo." Ele respondeu: "Eu sei disso." Isso a deixou mais aborrecida, mas, mesmo assim, ela não disse nada. Theresa agora admite que sempre evitava fazer perguntas porque temia ouvir respostas diferentes daquelas que gostaria de receber. Por mais que ela acreditasse que Patrick realmente a amava, mesmo sem se declarar, ela também sentia que não podia ter certeza disso.

Então, chegaram as festas de fim de ano. Uma semana antes do Natal, Patrick levou um pacote enorme para Theresa e uma caixa maior ainda para a sua filha. Theresa ficou surpresa. Ela havia esperado que Patrick dissesse alguma coisa a respeito das festas. De fato, ela tentara criar coragem para convidá-lo a passar o Natal ou a véspera com ela e sua família. Sonhara que passariam um Natal romântico como um casal. Em vez disso, Patrick deu-lhes os presentes e explicou que os estava entregando mais cedo porque iria passar o Natal no Caribe com um amigo.

Theresa ficou tão arrasada que mal conseguiu falar. Não se sentia capaz nem de lhe perguntar o que isso significaria para o futuro do relacionamento deles. Quando ele voltou das férias, ela logo notou que as coisas haviam mudado. Em vez de convidá-la para sair no sábado, ele fez planos para a sexta, e então foram a uma festa e quase não ficaram a sós. No fim de semana seguinte, Patrick combinou de vê-la no sábado durante o dia, e, como Jennie estava em casa, eles não ficaram a sós. No trabalho, tudo continuava igual; porém, como ali ele sempre mantivera a aparência de um relacionamento de negócios, sua atitude era a mesma.

Finalmente, Theresa criou coragem, foi até a sala de Patrick, fechou a porta e disse: "O que está havendo?"

Ele respondeu: "Nada... por quê?"

Apesar de estar tremendo, Theresa continuou a fazer perguntas. "Você não está agindo certo comigo. O que está havendo entre nós?"

Ele respondeu: "Eu realmente não quero falar a esse respeito aqui."

Ela disse: "Pois eu acho que quero."

Patrick disse: "Não faça drama, Theresa, não é o caso. Acho que devemos ficar um tempo separados. Só preciso resolver umas coisas."

Foi nesse momento que Theresa resolveu fazer a grande pergunta: "Você não sente nada por mim?"

Patrick respondeu: "É claro que sinto. Só não sei se é exatamente aquilo que você espera que eu sinta."

Mais tarde, naquele dia, quando não havia ninguém por perto, Patrick parou ao lado da mesa de Theresa. "Ouça bem", disse ele, "o problema não é você. Sou eu. Simplesmente não consigo me ver casado ou ligado a uma pessoa, durante muitos e muitos anos."

Isso foi há duas semanas. No trabalho, Patrick é amigável, cordial e parece bem à vontade. Embora Theresa mantenha as aparências, quando chega em casa, à noite, chora desconsoladamente. Não consegue entender como alguém pode ser *tão* insensível. Nesse meio tempo, ela soube, por meio de fofocas no trabalho, que ele está saindo com uma mulher que mora numa cidade próxima. Theresa está se preparando para o momento em que terá de atender o telefonema dessa mulher, que provavelmente ligará para o escritório.

Quando conversei com Theresa, eu lhe perguntei se ela estava surpresa com alguma coisa no comportamento de Patrick. Ela respondeu: "Surpresa, realmente, não. Apenas desapontada." Disse que sempre desconfiara que

Patrick não estava preparado para assumir um compromisso. Perguntei-lhe se ela alguma vez deixara claro para Patrick que queria um compromisso. Ela respondeu negativamente. Quando lhe perguntei por quê, ela me disse que temia que Patrick a abandonasse se ela o pressionasse nesse sentido. Perguntei-lhe se alguma vez ela o questionara a respeito do que ele pretendia do relacionamento dos dois. Ela respondeu que não. Quando lhe perguntei por quê, ela disse, com toda a clareza: "Porque eu tinha medo do que iria descobrir."

O que podemos aprender com o relacionamento entre Theresa e Patrick?

Se olharmos superficialmente a história de Theresa e Patrick, tudo o que veremos é um relacionamento que não tomou o caminho que Theresa esperava. No entanto, em parte, ele lembra uma situação vivida entre adolescentes. Um olhar mais atento revela que, embora o casal tivesse uma amizade verdadeira, o relacionamento pessoal entre eles nunca foi completamente real. Em todos os estágios da relação, Theresa e Patrick falavam a respeito de tudo, *exceto* sobre o que estava acontecendo entre eles. Nenhum deles externou suas esperanças ou intenções, provavelmente por diferentes razões, mas produzindo o mesmo resultado.

O que Theresa poderia ter feito de modo diferente?

Vamos fazer uma lista de todas as coisas baseadas na realidade que Theresa poderia ter feito de outro modo.

- Quando ela ouviu os comentários sobre a reputação de Patrick, ela deveria ter prestado mais atenção. É lógico que, em relação a mexericos, sempre se deve dar um certo desconto aos comentários; mas, mesmo assim, já que era o coração dela que estava envolvido, não teria sido uma atitude mais sábia da parte de Theresa evitar uma relação mais profunda com Patrick até que conseguisse mais informações? Ela poderia ter criado um cartaz mental bem grande dizendo: *Não deixe que suas fantasias fujam do controle.*
- Quando eles começaram a almoçar juntos, Theresa poderia facilmente ter feito perguntas para descobrir mais sobre o que Patrick

pretendia de seus relacionamentos. Poderia ter perguntado se ele estava comprometido com alguém. Ou o que significava um compromisso para ele. Em vez de ficar com medo de ouvir respostas verdadeiras, Theresa deveria ter prestado atenção para certificar-se de que tinha a informação real.

- Theresa poderia ter esclarecido para si mesma se Patrick se ajustava ou não à imagem daquilo que ela queria da vida. Será que ele seria capaz de mudar de rumo e tornar-se o homem de família que ela esperava? Ou, diferentemente dela, ele parecia gostar da vida de solteiro e ser namorador?
- Ela poderia ter sido muito honesta consigo mesma – e também com Patrick – sobre o que realmente pretendia de um relacionamento. Ela sabia que queria se casar e ter mais filhos, mas nunca disse isso a Patrick, por temer assustá-lo. Essa preocupação deveria ter sido uma pista para ela.
- Quando Patrick a convidou para trabalhar para ele, Theresa deveria ter respirado fundo e criado coragem para iniciar uma conversa que esclarecesse a situação entre os dois. Ela poderia ter dito: "O que significa isso? Às vezes acho que você se sente atraído por mim. Estou certa? Algumas vezes me sinto atraída por você. Isso pode causar um desgaste no relacionamento profissional, a menos que nós dois sejamos honestos a respeito.Vamos conversar sobre isso."
- Quando Patrick lhe contou que rompera com a namorada, por que Theresa não sintonizou melhor seu sistema de defesa? Por que não disse: "O que isso significa para nós dois?" ou "Não vamos nos atirar em qualquer tipo de relacionamento antes de conversarmos sobre o que um pretende do outro" ou, ainda, "Vamos controlar nossos hormônios até termos certeza, tanto quanto possível, de que estamos afinados no mesmo tom".

Para Theresa, sempre houve três relacionamentos separados e distintos: a amizade baseada em interesses comuns; o relacionamento pessoal, em que nada era discutido ou se concretizava; e o relacionamento fruto da fantasia, que só existia na sua mente.

Theresa era vítima da própria fantasia, em que Patrick surgia como tudo o que ela desejava. Na vida real, ele não estava dando a Theresa o que ela precisava. Em vez de viver um relacionamento, ela vivia na esperança de vir a ter esse relacionamento. No momento em que descobriu alguém que tinha algumas das qualidades importantes que ela desejava num companheiro, ela quis que tudo o mais estivesse de acordo. Ela saiu do mundo real, agarrando-se às suas fantasias como se fossem um balão. Desde o primeiro instante, a realidade poderia ter trazido esse balão de volta à terra firme, mas Theresa não queria estourar a bolha de sabão.

O que Patrick poderia ter feito de modo diferente?

Vamos partir do princípio de que Patrick não estava motivado para fazer nada de forma diferente porque nunca fora desafiado nesse sentido. Theresa aceitava tudo. Ela estava tão feliz com as boas qualidades do rapaz que nunca percebia o seu lado negativo.

Mas suponhamos que Patrick quisesse ser inteiramente responsável e cuidadoso – mesmo que não pretendesse levar uma vida estável com Theresa. O que ele poderia ter feito de outra forma? Como poderia ter se comportado com mais integridade?

- Patrick, como Theresa, poderia ter-se dado conta da realidade. Deveria ter olhado realisticamente para ela e para suas necessidades como mãe solteira e agido de acordo com essa situação.
- Patrick poderia ter tornado o primeiro contato "amigável" mais honesto se tivesse falado mais sobre sua vida pessoal. Com toda a probabilidade, ele omitiu os fatos porque temia que, se fosse totalmente franco a respeito de suas desventuras psicossexuais, Theresa talvez desistisse.
- Patrick poderia ter percebido que não é possível passar de uma mulher para outra, da maneira como ele fez, sem se sentir confuso e inseguro em relação ao que estava fazendo ou sentindo.
- Patrick poderia ter sido sincero consigo mesmo, assim como com Theresa. Poderia ter feito um esforço bem maior para analisar sua própria vida e sua tendência de trocar de mulher a toda hora.

Em resumo, ambos os parceiros estavam tendo o relacionamento que queriam, só que cada um consigo mesmo; tinham muito pouco a ver um com o outro. Theresa agia como se ele fosse o grande amor da vida dela, e isso transcenderia todos os problemas. Patrick se comportava como um homem solteiro que estava namorando e não sabia o que queria. Não tinha nem coragem nem vontade de manter um relacionamento durante um período mais longo. Nem Theresa nem Patrick foram realistas quanto ao temperamento ou às necessidades de um ou de outro. Ambos mentiram para si mesmos.

Como evitar a armadilha da falsa alma gêmea

Há mais de 150 anos, uma poetisa inglesa chamada Elizabeth Barrett Browning escreveu um poema para o seu amado, Robert Browning. Nele, ela declarou: "Como eu o amo, deixe-me contar de quantas formas...". Elizabeth Barrett e Robert Browning eram considerados por muitos como almas gêmeas, dois poetas que fugiram para a Itália, arriscando tudo, para viver juntos, apesar da saúde fraca de Elizabeth e da oposição ferrenha de seu pai tirânico.

Todos nós adoramos a idéia de almas gêmeas intensamente apaixonadas vivendo um amor profundo. De fato, muitos passam a vida procurando sua perfeita alma gêmea, o que causa dificuldades no campo dos relacionamentos, pois a maioria das pessoas costuma lidar com a questão da alma gêmea de duas formas, ambas extremadas:

- Ficamos tão ansiosos para encontrar uma alma gêmea que atribuímos a nossos parceiros em potencial, quase instantaneamente, todas as qualidades da alma gêmea que criamos em nossa fantasia – mesmo que esses companheiros fiquem muito aquém dos nossos sonhos. Aqueles que agem assim precisam abrir os olhos e ser mais realistas ao examinar seus parceiros e relacionamentos.
- Somos tão extremamente perfeccionistas em nossas fantasias com almas gêmeas que recusamos parceiros que são de fato amorosos e carinhosos porque eles não atingem a perfeição, e assim nossos relacionamentos nunca amadurecem. As pessoas que fazem isso também precisam de uma boa dose de realidade: devemos ser mais realistas quanto à possibilidade de a perfeição ser, em algum momento, uma opção neste mundo imperfeito.

Para ambos os grupos, e para todos nós também, ter uma atitude realista ajuda as pessoas a evitar o engodo de falsas "almas gêmeas", que nos fazem perder tempo e nos impedem de encontrar o amor profundo e verdadeiro que queremos.

TER A CORAGEM DE AMAR = TER A CORAGEM DE VIVER UMA RELAÇÃO BASEADA NA REALIDADE

Geralmente, as pessoas pensam que ter coragem de amar significa fechar os olhos e ter fé. Não é isso. Não é produtivo, nem para nós nem para os nossos parceiros, viver um relacionamento que não se baseie na realidade. De fato, a realidade é o único caminho possível para que os relacionamentos dêem certo.

Seria interessante que todos nós estabelecêssemos um sistema de avaliação que pudesse ser aplicado nos diferentes estágios dos relacionamentos para não perdermos de vista a realidade.

Teste de avaliação de um relacionamento novo

Quando duas pessoas se encontram pela primeira vez, elas criam uma base, um registro, que os guiarão durante todo o tempo do seu relacionamento. Se nós queremos que as nossas relações sejam carinhosas e honestas, precisamos começar sendo carinhosos e honestos. Em seguida, apresento algumas perguntas; faça-as a você mesmo:

Estou dizendo a verdade? Estou sendo honesto comigo mesmo e com as minhas necessidades e esperanças?

É essencial que comecemos um relacionamento de forma realista. Às vezes, ficamos tão ansiosos para impressionar nossos novos parceiros que dizemos e fazemos coisas que não são muito claras. Podemos adotar as técnicas antigas de sedução, e às vezes acabamos prometendo a lua para conseguir atingir nosso primeiro alvo. Ou então queremos tanto ser amados que deixamos de falar sobre nossas necessidades e seguimos passivamente uma programação com a qual não concordamos. Ao revelar ao seu companheiro quem você é e do que gosta você está se ajudando. Você não precisa dizer: "Sou um irresponsável que nunca se compromete com ninguém; deixe-me em paz." Você pode dizer: "Acho que não estou preparado para nenhum tipo de relacionamento mais sério e pretendo continuar namorando por muitos e muitos anos antes de me comprometer com alguém."

Você não precisa dizer: "Estou determinado a me casar, e, se eu não conseguir o que eu quero de você, ficarei muito infeliz e você vai se sentir a culpada." Você pode dizer: "O casamento e a família são muito importantes para mim, e eu espero encontrar logo alguém que me ajude a atingir esses objetivos."

Quando começamos um relacionamento, muitas vezes temos medo de revelar muito sobre nós mesmos porque acreditamos que certo tipo de informação pode afastar a outra pessoa. Eu concordo que o excesso de detalhes às vezes é assustador, mas acho que é muito importante expressar suas intenções básicas, sua postura e seus pontos de vista. Se você tiver intenções sérias e, ao expressá-las, assustar as pessoas mais descompromissadas, pode estar certo de que isso iria acontecer de qualquer jeito. Talvez seja melhor que aconteça logo no início do que mais tarde; assim, você estará livre para conhecer alguém que tenha os mesmos objetivos.

Será que as perguntas que eu estou fazendo vão me dar as respostas de que eu preciso?

Você não precisa ir ao primeiro encontro levando um frasco de "soro da verdade" e um questionário com três mil perguntas íntimas, mas você pode descobrir certas coisas. Ao conhecer alguém, você precisa, por exemplo, prestar atenção e tentar saber se a pessoa é casada, noiva ou está envolvida em algum tipo de relacionamento. Parece bobagem eu repetir isso, mas ainda hoje ouço muitas pessoas dizerem que acabaram se magoando porque não tinham essa informação vital – ou então não a levaram a sério quando souberam. Você também precisa ter certeza de que essa pessoa é de confiança em seus relatos de ligações amorosas que possam ser verificadas. Recebo muita correspondência de pessoas evidentemente inteligentes contando que, em nome do amor, agiram de maneira tola e insensata com estranhos. Portanto, descubra o que precisa saber antes de pôr sua segurança pessoal nas mãos de outra pessoa.

No começo, bem no começo da relação, você quer estabelecer para você mesmo que o novo parceiro é capaz de estar presente e de ser sincero. Você quer saber quais são as possibilidades do novo relacionamento. Precisa descobrir até que ponto essa pessoa está envolvida emocional e espiritualmente na relação. Você quer ter certeza de que o outro é confiável e honesto.

Antes de entregar seu coração, relacionar-se sexualmente com o outro ou fazer qualquer coisa para concretizar esse relacionamento, você também precisa conseguir informações sobre assuntos que são muito importantes para você: se for uma feminista convicta, talvez você queira saber qual é a postura do possível parceiro quanto à divisão das responsabilidades e do trabalho doméstico. Se você for um machista assumido, pode querer saber se a mulher vai servi-lo alegremente e sem reclamar. Se fizermos as perguntas certas antes de dar qualquer passo no escuro, teremos uma chance maior de conseguir o que queremos.

Será que estamos realmente conversando?

Você está estabelecendo padrões que provavelmente permanecerão durante todo o relacionamento. À medida que você começa a revelar suas características pessoais, preste atenção se o seu parceiro está de fato interessado em ouvir o que você tem a dizer. Ele lhe dá condições para que você se expresse? Você está interessado no que a outra pessoa está dizendo? Existe uma boa troca de idéias entre vocês, ou trata-se de uma só pessoa contando todas as histórias?

Não há regras para determinar o que duas pessoas podem ou devem falar, mas ajuda enormemente se houver alguma base para que a ligação se estabeleça. Você não precisa concordar com tudo, mas com certeza é muito importante que vocês sejam capazes de respeitar e aceitar o ponto de vista um do outro. E também de compartilhar suas opiniões, idéias, pensamentos e sentimentos. É essencial que vocês dois sejam capazes de "ouvir" e responder ao que a outra pessoa esteja dizendo. Isso é verdadeiro e importante.

Estou seguro da diferença que existe entre seguir meu coração e ser levado pelos meus hormônios?

Quem nunca foi aconselhado a "seguir seu coração"? Isso tem até uma conotação *new age*. Ou seja: se você não é capaz de seguir seu coração, é porque está preso a um ponto que não evoluiu. Mas sejamos diretos: na maioria das vezes, quando pensamos que estamos seguindo nosso coração, não estamos. Algumas vezes, estamos seguindo fantasias sem rumo; outras, somos pressionados pelo medo; e outras, ainda, somos consumidos pelo fluxo hormonal que se sobrepõe a tudo. A intensidade do nosso desejo pode nos levar a crer que ele está vindo diretamente do coração, mas ele não é tão simples nem tão puro.

A verdade é que, no começo de um relacionamento, ainda não existe uma ligação sentimental completa e poderosa. É muito cedo. A ligação sentimental é muito complexa e leva tempo para assumir sua forma completa. As fantasias, os medos e os hormônios não são nem um pouco sutis. Eles podem obscurecer a realidade e anular a sabedoria, a capacidade de julgar e de *apresentar* sentimentos como se partissem do coração. Você pode estar confuso e pensar que eles vêm do seu coração; talvez você até imagine que são seus sentimentos, mas você sabe que não é assim.

Recentemente, uma mulher me contou que conheceu um homem numa festa e que ele a levou para casa. Eles passaram uma hora trocando carícias no carro em frente à casa dela. Ela queria saber se eu achava que ele iria lhe telefonar, como havia prometido. "O que mais você pode me dizer a respeito dele?", perguntei a ela. "Idade, estado civil, profissão, gostos e aversões." Ela me respondeu que não tinha nenhuma dessas informações vitais. Por que não? Ela me deu três respostas: não queria parecer muito ansiosa nem estragar aquele momento, e também não queria lhe perguntar nada que ele não tivesse perguntado a ela. Apesar de ser uma mulher muito sensível, ela estava tão ansiosa para encontrar alguém por quem se sentisse atraída, que acabou avançando nas carícias com ele antes de se sentir à vontade para perguntar seu endereço.

É enorme a quantidade de homens que, ano após ano, têm me revelado que, apesar de se sentirem intensamente atraídos por uma mulher, quando conseguem se aproximar, descobrem que muitas coisas os separam. Ele adora música erudita; ela tem pôsteres de bandas *heavy metal*. Ele considera a página de esportes do jornal como leitura séria; ela tem um apartamento forrado de estantes com livros. Ele não sabe se algum dia vai querer ter filhos; ela tem três filhos adotados que estão dormindo no quarto ao lado. Mesmo assim, o impulso é tão forte que o homem segue adiante, e, antes que se consiga dizer "rompimento desastroso", o casal já está envolvido numa união infernal.

Admitamos isso: há pelo menos duas razões principais que nos conduzem a caminhos das quais nos lamentamos mais tarde. Muitas vezes, elas combinam duas coisas: 1) nós realmente queremos amar e esperamos que a ligação sexual nos ajude a chegar lá; e 2) sentimos o impulso de nos entregar aos apelos sexuais do nosso corpo e sucumbimos diante da premência manifestada por ele.

Uma coisa é ser escravo da sua necessidade de ser amado e dos seus hormônios quando você tem 17 anos, 22 ou até mesmo 27; mas continuar sendo a eterna vítima dessas circunstâncias e sacrificar os outros é uma outra história.

É difícil combater os próprios desejos, e não me sinto à vontade para recomendar isso a você; porém, se o seu desejo sexual o tem levado a relacionamentos autodestrutivos, está na hora de você começar a tomar pé da realidade. Existe uma grande diferença entre um relacionamento que se destina a ser duradouro e aquele que será breve e doce. À medida que um relacionamento avança, nós sentimos quais são as possibilidades reais de ele dar certo. Geralmente, nós percebemos que temos de ter paciência e dar tempo ao tempo, mas a premência bloqueia a nossa capacidade de respeitar e agir de acordo com essa percepção. A premência nos leva a agir por impulso, nos torna ardentes, fazendo-nos perder o controle e ficar em chamas, o que confunde tanto os outros como a nós mesmos.

Se você tem um histórico de relacionamentos que não foram adiante, será muito útil se você diminuir o ritmo e começar a tomar decisões diferentes. Suas decisões não estão além do seu controle. Lembre-se de que os hormônios são apenas elementos químicos. Sua natureza pressionadora não é permanente; eles simplesmente lhe dão a oportunidade de perder a cabeça por alguns instantes. Lembre-se de que a atração sexual e a paixão nem sempre andam juntas. Não perca o controle e não siga suas fantasias sem respeitar ou observar a realidade. Será que estou parecendo um reverendo, um professor? Eu não agi como nenhum deles, com certeza. Porém, cerca de dois anos antes de conhecer minha esposa, decidi que não deixaria mais que meus hormônios, minhas fantasias ou carências emocionais dirigissem o *show* da minha vida. Para mim foi uma decisão extraordinária, porque, quando conheci Jill, eu não estava envolvido em nenhum relacionamento conturbado com ninguém.

Será que vocês dois estão permitindo que se desenvolva uma verdadeira ligação amorosa?

Uma verdadeira ligação amorosa baseia-se em aceitação, confiança, respeito mútuo e amor. Quando você mal conhece alguém, só consegue abrir seu coração um pouco de cada vez. Ao fazer isso, você está sendo realista e se protegendo. Muitas pessoas ficam tão impacientes e ansiosas para levar adiante uma relação amorosa confiável que se tornam excessivamente vulneráveis. Minha amiga Joan, por exemplo, admite que se derrete diante dos homens que abrem seu coração logo no primeiro encontro. Porém, só agora ela começou a perceber que esses homens, em sua maioria, não estão verdadeiramente ligados a ela. Eles falam e agem com ela da mesma forma que costumam fazer com todas as outras. Meu amigo Greg tem o mesmo problema quando se relaciona com mulheres que são evidentemente neuróticas. Ao assumir o relacionamento, ele alimenta a esperança de que, como ela já tem seus próprios problemas, compreenderão melhor os dele. Isso nunca deu certo.

Quando nos dispomos a levar adiante uma relação amorosa autêntica, devemos proceder lentamente e com muito cuidado. Eu confio em você; você confia em mim. Aceito você; você me aceita. Amarei a maluca da sua irmã porque amo você; aceitarei o seu cão feroz e o seu gato mimado porque amo você. Assim, devagar, construímos ligações duradouras, com as quais sempre podemos contar.

Você está lidando de forma realista com a questão de fazer sexo com segurança?

Você está preparado para discutir assuntos como manter relações sexuais com segurança, doenças sexualmente transmissíveis, controle de natalidade e teste de AIDS? Essas são questões reais que todo casal que pretende se relacionar sexualmente precisa enfrentar. Vocês dois estão de acordo? Conversam a respeito? Ou estão varrendo o problema para debaixo do tapete enquanto gaguejam alguma coisa sobre usar camisinhas? Isso não é um bom sinal. Às vezes, a única forma realista de abordar o problema é dizer: "É muito difícil para mim falar a esse respeito, mas eu acho que...".

Encontrar maneiras responsáveis de lidar com questões de segurança pessoal, saúde e sexo é um bom caminho para duas pessoas descobrirem se são capazes de combinar a realidade com o romance.

Teste para verificar se um relacionamento está começando a ficar sério

Vocês já saíram juntos muitas vezes; você provavelmente já abriu as comportas do sexo; já contou suas histórias; ouviu tudo sobre os problemas, a família e os amigos do seu parceiro. Como proceder agora para que esse relacionamento se mantenha duradouro e honesto? Que perguntas você pode se fazer?

Eu e meu companheiro encaramos as coisas da mesma forma?

Geralmente, depois que estabelecemos um relacionamento sexual, passamos a perceber as intenções da outra pessoa tão bem quanto as nossas. Começamos a notar todas as imperfeições dela. Isso acontece *assim que o relacionamento parece estar firme*. Você faz isso, seu companheiro faz aquilo, e ninguém está errado. Para se proteger, você precisa ficar atento não apenas aos seus sentimentos, mas também aos do seu parceiro. Até que ponto suas restrições são sérias? E as do seu parceiro?

Você e o seu companheiro estão tentando manter alguma distância no relacionamento? Vocês dois estão caminhando juntos nos pontos essenciais, com a mesma velocidade? Ambos ergueram barreiras intransponíveis? De que forma cada um de vocês está se negando ao outro? Será que isso não merece uma conversa esclarecedora? Preste atenção no que o seu companheiro está fazendo. Ambos têm o mesmo ponto de vista sobre o relacionamento de vocês ou cada um tem uma visão tão diferente que não existe a menor chance de haver um acordo? Esse é o momento de pôr isso a limpo.

Você está sendo realista quanto às suas expectativas nesse estágio do relacionamento?

Muitas vezes destruímos as chances de um relacionamento dar certo porque pressionamos muito, logo no princípio. Se vocês se conhecem há apenas uns poucos meses, por exemplo, talvez seja uma atitude não-realista se você insistir em morarem juntos. Se você não consegue confiar no relacionamento, não consegue, e pronto. Se vocês forem morar juntos ou então resolverem se casar, isso não vai resolver os problemas básicos. Talvez eles fiquem latentes por algum tempo, mas quase certamente pipocarão à superfície e acabarão explodindo.

Por outro lado, se vocês dois forem adultos independentes que já se relacionaram ou moraram juntos por um período maior do que um ano ou dois, seria um pensamento não-realista achar que você pode adiar indefinidamente algum tipo de comprometimento mais formal sem deixar seu parceiro ansioso ou inseguro.

Para manter um relacionamento honesto e verdadeiro, precisamos deixá-lo evoluir numa velocidade natural.

Você está reagindo adequadamente a um comportamento extremamente negativo?

Esse comportamento não vai desaparecer, você sabe. Se a outra pessoa costuma se mostrar grosseira ou agressiva, isso não vai mudar. Se ele mantém relações sexuais com outras pessoas, essa situação não vai se resolver sem ajuda.

Se você tiver feito sua lição de casa na ocasião do primeiro encontro, deverá ser capaz de evitar alguns dos exemplos mais extremados de comportamento negativo; mas sempre existe a possibilidade de surgirem surpresas. Se alguma coisa realmente destrutiva estiver acontecendo, agora é o momento de abrir os olhos e enxergar a realidade. Se isso for pesado demais para você suportar por muito tempo, essa é a sua oportunidade de processar essa informação e desistir do relacionamento *agora*.

Você está fantasiando um futuro que dificilmente irá acontecer?

Seu parceiro está lhe dando mil e um sinais de que não está pensando em nada a longo prazo? Você não pode evitar esse tipo de realidade sem se magoar. Às vezes, ter coragem de amar significa ter coragem de encarar o fato de que em certos relacionamentos não é possível existir amor. Se você quiser conseguir amor em vez de mágoas, precisa mudar de parceiro.

Você acha que todos os problemas do relacionamento desaparecerão assim que vocês se casarem?

Victor imagina que, depois que se casar com Betsy, ela vai ficar tão envolvida com o casamento que sua paixão pelo trabalho desaparecerá e ela dedicará mais tempo ao relacionamento dos dois. Tammy tem certeza de que, assim que ela e Nathan se casarem e tiverem filhos, Nathan perceberá há quanto tempo estava desejando isso.

Com muita freqüência encontro pessoas que estão profundamente convencidas de que o casamento fará, de alguma forma mágica, o trabalho de uma terapia. Seja realista. Como provam as estatísticas de divórcio, o casamento não cura nada.

Teste para uma relação em andamento

Vocês estão comprometidos e acham que a relação de vocês é tão segura que isso até parece assustador. Estão mais preocupados com o amassado no pára-lama do carro ou com a mancha no tapete da sala de jantar do que com o futuro do seu relacionamento. O que pode dar errado? Com que vocês precisam se preocupar agora?

Vocês estão resolvendo os problemas à medida que eles aparecem?

Uma das coisas mais desonestas que podemos fazer é deixar que os nossos problemas e ressentimentos básicos arruínem nosso relacionamento sem que façamos nada para impedir isso. Ao lidar com o problema assim que ele surge, nós fortalecemos a essência de nossas ligações.

Quando as diferenças começam a aparecer, é sinal de que o relacionamento está se tornando mais autêntico. A maneira como o parceiro dirige, a temperatura do quarto que ele prefere, o amigo barulhento, o modo desajeitado como ele cuida do armário e, é claro, as outras questões relevantes do dia-a-dia, como deixar fios de cabelo na pia e o jeito de apertar o tubo de pasta de dente. Não esconda esses desacertos debaixo do tapete. São problemas reais que devem ser resolvidos em conjunto.

É preciso aprender a falar gentilmente um com o outro sobre os problemas à medida que eles surgem. É fundamental que aprendamos a resolver os problemas juntos – essa é a realidade. Você consegue lidar com as desavenças de bom grado? Sente-se capaz de aprender a assumir compromissos? Consegue encarar os fatos sem fugir da situação?

Você consegue manter suas diferenças em termos humanos?

Todos os casais têm desentendimentos. Às vezes, eles conseguem conversar a respeito. Outros, chegam a um acordo; outros, ainda, são obrigados a concordar ou discordar. Anos atrás, se eu estivesse saindo com uma mulher que me interessava e tivéssemos uma discussão, eu não conseguia dormir. Não relaxava porque passava mal do estômago e achava que o relacionamento iria por água abaixo. Admito também que agia como se fosse o fim do mundo.

Para mim, qualquer desentendimento tinha a mesma importância; até mesmo a simples disputa pela posse do controle remoto me trazia insegurança em relação a um possível rompimento. Uma das coisas que sempre apreciei em minha mulher foi sua capacidade de afirmar, no auge de uma discussão: "Isso não leva a lugar nenhum; estamos apenas discordando de alguma coisa."

Aprender a lidar com os conflitos de maneira realista e razoável é uma das primeiras coisas que precisamos fazer para manter nosso relacionamento em bases reais. Isso significa desistir de comportamentos dramáticos e de um tipo de linguagem característico de relações instáveis. Isso implica não bater portas; não arremessar objetos; não dar ultimatos nem fazer ameaças; nem tampouco usar frases do tipo "vamos fazer do meu jeito" ou "estou indo embora"; e nem pensar em táticas revanchistas.

Vocês estão ouvindo um ao outro?

Hoje cedo, fui dar uma volta a pé e passei em frente à casa dos meus vizinhos, que estão fazendo uma venda especial de objetos domésticos porque vão se mudar e não querem levar muita coisa. O casal estava envolvido numa discussão boba. A questão era que o marido havia vendido um aspirador em perfeitas condições por dez dólares. A mulher, que estava dentro de casa no momento da venda, havia pensado em pedir cinqüenta dólares. Então, ele lhe dizia: "Está bem, eu lhe dou os quarenta. Esqueça isso." E ela retrucava: "Não é pelo dinheiro; se você não sabia o preço, por que não me perguntou? Eu estava tão perto. Por que nós nunca conseguimos nos comunicar?" Ela parecia realmente frustrada, e ele, verdadeiramente aborrecido.

Muitas vezes, deixamos de ouvir um ao outro.

Você está se esforçando para manter sua relação amorosa intensa e cheia de vida?

Construir um relacionamento tendo como base objetivos comuns, filhos ou mesmo propriedades materiais é muito fácil. Os objetivos, as crianças, a casa e tudo o que está dentro dela tomam conta da nossa vida.

E então, um dia, quando você percebe, o vínculo amoroso desapareceu. Vocês já não se escutam; já não se falam. É preciso muito esforço para continuar comunicando ao companheiro seus pensamentos, sua energia e seu amor. Às vezes, parece muito mais simples ligar a televisão, pegar o telefone ou abrir um livro e, assim, mergulhar na própria solidão.

Essa é uma realidade que é preciso ter sempre em mente: o fato de duas pessoas estarem casadas não significa que estejam unidas. Se não houver um esforço verdadeiro, o vínculo não se manterá. Os laços se desfazem, e as ligações precisam ser sempre retrabalhadas. Por isso, concentrem sua energia e procurem, os dois, encontrar um tempo para ficar juntos, conversar sinceramente ou fazer alguma coisa de que ambos gostem.

ROMANCE E REALIDADE PODEM EXISTIR SIMULTANEAMENTE

Meu objetivo aqui não é varrer da sua mente, com um jato de água fria, todos os pensamentos ou sentimentos românticos que você já tenha tido. Isso seria muito agressivo. Gosto de pensar que há muito romance em minha vida; por que não seria assim na sua? Mas eu aprendi que o romance também pode ser *conseqüência* da força da relação. Ele pode nascer de uma coisa real, e é isso o que eu desejo para você.

Ser romântico é bom – maravilhoso –, desde que você também consiga ser prático.

Uma condição não exclui a outra, a menos que você decida isso. O amor, por sua própria natureza, é romântico. E, quanto mais forte for o vínculo, mais romântico ele poderá se tornar. Não estou tentando excluir o romance, estou apenas procurando evitar que você se perca na floresta.

Ser romântico é bom, desde que você também consiga ser prático

O problema é que você precisa ser inteligente para conduzir sua vida amorosa, tanto se estiver empenhado numa busca calorosa quanto se você for o objeto dessa busca. Você precisa equilibrar suas fantasias e seus sentimentos ardentes com pensamentos claros e atitudes que visem preservá-lo. Se você não conseguir criar um equilíbrio – caso se sinta impotente diante dessas condições –, isso não é nenhum sinal saudável de que você está completamente apaixonado. Isso também não quer dizer que você encontrou o seu "grande amor", nem é motivo de grandes comemorações. Se você estiver se sentindo impotente num relacionamento, é sinal de que, ou você *escolheu* abdicar do seu poder ou você se encontra nessa situação por uma necessidade que o consumiu. Nenhuma dessas alternativas é saudável ou preservadora, e ambas merecem uma análise cuidadosa.

Se o seu coração estiver aberto, sempre haverá espaço para o romance. Mas não confie em que o mundo o protegerá apenas porque você está apaixonado. O mundo só o protegerá se você estiver se protegendo.

DESAFIO CINCO

A coragem de se deixar conhecer

Muitas pessoas me procuram para me contar que estão esgotadas porque não conseguem encarar as coisas como resolvidas depois que desfazem um relacionamento. Uma declaração que ouço bastante é: "O que me incomoda é que eu sinto como se o meu companheiro nunca tivesse me conhecido de verdade." Muitas vezes, essas pessoas acham que, se pudessem voltar para atrás, de alguma forma, e se deixar conhecer, o relacionamento teria um desenlace diferente. Embora nem sempre percebam, o que essas pessoas querem dizer é que, mesmo que os relacionamentos que elas estão lamentando tenham sido apaixonados, emocionantes e promissores, os parceiros nunca criaram uma ligação verdadeira.

Existe uma grande diferença entre apenas namorar uma pessoa e criar um vínculo com ela. Há uma enorme diferença entre fazer amor com alguém e ligar-se a ele; ou entre morar com uma pessoa e estar ligado a ela; ou até mesmo entre ser casado com alguém e criar uma ligação – mesmo que esse casamento já dure trinta anos. E, embora eu saiba que você não quer ouvir o que vou dizer, existe uma grande diferença entre amar alguém e criar um vínculo verdadeiro com essa pessoa.

Nos últimos quinze anos, entrevistei centenas e centenas de casais que viviam nas mais diferentes condições – namorados, casados, morando juntos, dormindo juntos – e conheci pessoalmente muitos outros. E, se existe uma coisa que me impressionou, inúmeras vezes, foi a constatação dolorosa de ter conversado durante tanto tempo com duas pessoas que diziam estar "juntas" mas que eram, de muitas formas, estranhas uma para a outra. Não importa quantos anos tenha durado a relação, cada parceiro ocultou e manteve em segredo muitas partes de si mesmos.

O segredo da intimidade se encontra em duas palavras simples: deixe-se conhecer. Sem esse ingrediente fundamental, as perspectivas para um comprometimento verdadeiro e duradouro são, na melhor das hipóteses, frágeis. Não somente observei isso em um número infinito de relacionamentos como também senti na própria pele.

Pergunte a você mesmo: isso é intimidade ou um ritual?

Quando o relacionamento está dando seus primeiros passos, a corte se faz por meio de uma série de rituais. Os leões, os alces, as cabras-montesas fazem isso, e nós, seres humanos, também. Temos rituais para telefonar, para namorar, para seduzir, para fazer sexo. "Não diga isso, não pergunte aquilo." "Espere duas semanas", "Espere seis meses". Nossas conversas, nossa maneira de nos vestirmos, nossa interação no dia-a-dia, tudo isso segue um ritual. E, felizmente, em algum ponto em meio a toda essa interação organizada, restam-nos uns poucos momentos para ser autênticos.

Mas ser autêntico não parece uma prioridade máxima quando é o jogo do amor que está se desenrolando. Sempre esperamos que mais tarde, quando o relacionamento se solidificar, haverá tempo para sermos nós mesmos. Os menos otimistas talvez nem tenham essa esperança, e os que são verdadeiramente apavorados nem sequer *querem* ter essa oportunidade.

Nesses anos todos em que venho escrevendo e entrevistando pessoas, descobri que, para a maioria dos casais, o "mais tarde" não chega nunca. O que começa como um ritual de acasalamento se torna um modelo permanente de interação íntima. E eu hesito em usar a palavra "intimidade". Nós namoramos, vivemos juntos, alguns de nós se casam e têm filhos, mas nunca nos esforçamos para estabelecer ligações verdadeiras e profundas. Interagimos com nossos parceiros por meio de estereótipos e aprendemos comportamentos, em vez de lutar para sermos autênticos. Os homens fazem "as coisas de homem", e as mulheres, "as coisas de mulher"; e não saímos da trilha "segura".

Sejam seis dias ou seis anos, os padrões permanecem intactos. Todas as noites cumprimentamos o parceiro com um beijo e falamos a respeito do tempo, das notícias, dos vizinhos, das crianças, do trabalho, dos animais de estimação, de política. Só não falamos de nós mesmos, e assim desincentivamos nossos parceiros a falar sobre *eles*. Nosso estado de espírito, nossas ansiedades, nossos medos, nossas suspeitas, nossas inseguranças, nossa raiva, nossa felicidade, nossa tristeza, nossos sentimentos no momento, nossos sentimentos em relação um ao outro... parece que nunca é a "hora certa" para tocar nesses assuntos. Podemos falar – algumas pessoas nunca param de falar –, mas nunca falamos de uma maneira que aprofunde a ligação. E, quando sentimos necessidade de ficar íntimos, nós nos satisfazemos por meio do sexo.

Pergunte a você mesmo: somos um casal ou uma caricatura?

Com o passar do tempo, e não é preciso muito, nós nos tornamos uma caricatura como pessoa. Ele se torna o "solucionador de problemas", ela se torna "a nutriz"; ele se torna "o sujeito que não fala sobre os próprios sentimentos", ela é "aquela que está sempre animada"; ele é "aquele que dá duro no trabalho", ela se torna "aquela que trabalha ainda mais". Ela cozinha, ele limpa; ela faz as compras do supermercado, ele leva o lixo para fora. Ela propõe uma questão, ele dá um jeito. Ele assiste à televisão, ela navega na Internet. Todos se mantêm muito ocupados, em segurança, protegidos por seus próprios papéis. E, quando queremos ficar mais próximos, fazemos amor.

Não é de surpreender, portanto, que o relacionamento possa se transformar, ele mesmo, numa caricatura. Nós nos tornamos "o casal que sempre viaja" ou "o casal que nunca sai" ou "o casal que nunca discute" ou "o casal que está sempre brigando" ou "o casal que nunca tem relações sexuais" ou "o casal que está sempre transando". Em vez de desafiarmos essas caricaturas, nós as aceitamos e as sustentamos com nosso comportamento, porque parece muito mais fácil interpretar papéis do que estabelecer um vínculo verdadeiro.

Onde está o compromisso?

Agora, a pergunta no valor de seis milhões de dólares: O que acontece à verdadeira intimidade e à ligação genuinamente comprometida em meio a todos esses estereótipos e comportamentos "seguros"? E aqui vai a resposta de seis milhões de dólares: Eles não têm lugar para se desenvolver.

Assim, podemos estar juntos há seis semanas, seis meses, seis anos ou sessenta anos, mas, em vez de crescermos juntos, crescemos separadamente. Nunca estivemos realmente *juntos*. Em lugar de construirmos uma relação cada vez mais profunda, as coisas ficam ricocheteando na superfície. Dividimos nosso tempo, mas não compartilhamos a nós mesmos. E, apesar de sentirmos que formamos um casal, também nos sentimos muito separados; às vezes, penosamente separados. E esse é o motivo pelo qual os relacionamentos se desfazem tão facilmente. Porque o simples fato de duas pessoas estarem juntas não é suficiente para evitar o rompimento de uma relação. E, embora praticar sexo regularmente pareça um elo de ligação muito forte, não é suficiente para manter o relacionamento quando as duas pessoas não estão envolvidas por inteiro.

Para manter vivo um relacionamento, é preciso que os dois parceiros se esforcem constantemente para se deixar conhecer. Deixar-se "conhecer" é o elo que mantém as pessoas unidas e comprometidas uma com a outra; é o que transforma estranhos em verdadeiros parceiros por um longo tempo. Deixar-se "conhecer" não apenas no sentido bíblico, mas em *todos* os sentidos. É isso que lhe permite amar e ser amado, cuidar e ser cuidado.

A seguir relacionamos algumas perguntas que você deve se fazer sobre modelos de relacionamento e outras que questionam se você se faz conhecer pelo seu parceiro ou não.

- Nos meus relacionamentos, eu interpreto papéis que limitam a expressão do meu eu?
- Nos meus relacionamentos, eu interpreto papéis que me mantêm distante? De que forma esses papéis me mantêm longe dos meus parceiros?
- Nos meus relacionamentos, eu interpreto papéis que impedem que eu me sinta valorizado como pessoa? Esses papéis me levam a sentir que sou invisível ou descartável?

O QUE É PRECISO PARA SE DEIXAR CONHECER?
O CAMINHO DOS RITUAIS AO SIGNIFICADO...

Algumas pessoas não querem ser conhecidas. Elas têm tanto medo de ser pegas na armadilha de um relacionamento comprometido que, ou se mantêm completamente inacessíveis como seres humanos, ou escolhem parceiros totalmente fora do alcance – como Frank, que nunca atende o telefone; ou Brenda, que está sempre viajando; ou Christopher, que só namora quando está fora da cidade onde mora; ou Simon, que só namora mulheres que mal falam inglês, o único idioma que ele entende.

E algumas pessoas lutam para se certificar de que os seus parceiros nunca se revelarão. Como Arthur, que fala tanto que não dá às suas namoradas a menor oportunidade de abrirem a boca. Ou Ruth, que parece estar sempre aborrecida quando seu companheiro tenta conversar sobre alguma coisa que realmente interessa a ele. Ou Brian, que fica tenso e sai da sala toda vez que não consegue controlar o rumo da conversa.

Todas essas pessoas agem como se tivessem cartazes pendurados no pescoço dizendo: "Não tente se aproximar demais." Eles afirmam que não estão procurando um relacionamento a longo prazo, que não querem compromisso. *Cabe a você prestar atenção aos "cartazes" deles e levar a mensagem muito a sério.*

Mas muitas pessoas, pelo menos, *começam* os relacionamentos com a esperança de chegar a ter uma ligação verdadeira. Mesmo que continuem a ser mal-sucedidas. Estou convencido de que uma das principais razões que nos impedem de atingir nossos objetivos é o fato de não conseguirmos deixar que nossos parceiros saibam quem somos; além disso, também não lhes damos oportunidade para que eles se deixem conhecer.

Para se deixar conhecer, é preciso renunciar aos sistemas de defesa fracassados e aos jogos amorosos improdutivos. É necessário derrubar os limites inadequados; é preciso tornar-se vulnerável; e permitir que as suas qualidades aflorem e brilhem. Muitas pessoas passam a vida evitando ser conhecidas, a não ser pelo seu diário ou por um amigo muito próximo. Por quê? Porque talvez não exista nada mais assustador em todo o mundo do que se apresentar num relacionamento com nada mais a oferecer além de si mesmo.

Não conseguimos deixar que nossos parceiros saibam quem somos

Uma coisa é ir ao cinema ou jantar fora ou dançar até de manhã com o seu companheiro; outra é deixá-lo entrar completamente no seu mundo: deixá-lo saber quem você é desde o momento em que se levanta, de manhã, até a hora em que vai dormir. Isso implica expor suas preferências, suas aversões, seus estados de espírito, suas opiniões, seus medos, suas esperanças e seus hábitos. Mais do que qualquer coisa, isso significa permitir que o seu parceiro conheça o seu modo de pensar e os seus sentimentos; significa mostrar a ele quem você é como pessoa e qual é a sua posição diante do mundo.

Não estou falando de coisas gigantescas, cósmicas, do tipo "se eu governasse o mundo...", mas de coisas reais do mundo. Aquilo que você sente no dia-a-dia, as coisas com que se preocupa ou com as quais fica admirado cotidianamente. E nada é insignificante, nada é muito pequeno.

Poderia ser algo tão simples quanto uma carta que você acabou de receber e que o fez chorar. O artigo de uma revista que o fez dar gargalhadas. A discussão que aconteceu no emprego. A conversa profundamente emotiva que você manteve com sua irmã. A confusão que houve na agência do Correio. O problema diante do qual você se encontra neste exato momento. Você conserva esses momentos e sentimentos só para você? Você se mantém numa posição de censor em relação ao que vai compartilhar ou não com o outro? Evita dividir suas reações "de momento"? Tem medo de dizer o que pensa? Você é do tipo "colecionador", que espera juntar um monte de material não-trabalhado dentro de si para então explodir, de uma hora para outra? Você se mantém num mundo isolado?

Toda vez que você se bloqueia para não fazer essas pequenas "pontes" com seu parceiro, está perdendo uma oportunidade de fortalecer o laço entre vocês. Para se fazer conhecer, é essencial que você deixe o seu companheiro entrar no seu mundo e se manter nele; isso também favorecerá a existência de uma união duradoura. Não esconda nada, não seja politicamente correto com ele. Esses momentos particulares da sua vida *são* a sua vida. Os detalhes e as nuanças da sua vida são a sua vida. Todos os sentimentos que você vive durante o dia – tanto com seu parceiro quanto no mundo, lá fora – são a sua vida. Se você escondê-los atrás de barreiras produzidas pelo medo, estará mantendo oculta a sua vida.

Não se espera que tudo aconteça no primeiro encontro, muito menos de uma vez só. Isso não é possível, nem deve ser esse o seu objetivo. O processo acontece aos poucos, com o passar do tempo, cada partícula tendo a oportunidade de ser digerida e processada. No início de um relacionamento, às vezes pode parecer que o trabalho mais difícil ficou para trás; mas, na verdade, ele ainda está à sua frente, esperando que você continue a construir pontes. Se você parar, a qualquer momento, a evolução do relacionamento também se interromperá, e logo a união ficará frágil e quebradiça.

Durante a maior parte da minha vida, tive um diálogo interior que funcionava como um subtexto no desenrolar dos meus relacionamentos. Para as minhas parceiras, eu era o companheiro bem-intencionado, compreensivo, sereno, que quase nunca se irritava. Mas, interiormente, uma tempestade se desencadeava por toda parte. Dentro de mim, eu era um parceiro muito diferente; um parceiro que ficava zangado, assustado, magoado, deprimido, crítico ou confuso, mas que raramente deixava alguém perceber isso. Quando eu tinha um dia difícil, guardava isso para mim. Se eu não concordasse com alguma coisa ou não me interessasse por outra, eu aparentava o oposto. Descartava os detalhes da minha vida como se eles não tivessem importância, embora fossem importantes para mim. Naquele tempo, eu achava que estava agindo de forma correta ao guardar muito da minha vida para mim mesmo. Eu acreditava estar certo ao manter meus sentimentos só para mim. Pensava estar agindo de maneira adequada ao *me* conservar para mim mesmo. Mas o que eu estava realmente fazendo era afogar os relacionamentos em minhas tormentas interiores.

Você também costuma fazer isso? Como você se comporta com seu parceiro? Faça essas perguntas a você mesmo:

- Sou capaz de compartilhar minha vida com meu parceiro? Ou evito falar sobre mim, como se isso não fosse importante?
- Há detalhes do meu dia-a-dia que eu guardo para mim mesmo?
- Censuro conscientemente meus sentimentos? Questiono meus sentimentos antes de expressá-los? Muitas vezes, eu os nego ou omito completamente?
- Reajo "imediatamente", ou estou sempre esperando um "momento mais apropriado" ou uma "maneira mais segura" para falar?
- Tenho um "vocabulário emocional" que posso usar sem ficar furioso ou excessivamente transtornado? Sou capaz de dizer frases simples que exprimam meus sentimentos? Por exemplo: "Isso me desagrada e eu gostaria de lhe dizer por quê..." ou "Fico feliz quando estou com você porque...".

Um amor "valioso demais para ser expresso em palavras"

"Não fale... não fale...", ela suplicava, pressionando o dedo indicador sobre os lábios dele. Se você assistiu ao filme *Tiros na Broadway*, provavelmente nunca esquecerá o desempenho de Diana Wiest, que lhe garantiu um Oscar, como uma excêntrica atriz cujo amor por um ator jovem era valioso demais para ser expresso em palavras. Ela não deixava que ele expressasse seus sentimentos, seus medos, *nada*, por medo de destruir a perfeição daquela união.

Mas, como vimos no filme – e como vemos na vida real, o tempo todo –, os relacionamentos perfeitos não são sempre tão perfeitos quando expostos inteiramente à luz do dia. E um amor valioso demais para ser expresso em palavras é, geralmente, um amor muito frágil para durar.

Às vezes, o amor pode, de fato, parecer muito valioso para ser expresso em palavras, mas esse sentimento precisa, em algum momento, dar lugar a algum tipo de comunicação prática, se pretendermos sobreviver à transição da fantasia para a realidade e construir um relacionamento em que haja compreensão. Para se deixar conhecer, é preciso quebrar regularmente o precioso silêncio para falar, não apenas com o coração, mas com a mente e com as entranhas. E temos de fazer isso com regularidade e continuamente, durante todo o tempo que durar o relacionamento. Se você não consegue quebrar o silêncio, procure descobrir qual é o motivo que o impede de fazer isso. A resposta, provavelmente, não será "por amor", mas "por medo".

Quando o medo nos impede de nos deixar conhecer

Karen vem se encontrando com Emil há cinco meses e está convencida de que ele é sua "alma gêmea". Ela consegue ficar ouvindo as histórias de Emil durante horas – só o fato de escutá-lo já a deixa feliz. O que é muito bom, já que Emil fala muito. À medida que ele fala, Karen sente que a relação fica cada vez mais forte. Ela concorda com tudo o que ele diz; sente-se profundamente ligada a tudo o que ele sente; inveja a vida que ele leva; e fica tão impressionada com as realizações dele... Só o fato de ficar ao lado dele, ouvindo-o falar, faz com que ela sinta que as realizações dele são dela também e que o futuro dos dois juntos será aquele que ela sempre imaginou.

Mas é aí que reside o problema. Karen raramente fala; ela nunca interrompe Emil quando ele está contando suas histórias, a não ser para lhe oferecer chá. Ela não faz perguntas quando está confusa e não contesta os pontos de vista e as opiniões de Emil, mesmo quando discorda profundamente dele. Karen formou um elo tão poderoso com o Emil fruto de sua fantasia que perdeu a ligação com o verdadeiro Emil. Como ele é o *tipo* de homem com quem Karen sempre sonhou, ela não está preparada para se arriscar a descobrir se ele é realmente alguém com quem ela pode manter um relacionamento verdadeiro. Assim, ela mantém a boca fechada, sem se deixar conhecer. E não faz a si mesma as perguntas difíceis que a ajudariam a conhecer Emil verdadeiramente.

E Emil, como se sente em relação ao que existe entre os dois? Será que ele se sente ligado a Karen? Terá ele também a sensação de que encontrou *sua* "alma gêmea"? Ou será que esse é o jeito de ele se comportar com *todo mundo* e Karen é apenas uma boa ouvinte? Emil suportaria ser contestado? Ele está interessado em ouvir as histórias de *Karen*? A única maneira de Karen conseguir as respostas a essas perguntas é se deixando conhecer. Emil tem tido uma vida interessante e *pode* até ser uma pessoa maravilhosa, mas Karen só vai descobrir se ele está preparado para manter uma ligação íntima se ela começar a se deixar conhecer. Ela precisa desafiar suas próprias barreiras interiores; e tem de desafiar as barreiras dele, também. Ela precisa desafiar seus medos; e tem de fazer isso constantemente para conseguir o tipo de relacionamento a que tem direito.

Tony conheceu Kathryn numa festa de Ano-Novo, e os dois dançaram até as três da manhã. Era uma situação que só acontece em filmes: o homem vê a mulher no meio da multidão, luta para atravessar o salão apinhado, diz "oi", a mulher sorri, e de repente os dois estão dançando.

Na teoria, Kathryn é o sonho de Tony. Ela é alta, tem pernas compridas, é atlética e tem muita confiança em si mesma, exibindo um sorriso que derrete corações. Ela tem um bom emprego, um lindo apartamento, uma educação sólida e adora fazer amor com Tony. Mas existem alguns problemas que Tony ainda está querendo varrer para debaixo do tapete. Kathryn não fala com a família dela e não quer contar o motivo para Tony. Kathryn não gosta de que Tony durma depois que eles fazem amor e não quer dizer a ele por quê. Ela não tem amigos íntimos e também não revela o motivo. Ela diz que o seu trabalho é mais importante do que tudo e não quer dizer a razão. Kathryn não deixa Tony comprar *nada* para ela e não explica por quê. Kathryn não quer sair de férias com Tony e não revela o motivo. Ela não quer se encontrar com os amigos de Tony ou com a família dele e não diz qual é a razão para isso.

A Kathryn fruto da fantasia é muito atraente, mas a Kathryn de verdade é um enigma. Mas Tony está tão enamorado pela fantasia que não se importa em conviver com as peças que estão faltando. Quando Kathryn diz: "Não quero falar a respeito disso", Tony não insiste na questão. Se ela diz: "Essas são as minhas regras...", Tony não reclama. Quando ela fala alguma coisa que o aborrece, ele guarda a raiva para si. Mesmo quando Kathryn se contradiz completamente, Tony não cria caso. Ele acha que, se deixar transparecer seus sentimentos, criará um problema no relacionamento. O que Tony não está muito pronto para encarar é que ele já tem um problema. Kathryn tem barreiras intransponíveis que impedem que os outros a conheçam. Tony fica aterrorizado com essas barreiras, e isso o impede de se deixar conhecer.

Muitas pessoas perdem de vista a realidade quando a fantasia precisa ser encaixada na vida real. Na teoria, ao menos, encontramos o parceiro que queríamos e nos esforçamos para que tudo dê certo. Assim, ignoramos tudo o que nos incomoda, aquilo que questionamos e as coisas de que não gostamos. E mantemos nossas dúvidas enterradas profundamente dentro de nós, de forma que elas não consigam agitar nosso barco da fantasia. Que espécie de relacionamento nos resta? Uma ligação pouco sólida, na qual não temos muitos motivos para confiar e que não tem base. E, quando a primeira grande tempestade irrompe em nossa vida (uma crise pessoal, uma briga mais séria, etc.), os relacionamentos como esse raramente sobrevivem.

Faça a você mesmo as seguintes perguntas:

- Quando surgem problemas no seu relacionamento, você tem coragem de se expressar e desafiar o *status quo*?
- Você aceita menos porque não tem coragem de pedir mais?

Deixar-se conhecer significa ter coragem de expressar seus sentimentos, dúvidas, conflitos, entusiasmos e opiniões. Isso não tem nada a ver com ser controlador, extremamente exigente ou mandão. Não tem nada a ver com gritar ou reclamar. Deixar-se conhecer significa tanto ser capaz de falar com calma sobre as diferenças do casal como estar disposto a manter periodicamente diálogos honestos e difíceis. Dessa forma, os ressentimentos não se acumularão. Você precisa ser capaz de dizer: "Não concordo" e "Não gosto disso" e "Isso não me deixa à vontade" e "Isso fere meus sentimentos" e "Estou muito zangado". E precisa ter coragem de não dizer "Estou bem" quando você não estiver realmente bem. Ou "Não há nada de errado" quando muitas coisas *estiverem* erradas. Além disso, você deve processar as informações e os sentimentos à medida que eles surgem, sem guardar mágoas e deixar que os ressentimentos se acumulem até que você se sinta alienado e desligado. Tudo isso exige coragem.

Você sabe qual é a diferença entre desnudar-se e deixar-se conhecer?

Tudo começa com um telefonema ou um alô amistoso. Então começamos a dançar, flertamos, fantasiamos, questionamos, suspiramos, fazemos longas caminhadas, conversamos interminavelmente. Sobrevivemos aos altos e baixos, ao nervosismo e aos embaraços e às costumeiras crises de incerteza. Mas, então, o SEXO entra em foco, e tudo se modifica magicamente.

Muitas pessoas acham que um relacionamento "começa" de verdade quando tem início a intimidade sexual. Durante muitos anos, eu também acreditei nisso. Enquanto as duas pessoas permanecerem vestidas, não passarão de "amigos". Mas, no instante em que se despirem, imediatamente se tornarão um casal. O sexo, visto como um símbolo de aceitação, indica o fim de uma fase inicial, em que se faz a corte, e o começo de "alguma coisa especial". As tensões se fundem, os medos desaparecem, e todos começam a relaxar. Mas a forma como a maioria das pessoas relaxa não serve de modelo de relacionamento.

Um dos maiores atalhos no caminho do *rompimento* é uma palavrinha que se soletra assim: s-e-x-o. Não estou dizendo isso porque sou puritano, nem quero desencorajar as pessoas a ter relações sexuais. Digo isso porque é o que observo constantemente em meu trabalho (e, por ser uma armadilha, caí nela muitas vezes). Na verdade, a evolução de um relacionamento sexual pode indicar o começo de uma ligação; porém, na maioria das vezes, faz com que o relacionamento *estacione*. Em vez de ser a celebração de uma união, o sexo se torna a principal via de ligação. E, para alguns, a *única* via de comunicação. Mas será que isso é suficiente?

O sexo pode ser uma das coisas mais íntimas que duas pessoas compartilham – um laço físico extraordinário que tem o poder de nos inundar com a emoção de constatar que temos uma ligação emocional. E isso é realmente maravilhoso. Mas, para muitas pessoas, o sexo é o substituto de uma intimidade verdadeira e até mesmo um meio de *evitar* a intimidade. Porém, isso geralmente leva ao rompimento. Vamos analisar o caso de Nick, por exemplo.

O conceito de Nick de "ser realmente íntimo" está diretamente ligado a sedução e sexo. Segundo ele, o relacionamento só começa quando a roupa de baixo cai no chão. E, enquanto ela continuar caindo, tudo correrá muito bem.

Quando Nick se sente afastado de sua parceira, o sexo é a solução. Se ele estiver zangado ou com ciúme, o sexo é a solução. Quando Nick precisa se afirmar ou expressar carinho, o sexo é a solução. Esse sempre foi o seu jeito de conduzir os relacionamentos.

Nick sente, de fato, que é sensível e carinhoso, que expressa seus sentimentos, que se preocupa com sua parceira; porém, ele faz tudo isso por meio do sexo. Ele acha que isso deveria ser suficiente, mas suas companheiras nem sempre concordam. Várias vezes em sua vida, Nick sentiu-se "aturdido" por causa de mulheres que romperam com ele "sem uma razão aparente". "Num instante estávamos dormindo juntos, nos relacionando sexualmente de uma maneira incrível", ele explica, "e no momento seguinte ela me diz que está querendo sair com outras pessoas. Nunca entendi essa atitude e nunca compreendi os motivos."

Mas Nick *deveria* entender, pois ele mesmo também já provocou muitas surpresas desagradáveis. Em diversas ocasiões, ele já perdeu o interesse por uma mulher com quem estava dormindo e desfez o relacionamento de uma hora para outra. Como ele explica isso? Ele diz: "Simplesmente não estava dando certo." Mas a minha explicação é um pouco diferente. Porque, quando observo os relacionamentos de Nick, percebo que, apesar de ele ter tido uma ligação com essas mulheres, ela não foi muito além do campo sexual. E isso não era suficiente.

Há muito mais coisas num relacionamento do que a intimidade física. Muito, muito, muito, muito mais. A intimidade física é fabulosa e importante, mas ela não basta se não houver intimidade emocional. Isso, é claro, quando você quer um relacionamento com compromisso. O sexo isoladamente não permite que as pessoas deixem de ser estranhas – algumas vezes, ele é até o motivo para que elas permaneçam estranhas. O sexo por si só não cria um laço forte, não garante o comprometimento; ele não é um superadesivo. É preciso coragem para manter o sexo no seu lugar, sem lhe atribuir um papel mais amplo.

Você aceita o sexo como um substituto para a intimidade, mesmo sabendo qual é a diferença?

Vanessa está morando com o namorado, Abe, há quase um ano, e gostaria de comemorar a data. Mas ela está começando a temer que o relacionamento com Abe não consiga passar do quarto de dormir. Ela quer um companheiro, uma relação com compromisso e realmente íntima; porém, com Abe, tudo o que ela consegue é um bom relacionamento sexual.

No começo, Vanessa ficou impressionada. O sexo era tão excitante e intenso que ela logo se sentiu muito próxima de Abe. Mas ela tem de admitir, mesmo que seja só para si mesma, que a ligação nunca se aprofundou. Logo no começo, nas poucas vezes em que Vanessa tentava falar sobre seus sentimentos e suas necessidades, Abe a interrompia de imediato. Desde então, ela evita agitar as águas do seu relacionamento e aprendeu a aceitar o sexo como o único modo concreto de manter uma ligação significativa com Abe; é o único campo em que ela não se choca contra as barreiras emocionais dele.

Não é que Vanessa não confie em Abe. Ela sente que ele realmente se interessa por ela, tanto quanto ele é capaz de se interessar por alguém, e ela tem certeza de que ele não vai a "lugar nenhum". O problema é que, até onde ela consegue ver, o relacionamento também não vai chegar em "lugar nenhum". Ela não pode conversar com Abe sobre o relacionamento deles, nem sobre sua vida, nem sobre seus sentimentos. Ele tem muitas barreiras que ela não consegue atravessar, e Vanessa sente que está "morrendo à míngua". Abe está usando o sexo para evitar uma ligação mais profunda, e ela está sentindo o impacto desse comportamento.

Há muito mais coisas num relacionamento do que a intimidade física

Vanessa não quer terminar o relacionamento, já que se sente feliz, de muitas maneiras, por ter conhecido Abe. Mas ela não sabe por quanto tempo será capaz de agüentar um relacionamento em que não existe uma intimidade maior. Para se sentir mais completa, ela se voltou para os amigos, para o trabalho e até para a televisão; mas o vazio não desapareceu.

Vanessa é um exemplo interessante, porque ela *sabe* o que está faltando. Muitas pessoas ficam maravilhadas por terem um relacionamento sexual com que possam contar. A definição delas para "fazer-se conhecer" resume-se a essa área, e elas não esperam nada além disso. Mas Vanessa sabe que existe "alguma coisa mais" que completa uma relação e a torna mais rica, e ela sabe o que significa "deixar-se conhecer". Ela só não dá os passos para chegar lá porque tem medo de que isso prejudique o relacionamento.

No entanto, se o fato de você "se deixar conhecer" pode prejudicar o seu relacionamento, que espécie de ligação você tem? E o que exatamente você estará perdendo? A intimidade sexual é uma coisa maravilhosa, mas não o ressarce dos danos emocionais – não lhe dá a sensação de ter uma ligação verdadeira e não é uma relação que se possa encarar como duradoura. Existe uma diferença enorme entre abrir os braços para receber um abraço físico e abrir o coração para deixar alguém entrar. Se você souber qual é a diferença, não será capaz de aceitar menos do que você precisa na esperança de que um dia isso lhe pareça mais.

Faça a você mesmo as seguintes perguntas:

- Eu deixo, às vezes, que uma ligação sexual se confunda com intimidade emocional?
- O sexo e a atração física são o primeiro recurso a que eu recorro para resolver as disputas num relacionamento?

- Tanto eu quanto meu parceiro alguma vez demos a impressão de estar usando o sexo como um meio de evitar a intimidade emocional?

Se você respondeu sim a qualquer das perguntas acima, precisa aprender a expressar seus sentimentos e pensamentos fora do quarto de dormir. Depende de você encontrar formas não-sexuais de expressar intimidade e resolver discussões.

Quando você fala, também ouve?

Dinah adora falar e falar, falar, falar... Dinah poderia lhe dizer que é uma grande comunicadora, mas ninguém que a conheça concordaria com isso. Porque Dinah não se comunica realmente; tudo o que ela faz é falar. Dinah não controla a própria fala, para ter uma noção de como suas palavras estão conduzindo o assunto e qual o rumo que estão dando para a conversa. Ela não deixa espaço para a outra pessoa. Não olha em volta, para verificar se as pessoas estão prestando atenção, praticamente não faz perguntas e não ouve nada do que os outros dizem. É claro, ela conta histórias ótimas e consegue animar uma reunião, mas não sabe como criar relacionamentos que ultrapassem a superficialidade.

Quando Dinah está sozinha, sem ter ninguém para quem possa telefonar, ela se sente vazia. Não se deixa conhecer pelos outros e não permite a eles que se deixem conhecer; assim, as ligações que nunca se estabelecem são sentidas por ela como um vazio interior. Isso a confunde, sobretudo porque, aparentemente, ela tem muitos amigos. Mas, na verdade, é muito fácil de entender. O seu hábito de falar demais cria barreiras à intimidade, descartando a possibilidade de que se forme um elo com alguém.

Dinah acha que um companheiro preencheria esse vazio, mas a verdade é que ela só conseguirá fazer desaparecer essa lacuna quando aprender a se deixar conhecer e a dar oportunidade aos outros de se fazerem conhecer. Os olhos e os ouvidos dela precisam ser abertos. Seu coração precisa se abrir. Não basta apenas falar.

Você evita fazer perguntas difíceis porque não quer que lhe façam esse tipo de pergunta?

Sempre existem ocasiões em que os relacionamentos não funcionam perfeitamente. Esse é o momento em que mais precisamos conversar, em vez de nos fechar. Quando surgem problemas no seu relacionamento, você é capaz de fazer certas perguntas mais difíceis, que poderiam ajudar a reaproximação de vocês ou que, pelo menos, lhe responderiam aquilo que você precisa saber? Pergunte a você mesmo:

- De vez em quando eu mudo de assunto ou não escuto as respostas do meu companheiro, se o que está sendo dito não corresponder ao que eu gostaria de ouvir?
- Eu tenho medo de que me façam perguntas incisivas, que revelariam o temor que eu tenho de me envolver?
- Eu tenho receio de que me perguntem coisas que revelariam minha vulnerabilidade?

Seu relacionamento com sua família é conturbado, por isso você não faz perguntas sobre a família *dele*. Você detesta falar sobre seu emprego; então, não pergunta nada sobre o trabalho *dela*. Você sente vergonha do histórico dos seus relacionamentos, por isso não pergunta sobre o histórico *dele*. Você está com dificuldades financeiras, e assim não pergunta a *ela* sobre a sua situação nessa área. Você questiona a sua própria capacidade de manter um relacionamento em que haja compromisso, por isso não pergunta como *ele* se sente em relação a assumir compromissos emocionais.

A maioria das pessoas têm medo de que lhes façam as "perguntas difíceis" que os relacionamentos normalmente sugerem, e por isso evitam fazer essas mesmas perguntas a possíveis companheiros, achando que assim estão se preservando ou sendo imparciais. Elas acreditam que estão sendo espertas e se poupando de um incômodo. Mas, na verdade, essa atitude acaba gerando frustração, alienação, desentendimento, confusão, fantasias inatingíveis e, quem sabe, até mesmo uma série de problemas.

Para construir um relacionamento autêntico precisamos ser capazes de fazer perguntas difíceis e de suportar muito questionamento. Temos de revelar uma série de informações desagradáveis. Também é fundamental que tenhamos o quadro completo de ambas as partes – um quadro de nós mesmos e outro do possível parceiro. Isso não ocorre no primeiro telefonema ou no primeiro encontro, nem tudo deve ser dito de uma só vez. Mas é uma coisa que precisa acontecer, e, embora requeira muita coragem, quanto mais cedo você iniciar esse processo de conhecimento mútuo, mais sucesso você terá.

Você evita se deixar conhecer criando crises?

Muitas pessoas que têm pavor de se deixar conhecer ainda não encararam sua própria verdade. Elas dizem que querem uma ligação real, um relacionamento em que haja compromisso, e estão sempre tentando concretizar essas intenções. Mas existe uma parte delas que parece fazer questão de que isso nunca aconteça – o que faz com que elas jamais se deixem conhecer.

Há muitos meios de evitar uma ligação íntima quando se está começando um relacionamento. Um dos mais eficientes é criar uma crise. Examinemos o caso de Ellie, por exemplo.

Quando Jeff conheceu Ellie, ela estava estudando para se especializar em pronto-socorro médico e disse a ele que não conseguiria lidar com mais nada que pudesse aumentar-lhe a tensão. Quando surgiam conflitos entre eles, Jeff achava melhor se manter em silêncio, pois temia que Ellie não fosse capaz de lidar com a situação. Duas semanas depois do exame de Ellie, um antigo colega de trabalho dela ficou hospitalizado por quase uma semana. Ellie ia ao hospital todos os dias, chegando sempre exausta em casa. Jeff continuava a acumular todos os conflitos que estava vivendo no relacionamento, pois tinha medo de que Ellie não conseguisse lidar com qualquer desgaste adicional.

Logo chegaram as férias, e Ellie ficou perdida em meio aos compromissos, sempre tentando ficar em dia com todas as atividades. Ela havia convidado quinze pessoas para o Dia de Ação de Graças em seu apartamento e estava completamente assustada, sem saber como acomodar toda aquela gente. Ela passou quase duas semanas preparando a reunião, enquanto Jeff continuava guardando consigo mesmo problemas importantes e não solucionados do relacionamento entre os dois. Chegou dezembro, e Ellie estava desesperada, fazendo as compras de Natal com atraso e tendo de ir à noite aos *shoppings*. Jeff, aflito e em silêncio, ficava em casa esperando o horário em que os *shoppings* fechavam suas portas. Depois do Natal, Ellie perguntou a Jeff se eles poderiam viajar para algum lugar para comemorar o Ano-Novo. Depois da correria, por causa dos planos de última hora, o casal foi para a Flórida. No avião, na viagem de volta, Jeff finalmente conseguiu criar coragem para expressar suas preocupações. Ellie ficou tão furiosa que se recusou a falar. E o relacionamento acabou naquele dia.

A vida é difícil, e os desafios aparecem sempre. Os amigos adoecem, os empregos podem ficar por um fio, os carros são batidos no estacionamento, há uma queda violenta na Bolsa de Valores. Mas, se viver na sua casa é como morar no quartel do Corpo de Bombeiros, você precisa descobrir de que forma está contribuindo para essa calamidade sem fim.

Seguramente, há um certo tipo de laço que se forma numa crise, mas não é a espécie de elo que fundamenta um futuro sólido (e se você pensa em usar as crises para criar e intensificar seus laços, também está tomando o caminho errado). Futuros sólidos são criados em "tempos de paz", não de guerra, nos momentos em que você está relaxado e concentrado o suficiente para trabalhar a complexa variedade de questões que envolvem um relacionamento, que variam do incrivelmente óbvio ao insidiosamente sutil. Uma união profunda só acontece quando as coisas estão calmas, não quando alguém está apagando incêndios, sejam eles domésticos ou profissionais, ou atravessando a cidade numa correria sem fim. Se você anseia por um futuro sólido com um companheiro, precisa ser firme e abrir as portas da sua intimidade. E se você estiver evitando abrir essas portas – usando crises intermináveis como forma de erguer suas barreiras –, deve se perguntar por que está tendo esse comportamento. E eu sei que isso exige uma boa dose de coragem.

- Os meus relacionamentos parecem sempre caminhar de crise em crise? Por quê?
- Em algum momento eu uso a crise, mesmo que tenha de criá-la, como um pretexto para não aprofundar um relacionamento? Por quê?
- Eu tenho a tendência de mergulhar nos dramas da vida do meu parceiro, deixando para trás minhas prioridades e necessidades? Por quê?

Você tem barreiras evidentes que o impedem de se deixar conhecer?

É um paradoxo doloroso, mas muitas pessoas que dizem estar em busca de um relacionamento mais estreito continuam apegadas a limites que impedem que isso aconteça. Eu fui uma dessas pessoas e mantive minhas barreiras durante muitos anos. Você também é uma delas? Se costuma usar frases como: "*meu* trabalho", "*meus* amigos", "*minha* família", "*minha* casa", "*minha* gaveta", provavelmente você é. Nem é preciso dizer isso; o simples fato de você pensar nisso criará um forte sentido de divisão, impedindo que você e o seu companheiro tenham a oportunidade de se deixar conhecer.

Algumas pessoas constroem esses muros de propósito. Elas não querem que ninguém se aproxime muito; não querem se deixar conhecer. E essa é a forma que elas encontraram para garantir que o relacionamento não passará de um determinado ponto. Mas um número muito maior de pessoas criam essas barreiras em função do papel que estão representando, por hábito ou por comportamentos adquiridos na infância, e que provêm do modo de vida da família ou da rivalidade entre irmãos, e também por vergonha. Se você for uma dessas pessoas, há muitas coisas que pode fazer para mudar o curso futuro dos seus relacionamentos.

Isso não quer dizer que você precisa fundir a sua vida, em seus diferentes aspectos, com a do seu companheiro, nem que você não pode manter muitas coisas em separado. Mas é muito importante prestar mais atenção aos "meus e minhas" em sua vida e entender que, cada vez que você usar um possessivo, estará afastando um possível parceiro. O objetivo de um relacionamento é trazer o parceiro cada vez mais para o seu mundo, pecinha por pecinha.

Portanto, pare agora e dê uma boa olhada à sua volta...

Observe as *pessoas* do seu mundo. Sua família, seus amigos, seus colegas de trabalho, seus inúmeros conhecidos. Quantas dessas pessoas você permite que seus parceiros conheçam bem ou até mesmo saibam que existem?

Olhe para os *lugares* do seu mundo. O escritório, as áreas de recreação, seu bar favorito, o local para onde você foge no fim de semana. Quantos desses lugares você permite que seus parceiros conheçam bem, ou ao menos saibam que você os freqüenta?

Agora olhe bem para as *coisas* do seu mundo. A casa, o carro, a mobília, as ferramentas. Quantas dessas *coisas* você é capaz de compartilhar com seus possíveis parceiros?

Quando estamos prestes a assumir um compromisso, precisamos descobrir novas formas de nos ligar completamente ao nosso companheiro. Uma delas é deixar que ele tenha acesso ao nosso mundo. Evidentemente, tudo isso acontece aos poucos; você não pode querer abrir todas as portas da sua vida no primeiro dia. Mas observe as portas que você nunca abre e aquelas que você desestimula seus parceiros a abrir e descubra de que forma elas impedem que você se deixe conhecer e que o seu relacionamento vá adiante. É preciso muita coragem para encarar essas portas e mais ainda para começar a abri-las. Porém, só assim conseguiremos deixar de estar sozinhos e passar a viver um relacionamento que tenha valor para nós.

Quantos segredos você guarda só para você?

Quem é você, essa pessoa que ninguém conhece? Você tem uma história familiar que nunca revelaria a um companheiro? Tem uma história pessoal que jamais compartilharia? Sua vida é mais do tipo "livro aberto" ou você tem segredos que nunca pensaria em contar, mesmo às pessoas a quem mais amasse? Pense muito bem antes de dar uma resposta.

Você tem problemas emocionais que jamais menciona – como depressão, ansiedade, obsessões, compulsões, fobias ou raivas? Sofreu com problemas de maus-tratos reais, dos quais evita falar? Teve problemas de agressão sexual que nunca revelou? Vícios alimentares? Vício de comprar compulsivamente? Vício de jogar? Problemas de ciúme? Rivalidade com irmãos? Quantas áreas significativas existem em sua vida das quais você se envergonha e se recusa a falar? Contrariando a literatura popular, *existe* o que se chama de "grandes coisas", e tudo isso que foi mencionado é muito importante.

Não estou dizendo que você deveria sair correndo e contar todos os seus segredos para o mundo. Nem estou sugerindo que você deveria revelá-los ao seu parceiro. Parte desse material precisa ser trabalhado com o conhecimento e o apoio de um terapeuta ou conselheiro antes de tomar *qualquer* outro rumo. E parte dele nunca *deveria* ser transmitida a ninguém. Mas você precisa entender que esses segredos mantêm você isolado, impedem que você se deixe conhecer, criam barreiras impenetráveis e afetam imensamente a sua capacidade de se relacionar.

E o que dizer das "pequenas coisas" – aquelas que talvez você considere insignificantes? Você tem um estoque secreto de chocolates, uma coleção de fotos pornográficas, um romance que está sempre lendo? Você toma sorvete às escondidas, de vez em quando toma uma bebedeira, ou dá uma escapada do trabalho e vai ao cinema nos dias em que está aborrecido? Repito, não estou sugerindo que a sua vida deveria ser um livro aberto, sem nenhum segredo que você guardasse só para você. Mas compreenda que os pequenos segredos logo passam a ser obstáculos concretos a uma ligação. Não um obstáculo intransponível, mas com seu grau de importância.

Hoje, talvez você não esteja preparado para compartilhar com alguém as "grandes coisas", e é possível que nunca esteja, mas compartilhar as "pequenas coisas" também tem seu valor. Ao falar das suas pequenas coisas, você ajudará a outra pessoa a compreendê-lo, dando-lhe um panorama mais rico, interessante e completo de quem você é. Talvez você tenha dificuldade de acreditar nisso agora, mas essas particularidades que está tentando tão desesperadamente esconder são também peculiaridades que o tornam especial ou passível de ser amado. Sua obsessão pelo contorno dos lábios. Sua preocupação com o recuo progressivo da linha do cabelo. Seu apelido de escola quando estava no segundo grau. Sua coleção de caixas de cereal. A maneira esquisita como você limpa a garganta. Essas são as coisas que fazem de você uma pessoa única, fascinante, maravilhosa, dando-lhe profundidade e tamanho. Essas são as coisas que um companheiro pode amar e querer continuar amando. É preciso muita coragem para ser um ser humano diante de outro ser humano; esse é o tipo de coragem que leva a relacionamentos duradouros.

Por que você se mantém escondido?

Se esses segredos representam uma parte tão grande do que você é, por que você os mantém escondidos? A resposta a essa pergunta é uma palavra terrível de oito letras: vergonha.

A vergonha destrói uma ligação, um relacionamento. Ela nos conduz ao isolamento e à solidão. A vergonha é inimiga do comprometimento, mas é também uma coisa contra a qual todos nós lutamos diariamente.

Se você se parece com a maioria das pessoas que conheço, em algum ponto da sua história você aprendeu que nem sempre é seguro se abrir com aqueles que estão mais próximos de você. Talvez você tenha sido ridicularizado pelos colegas de classe ou por seus irmãos. Talvez seus pais ou professores o tenham repreendido. Ou também é possível que o tenham entendido mal ou que você tenha sido ignorado ou rejeitado. Talvez, ainda, você tenha sido completamente abandonado. O que quer que lhe tenha acontecido, você aprendeu a ocultar partes de você mesmo. Seu mundo não foi sempre um lugar de aceitação, compreensão e apoio. Não foi sempre um lugar de amor, certamente não de amor incondicional. Pode ter sido também um lugar perigoso, doloroso. Foi aí que você aprendeu a "agir em segurança". E também foi aí que aprendeu sobre a vergonha.

Mas lições como essas não se esquecem facilmente. E algumas pessoas ocultaram essas "partes" para sempre. Construímos barreiras que não questionamos e com as quais não teremos de negociar. Se essas barreiras forem ameaçadoras, entramos em pânico. E se elas nos aterrorizarem demais, nós corremos. Esse é o nosso jeito de jogar em segurança, de nos certificarmos de que não seremos magoados novamente.

JOGAR EM SEGURANÇA NÃO É JOGAR PARA SEMPRE

Se você soubesse que os seus segredos o mantêm isolado, que eles destroem silenciosamente sua capacidade de criar uma ligação amorosa e duradoura, você ainda se esforçaria para mantê-los escondidos? Ou faria o possível para torná-los conhecidos?

Nós achamos que estamos jogando em segurança quando ocultamos certas partes de nós mesmos para que não sejam conhecidas. Mas, cada vez que fazemos isso, a integridade da nossa relação fica comprometida. Se ocultarmos muita coisa, a ligação acabará se desfazendo.

Nos relacionamentos, bem como em muitos aspectos da vida, não existe realmente essa certeza de se jogar em segurança. É divertido usar máscaras no Dia das Bruxas, mas passar a vida inteira fazendo isso é horrível. Esconder informações importantes faz com que nos isolemos daqueles que mais amamos. Ocultar sentimentos básicos nos torna escravos da separação. Na ausência de "grandes porções" do que realmente somos, esforçamo-nos para nos sentir ligados, e nossos parceiros também.

Ser rejeitado é muito doloroso, e eu gostaria de poder lhe oferecer uma fórmula mágica que lhe assegurasse que isso nunca mais se repetirá em sua vida. Mas, na minha opinião, é muito mais doloroso ser rejeitado sem ter sido conhecido. Ou terminar um relacionamento sem nunca ter-se deixado conhecer. Ou levar uma vida de casado sem nunca ter sido conhecido. Sem dúvida, é uma situação bem mais aflitiva quando uma pessoa perde a oportunidade de manter um relacionamento com compromisso porque não teve coragem de assumir o que é. Sim, é preciso muita coragem para se deixar conhecer e continuar sempre fazendo isso, mas vale a pena correr o risco, pois a recompensa será enorme.

Nunca mais seja um estranho

Muitas vezes, nos primeiros estágios do relacionamento com minha mulher, eu olhava para ela e pensava: "Na realidade, não conheço nem um pouco esta mulher." E tenho certeza de que ela, muitas vezes, teve o mesmo sentimento. Mesmo depois de estarmos juntos por muitos anos, havia momentos em que essa sensação estranha aflorava. Mas nós dois nos empenhamos em quebrar as barreiras interiores e revelar, não importando as conseqüências, quem somos na realidade e como nos sentimos verdadeiramente. Graças a esse compromisso, sinto-me agora, depois de apenas cinco anos de convivência (e dois de casamento), mais próximo e mais unido à minha mulher do que nunca estive com ninguém, nem mesmo com meus amigos mais chegados, com quem convivo há dezenas de anos. Essa proximidade não é o resultado de viver sob o mesmo teto e dormir na mesma cama, mas é o produto de infinitas tentativas de se fazer conhecer e compreender. Os sentimentos de amor e lealdade que emergem dessa ligação poderosa mantêm intacta a nossa relação, mesmo diante de frustrações sérias, desafios difíceis e (sim, nós os temos) graves desentendimentos. O fato de conhecermos um ao outro nos uniu de maneira mais poderosa do que qualquer juramento ou pedaço de papel seria capaz de fazer.

Quando dois amigos se separam, um sempre dirá, brincando, "nunca mais seja um estranho...". Esse é o conselho que quero lhe dar, mas não estou brincando. Se você deseja uma relação de verdade, que seja gratificante e tenha a capacidade de ser duradoura, você não pode ser um estranho para você mesmo nem para seu companheiro. Quanto mais você se conhecer, se fizer conhecer e incentivar o seu parceiro a deixar-se conhecer, mais chances você terá de encontrar o tipo de relacionamento que procura. Sim, isso é bastante difícil, e existem muitos riscos, mas eles são muito maiores quando você decide manter seu eu escondido. Assumir compromisso com um relacionamento exige bem mais do que um trabalho árduo. Exige confiança – a confiança de que, assumindo riscos, você e o seu companheiro se aproximarão ainda mais um do outro – e, é claro, uma dose contínua de coragem.

Desafio Seis

A coragem de aprender a aceitar

Gwen e Leonard têm, ambos, setenta e poucos anos. Quando você os vê andando de braços dados, a relação carinhosa que existe entre os dois parece tão óbvia quanto invejável. Se for bisbilhotar a conversa deles, você ouvirá as histórias e os sentimentos que os dois continuam a partilhar. Casados há quase quarenta anos, ainda estão muito apaixonados. Gwen diz que, para ela, a aceitação tem sido a maior lição do casamento.

Gwen e Leonard concordam em que, com o passar dos anos, ambos pararam de tentar mudar um ao outro. Chegaram à conclusão de que é impossível duas pessoas combinarem perfeitamente e que sempre haverá alguns pontos de discordância. Gwen conta que o casal chegou a esse entendimento alguns anos atrás: quando um dos dois se sentia realmente aborrecido com alguma coisa que o parceiro havia feito ou deixado de fazer, em vez de criticar o outro ou começar uma discussão, parava para pensar no quanto o relacionamento era importante e tentava aceitar mais as fraquezas do companheiro.

A intimidade e a aceitação estão profundamente ligadas. Mas as pessoas que têm problemas em relação a assumir compromissos não compreendem muito bem qual é o papel da aceitação na busca e na manutenção do amor. Saber aceitar um parceiro amoroso com todas as imperfeições do ser humano é a verdadeira medida da sua capacidade de amar. Afinal, o que mais queremos não é que nos aceitem da maneira que somos? Mas quantos de nós somos maduros e preocupados o suficiente para sermos, amorosa e adequadamente, aceitos pelos companheiros?

Incapaz de ficar íntimo/incapaz de aceitar

Amy nunca foi capaz de aceitar nenhum homem como ele é, nem de aceitar qualquer relacionamento que ela tenha vivido. O que ela diz dos homens que conheceu? Diversas coisas. Ele não era esperto o suficiente. Não se empenhava o bastante. Não tinha muita experiência. Não era tão sofisticado quanto ela queria. Às vezes ela parecia estar falando como o Mágico de Oz.

Os amigos de Amy ficam abismados com o comportamento dela: embora ache defeito em todos os homens que conhece, ela não percebe as verdadeiras falhas. Os amigos de Amy não se conformam com o fato de ela se preocupar tanto com detalhes tolos e ao mesmo tempo tolerar grandes problemas. Por exemplo, seu atual namorado é um idiota egocêntrico que nunca pára de falar de si mesmo e de sua carreira tediosa, e isso não parece incomodá-la. Não, o que Amy não suporta em Dan é ele ter freqüentado uma faculdade que ela considera "abaixo dos padrões ideais". Larry, seu namorado anterior, era de fato um homem inteligente, mas ela não conseguia aceitá-lo porque, a seu ver, ele era muito provinciano.

Eu sou capaz de compreender bem o comportamento de Amy, pois vivi histórias e sentimentos semelhantes. Eu queria encontrar mulheres complicadas e "interessantes", e então, depois que as conhecia, eu as rejeitava porque a vida delas havia sido repleta de acontecimentos, o que, é óbvio, era o que as tornava complexas e interessantes. E, em geral, eu nem precisava procurar "coisas" para rejeitar. Elas surgiam rápida e automaticamente, e tudo parecia muito razoável para mim. Eu não achava que estava procurando desculpas para terminar o relacionamento. As coisas eram claras como o dia: algumas mulheres *eram* "mais velhas". Outras *eram* "muito jovens". Outra, ainda, *não tinha* contato com as atividades culturais de uma grande cidade.

Os problemas da aceitação e da imagem

Também me identifico com Chuck, que posso definir tranqüilamente como o maior, o mais extremado compromissófobo que conheço. Ele tem dificuldade de assumir compromissos em todas as áreas da sua vida, o que não é de estranhar em alguém com esse tipo de medo. Chuck sofre quando tem de tomar uma decisão na hora de comprar um carro; imagine então quando se trata de escolher a mulher com quem ele vai passar o resto da vida. Para ele, cada carro, não importa o quanto seja maravilhoso, projeta um outro tipo de imagem, e ele não sabe muito bem se quer ser visto daquela forma. A segurança é importante para Chuck, mas ele nunca compraria um Volvo, por exemplo, porque ele pode ter a conotação de um típico carro familiar, e ele se considera um homem livre e solteiro. Por outro lado, ele jamais compraria um modelo esportivo de dois lugares, porque não quer dar a impressão de ser um solteirão muito distante e assumido.

Assim como muitas pessoas, Chuck valoriza as coisas exteriores – como roupas, carros, amigos, relógios, vizinhança e mulheres – e usa-as para projetar sobre si mesmo uma imagem nítida e concreta para o resto do mundo. Todas as mulheres que ele conheceu foram vítimas dos problemas dele com relação à própria imagem. Quando uma mulher parece ser de um determinado tipo, e fala e age de uma forma que parece confirmar essa impressão, ele se apaixona. Mas, em geral, à medida que o relacionamento progride e a mulher se torna mais humana, acende-se uma luzinha em sua mente, e ele fica muito mais consciente das falhas dela.

Eu compreendo Chuck porque também me esforcei, durante muitos anos, para resolver meus problemas com a imagem. Por exemplo, eu sempre tive atração fatal tanto por mulheres vistosas quanto por mulheres européias, que eu achava sofisticadas por definição. Quando uma mulher parecia se encaixar nessa imagem, era surpreendente – mesmo para mim – quantos aspectos essenciais eu era capaz de negligenciar. O que eu não podia aceitar eram simples fraquezas humanas. Havia mulheres maravilhosas com quem tudo parecia correr perfeitamente bem quando estávamos a sós; mas, quando nos encontrávamos fora do nosso mundinho, eu percebia que me afastava delas porque elas não correspondiam à imagem totalmente irreal que eu queria projetar. Certas imperfeições pequenas e insignificantes muitas vezes se transformavam em falhas dramáticas que eu não conseguia aceitar. Eu, com certeza, não achava que aquela atitude pudesse comprometer a minha capacidade de viver uma relação de intimidade e compromisso, mas isso acontecia, sem dúvida.

Quando duas pessoas se conhecem e se apaixonam, dão a impressão, às vezes, de que pensam com uma só cabeça. No primeiro encontro, por exemplo, um rapaz ingênuo concorda em ir ao cinema para assistir a um "filme meloso" apenas para ficar com "ela" e poder segurar sua mão. Mas, quando ele cai em si e se lembra de que na verdade prefere outro tipo de filme, fica menos ansioso para se acomodar às preferências do possível parceiro. Quando você conhece uma pessoa e gosta dela imediatamente, naquele momento você não está interessado em saber se esse alguém especial compra leite desnatado, integral ou leite de cabra. Mas, à medida que o relacionamento evolui, essas coisas passam a ter importância. Para as pessoas que têm problemas sérios com relação a comprometimento, essas pequenas coisas assumem uma importância desproporcional em relação ao que está acontecendo.

À proporção que essas pessoas se sentem mais seguras com seus parceiros, começam a se sentir presas e pouco à vontade. Como não conseguem detectar a origem daquilo que as está incomodando, põem a culpa no relacionamento. O motivo clássico é: "Se eu terminasse tudo e me livrasse dele, me sentiria melhor... poderia me sentir livre." Então começam a encarar como falhas as características que antes consideravam qualidades intrínsecas dos parceiros, qualidades que, no começo do relacionamento, eram aceitas de todo o coração.

Por exemplo, Hector, um escritor de 42 anos, mora com Susan há dois anos, e eles têm sido muito felizes. Agora, desde o momento em que começaram a falar em casamento, ele está recuando. Ele não disse a ninguém, a não ser para seu melhor amigo, que está preocupado com o fato de Susan ter seios muito pequenos.

Jean achava seu namorado perfeito, até o momento em que ficaram noivos. Agora ela está preocupada, com medo de que ele não seja muito arrojado e por isso não consiga ganhar o suficiente para manter uma vida de casado.

Harry está dividido entre duas mulheres, cada uma delas maravilhosa à sua maneira. Naomi é alta, magra, elegante e loira. Brandi é pequena, adorável, engraçada e morena. Que escolha difícil! Ele não consegue decidir com qual mulher gostaria de ficar para sempre.

Tudo soa tão superficial, não é? Mas, para dizer bem a verdade, muitas vezes os relacionamentos começam e terminam apenas por razões superficiais. É fácil apresentar uma lista de motivos que nos impedem de aceitar determinada pessoa como parceira, e esses motivos raramente têm algo a ver com a profundidade do relacionamento humano.

O QUE É ISSO QUE NÃO ACEITAMOS?

A luta para ser aceito assemelha-se mais a uma luta externa. Não dá a impressão de que o foco está dirigido para alguma coisa exterior? Ela implica com o cabelo dele. Ele não gosta da maneira como ela se pinta. Ele gostaria que ela tivesse mais senso de humor. Ela quer que ele tenha um emprego melhor. Mas, em geral, para as pessoas com problemas de relacionamento, a incapacidade de aceitar o outro em sua totalidade tem origem numa luta interior, que começa com uma insatisfação consigo mesmo.

Muitas vezes, os problemas com aceitação não passam de uma projeção do desrespeito que você sente por aquilo que imagina como sendo suas próprias falhas. Você diz que o outro não é bem-sucedido ou esperto o suficiente porque, em algum lugar dentro de você, existe uma insegurança quanto à maneira como os outros o vêem. Você critica a carreira rápida dele porque, no fundo, você se sente insatisfeito por não se esforçar mais ou preocupado com a possibilidade de não conseguir estar à altura de um mundo extremamente competitivo. Você critica a falta de sofisticação nos quadros que o seu companheiro pinta porque, em algum lugar dentro de você, existe o temor de que os seus amigos possam julgá-lo duramente, com base no talento do seu parceiro. Você censura o relacionamento próximo que o seu companheiro tem com os parentes dele porque se sente infeliz com a falta de convivência com sua própria família.

Na verdade, o que sua crítica significa é que você quer alguém do seu lado que tenha o poder de fazê-lo sentir-se melhor com você mesmo. Isso quer dizer que você reuniu todos os seus problemas e preocupações em relação àquilo que as pessoas pensam de você e atirou tudo no colo do seu parceiro.

Acredite em mim: muito da sua incapacidade para aceitar as imperfeições humanas do seu companheiro tem origem na falta de aceitação de você mesmo. Como eu sei disso? Porque, se você estivesse interiormente mais feliz com você mesmo, não seria tão duro com mais ninguém. As pessoas que estão mais em paz consigo mesmas, com o que fazem e com o que têm são mais propensas a aceitar os outros. Elas são genuinamente mais tranqüilas e têm o coração mais aberto. As imperfeições alheias não as incomodam. Nem os cacoetes, nem o vocabulário limitado, nem a escolha da carreira. É apenas uma imperfeição, um cacoete, são somente palavras, é só uma carreira. Nada disso é importante. Elas não acham que tudo o que se refere a seus companheiros se reflete nelas.

Se você quer alcançar o caminho da aceitação, deve começar com uma rigorosa investigação interior para descobrir onde a insatisfação se move furtivamente dentro de você. Quais são as áreas das quais você tem vergonha? Onde você é vulnerável? Onde se sente posto à parte? Onde se sente inferior? Quais

As pessoas que aceitam a si mesmas tendem a aceitar mais os outros

são suas maiores fontes de insatisfação? Por que você precisa de alguém que seja de uma certa forma, em seu lugar? Por que não é suficiente que essa pessoa seja apenas quem ela é?

Compreenda, eu repito, que muitas das lutas interiores podem não ser totalmente conscientes. Os conflitos inconscientes tendem a nos tornar mais críticos, censores e insatisfeitos do que aqueles que já estão na superfície. Mas observe as áreas que você costuma desaprovar e procure descobrir qual é a origem desse comportamento. Tente também imaginar que essa sua voz crítica é a mesma que os outros usaram contra você.

O que fez você sentir que a sua aparência não era suficientemente boa, que você não era inteligente o bastante, que suas escolhas não valiam a pena, que seu... não era bom o suficiente? O que o levou a sentir que *você* não era bom o bastante? E como você contorna isso agora? Quanto mais você sentir que é suficientemente bom, mais será capaz de abrir seu coração, de encontrar parceiros mais apropriados à sua maneira de ser e de aceitá-los. Se você souber que é maravilhoso, conseguirá aceitar e valorizar suas escolhas.

O outro extremo: aceitar em demasia

Enquanto algumas pessoas não aceitam nada, outras quase se orgulham de sua capacidade de aceitar o inaceitável. Tomemos Michele como exemplo. Quando ela conheceu Bob, há um ano, o rapaz lhe disse que seria capaz de andar sobre as águas por ela. Depois de alguns meses, no entanto, ela descobriu que a responsabilidade das tarefas do relacionamento ficara toda para ela. Era sempre ela que tinha de correr para comprar as passagens; era sempre ela que tinha de sair correndo para comprar comida para Bob comer; ela estava sempre adequando suas necessidades à programação dele, aos estados de espírito e às vontades dele. Até mesmo água ela estava carregando para ele – galões e galões de água engarrafada, que Bob bebia enquanto estava na casa dela, porque não suportava o gosto da água do filtro.

E então Michele descobriu que Bob estava se encontrando e fazendo amor com outra mulher – toda quinta-feira à noite, na verdade. Bob disse a Michele que a amava; entretanto, sentia que precisava de mais tempo para desmanchar o antigo relacionamento, que já existia antes que ele a conhecesse. Michele aceitou essa explicação. Ela até acreditou em Bob quando ele lhe disse que não estava mais fazendo amor com a namorada das quintas-feiras à noite.

Durante meses, Bob disse a Michele que faria uma viagem de negócios de uma semana para a Califórnia e convidou-a para ir com ele, dizendo que eles teriam bastante tempo para relaxar e passear. Michele pediu férias para o chefe, comprou roupas e arrumou uma pessoa para tomar conta do cachorro. Dois dias antes da data em que deveriam partir, Bob disse a Michele que tinha havido uma mudança nos planos: sua companhia mudara de política, alegando que, como aquela era uma viagem de negócios, Bob não poderia unir trabalho e prazer. Michele ficou muito decepcionada, mas aceitou a situação.

Para mostrar a Bob o quanto ela tinha espírito esportivo, Michele decidiu fazer-lhe uma surpresa na hora da partida. Quando chegou ao aeroporto, ela viu Bob se preparando para entrar no avião com outra mulher. Michele correu para o banheiro, para que ele não a visse, mas, quando Bob voltou da Califórnia, ela o enfrentou. Ele lhe disse que sentia muito por ter sido obrigado a mentir, mas não sabia como lhe dizer a verdade: a outra mulher era muito frágil para suportar um rompimento abrupto. Ele achou que uma viagem de despedida a ajudaria a superar o relacionamento. No momento, Michele está se esforçando para aceitar a versão de Bob dos acontecimentos.

Michele não é a única a se enganar quanto ao significado de amor. Muitas pessoas aceitam toda espécie de comportamento desagradável em nome do amor. Carregam a tola crença de que, se tentarem se preservar demais, sua capacidade de amar e aceitar ficará, de certo modo, comprometida. Elas acreditam realmente que a aceitação incondicional as levará a conquistar o grande prêmio. Lembre-se da música: *O que eu fiz por amor?* Michele, assim como muitas outras pessoas, precisa aprender que num relacionamento pessoal não há lugar para invocar Madre Teresa. E, é claro, todos nós sabemos que, na verdade, Michele não está aceitando Bob como o canalha, manipulador e desonesto que ele é. O que ela está fazendo é acomodar as patologias dele na esperança de que o relacionamento e o amor dela produzam um milagre e *ele mude*. É evidente que isso dificilmente irá acontecer, e, ainda mais importante, a aceitação exagerada de Michele e sua acomodação não lhe dão a oportunidade de encontrar um parceiro melhor.

O que Michele e outros como ela precisam entender é que muitas vezes acabamos entrando em relações abusivas porque não nos aceitamos por inteiro. Como achamos que alguma coisa está profundamente errada conosco, nos preparamos para aceitar todo tipo de comportamento negativo. "Quem, realmente, poderia me aceitar?", pensamos. "Estou tão longe da perfeição; tenho tantos problemas; minha família é tão fora dos padrões; sou um fracassado; meu corpo/cabeça/educação/carreira/capacidade de aprender estão tão aquém do ideal."

Algumas pessoas têm uma consciência tão grande de suas falhas que literalmente formulam "acordos" em sua mente. "Se ele aceitar minhas coxas grossas e meu armário bagunçado, aceitarei o fato de ele se recusar a assumir um compromisso comigo." "Se ela aceitar meus hábitos de *workaholic*, eu aceitarei a rabugice dela." "Eu vou aceitar o fato de ele beber demais se ele aceitar que eu evito ter relações sexuais." O problema, evidentemente, é que muitas vezes fazemos acordos sem a concordância do outro interessado. Michele, por exemplo, aceitou a infidelidade de Bob, mas ele, então, *forçou a barra*. Enquanto Michele se esforça para manter o relacionamento – com a esperança de que Bob um dia mude –, o comportamento dele se acentua e ele se torna cada vez mais ofensivo.

Uma lição que todos nós devemos aprender: **aceitar não significa tolerar o comportamento desagradável do companheiro na esperança de que ele mude.**

A seguir, apresento uma lista parcial de algumas coisas que não devemos aceitar no parceiro: que cometam agressões físicas, emocionais, financeiras ou verbais; que não tratem bem dos nossos filhos, animais de estimação, amigos ou membros da nossa família; que sejam infiéis ou não sejam dignos de confiança; que não consigam agir com boas intenções; que não queiram o melhor para nós; que desmereçam nossas realizações.

Para criar uma ligação – o que aceitar

Se você quiser manter uma ligação amorosa com outra pessoa, será bom deixar bem claro o significado da palavra "aceitação". Aqui vão algumas sugestões para você incorporar uma atitude de mais aceitação em sua vida.

Aceite o amor

Aceitar o amor pode ser uma coisa muito difícil para aqueles que, como nós, têm dificuldades para assumir compromissos. Isso porque, muitas vezes, ficamos confusos sobre o que é amor e o que não é. Confundimos amor com anseio, amor com paixão e amor com sofrimento. As pessoas que têm conflitos com comprometimento sabem o que é ir atrás de novos parceiros; elas sabem o que é ansiar por um bom relacionamento; sabem o que é tentar agradar a pessoa por quem se interessam. Mas muitas vezes não sabem como aceitar o amor. O amor não as deixa à vontade.

As pessoas que têm esse tipo de problema às vezes passam a vida perseguindo um amor a longo prazo com parceiros relutantes ou que não estão livres. Enquanto fazem isso, elas se consomem com sentimentos de ansiedade e sofrimento. Esse estilo de vida requer uma grande energia física e tolerância à dor. Mas, para muitos, é mais fácil se contentar com essas relações insatisfatórias do que aceitar o amor. Afastamos o amor e o expulsamos; fugimos dele e o caluniamos. Raramente percebemos o que estamos fazendo ou por que o fazemos. Mesmo que sejamos muito carinhosos, a questão é que, se tivermos problemas quanto a assumir compromissos, encontraremos dificuldade em ficar com alguém que seja tão carinhoso quanto nós. É difícil deixar que alguém nos ame, nos ame de verdade. O que estou querendo dizer com isso?

Alguns não confiam no amor. Alguns não o reconhecem. A maioria das pessoas não acredita que o amor dure. Isso faz com que elas se sintam culpadas, vulneráveis ou "fracas". Ou dependentes, inseguras e impotentes. Ninguém gosta de sentir essas coisas. Assim, mesmo que não consigam aceitar uma grande paixão com toda a sua intensidade, elas têm dificuldade de aceitar o amor básico, humano, real e bem-intencionado – o tipo de amor que começa e floresce longe do dramalhão e da turbulência hormonal. Mas essa é a verdadeira condição, e talvez a única, que permite a um relacionamento crescer e durar.

Aceite quem você é realmente e a maneira como leva a sua vida

Adam é professor e tem uma aparência normal, talvez tendendo um pouco para rato de biblioteca, mas só se sente atraído por atrizes e por mulheres que lembram modelos – o tipo de mulher que atrai os olhares de todos os homens presentes. Enquanto isso, metade das mulheres em seu trabalho o acham incrivelmente atraente, mas ele nunca as percebe.

Babette é uma mulher de 39 anos, divorciada, mãe de duas filhas que ela adora e cobre de presentes; aparentemente, os únicos homens que atraem sua atenção são garotões desempregados que estão na faixa dos 20 anos. Aos homens com aparência normal e bons empregos, ela oferece um ombro frio e um olhar distante.

Jacob se encontra verdadeiramente envolvido com sua religião e está procurando encontrar seu caminho espiritual. Também está interessado em encontrar uma companheira. Então, por que procura por *ela* nos bares, em vez de pesquisar em lugares cujas atividades possam atrair mulheres que compartilhem de seus interesses?

Joanne quer, mais do que qualquer coisa, um marido que tenha "valores familiares". Com isso em mente, ela fica pulando de galho em galho, enquanto tenta convencer os parceiros, em geral homens que têm uma vida social intensa, são mulherengos e bebem muito, de que deveriam mudar.

Lutamos com a incapacidade de nos aceitar da maneira como somos e de aceitar os parceiros que são os mais indicados para nós. Em vez de nos guiar por nossas forças, deixamo-nos controlar por nossas limitações. Não somos honestos nem verdadeiros com nós mesmos. Fazemos uma série de más escolhas. Fazemos muitas coisas insensatas.

Sim, às vezes os opostos se atraem, e pode até ser interessante e emocionante percorrer um mundo que não é o nosso. Mas esses sonhos que escapam à nossa realidade raramente fornecem uma boa moldura para um relacionamento. Na verdade, eles são, quase sempre, um meio de evitar relacionamentos. Mais cedo ou mais tarde você tem de voltar para casa, para quem você é e para a sua vida. Você pode flertar com outros mundos, por algum tempo, e tentar ser um "jogador", mas você não vai ganhar nesse time – mesmo que se esforce para se manter ileso – se ele não tiver nada a ver com o que você é na realidade.

Admita que o seu parceiro, o seu relacionamento e mesmo você nunca serão perfeitos

As pessoas sempre me perguntam se devem *se acomodar* num relacionamento que não atinja a perfeição. A palavra *acomodar* já me aborrece. Assim como a noção de "não ser perfeito". Se você estiver num relacionamento basicamente bom e amoroso, não estará se acomodando. Essa é uma bênção que exige tempo, esforço e dedicação.

O único companheiro perfeito é aquele que foi embora, que não gosta de você ou que é casado com outra pessoa. Os parceiros só são perfeitos em nossas fantasias. Se alguém ficar sentado numa sala com você por tempo suficiente para tentar estabelecer uma ligação verdadeira, automaticamente mostrará o seu lado que não é perfeito. Assim como você também revelará o seu. Você pode passar a vida inteira procurando pessoas que não estão disponíveis e se convencendo de que, se elas o amassem, tudo seria como o que acontece na sua fantasia.

Lembre-se disso: *ninguém jamais satisfará todas as suas necessidades*. Isso simplesmente não é possível. Uma mulher que eu conheço me contou sobre um encontro às cegas que ela teve com um homem chamado Gary. Ele já estava com quase 50 anos e nunca havia se casado. Quando a minha amiga lhe perguntou por quê, ele respondeu: "Não me casei com minha última namorada, Martha, porque ela não cozinhava como minha namorada anterior, Jacki. E não me casei com Jacki porque ela não esquiava como Paula. E não me casei com Paula porque ela não gostava de ir a festas, além de não ficar muito bem de biquíni..." A lista de Gary se estendeu por cerca de meia hora.

Todas essas mulheres poderiam ter sido a companheira certa para Gary, ou nenhuma delas. Jamais vamos saber, nem ele. O que se percebe com facilidade é que Gary nunca deu uma boa oportunidade a nenhum desses relacionamentos, e essas mulheres não tiveram a menor chance. E, a menos que a atitude de Gary mude, ele não tem nenhuma chance.

Admita que o seu parceiro é uma pessoa à parte

Você não quer que o seu parceiro seja igual a você – que goste das mesmas comidas, aprecie os mesmos filmes, pertença ao mesmo partido político, freqüente a mesma igreja, tenha os mesmos hábitos pessoais, valores e prioridades – o tempo todo? Isso não seria maravilhoso? Ou seria aborrecido e chato?

O que geralmente esperamos num relacionamento é uma fusão completa. Duas cabeças e dois corações que funcionem como se fossem um só. Porém, uma das lições do amor a longo prazo é aceitar os diversos aspectos em que você e o seu parceiro são diferentes. Você deixa contas, extratos bancários e formulários de impostos empilhados até a última hora; ele vai resolvendo tudo à medida que recebe a notificação. Pelo que você consegue se lembrar, há muito tempo você sonha que, uma vez apaixonados, você e seu companheiro pediriam comida chinesa todos os sábados à noite e assistiriam a filmes antigos; só que a outra pessoa odeia comida chinesa e não tem a menor vontade de assistir a um filme mais do que uma vez. Você é tão rígido em seu ritual com o tubo de pasta de dente que chegou até a comprar um pequeno artefato que coloca em cada tubo novo para que possa enrolálo até o final; você gosta tanto do seu aparelhinho que deu um igualzinho ao seu companheiro, o qual reagiu dando boas gargalhadas durante quinze minutos.

Aceitar uma outra pessoa na sua vida e incorporá-la de uma forma vital e significativa não tem nada a ver com uma fusão simbiótica que é, ao mesmo tempo, insalubre e nada prática. As duas mentes que funcionam como uma, os dois corações que batem como se fossem um só, tudo isso é uma fantasia impraticável. Duas pessoas não podem se fundir, nem devem. Na melhor das hipóteses, não importa quão fortes tenham sido a atração inicial e o laço que se formou, deixar que uma pessoa faça parte da sua vida é uma coisa que acontece em pequenas doses.

Não importa quanto tempo você passa com uma outra pessoa, não importa quantos interesses vocês compartilhem, não importa o grau de paixão do seu relacionamento sexual, você não está se transformando no seu parceiro nem se apoderando da vida dele, e ele não deve estar se apropriando da sua. À medida que o relacionamento amoroso evolui, o ideal é que cada um dos dois fique mais perceptível, e assim vocês apreciarão os aspectos em que diferem um do outro.

Dois corações que batem como se fossem um só é uma fantasia impraticável

O padrasto da minha mulher, que nasceu no Meio-Oeste dos Estados Unidos, é um fanático observador de pássaros; ele até escreve num jornal especializado no assunto. A primeira vez em que encontrei Jill, ela só falou a respeito de pássaros. Evidentemente, ela compartilhara da paixão do padrasto desde que era criança, e isso tinha muito significado para ela. Eu, por outro lado, nasci em Nova York, e os únicos pássaros que conheci na minha infância foram os pombos nojentos que sujavam os beirais das janelas. Por isso, quando Jill começou a mostrar os passarinhos nas árvores, eu caçoei dela no meu melhor estilo de nova-iorquino-cansado-que-não-tem-tempo-para-a-natureza. Isso magoou Jill, o que me fez parar e pensar na minha visão estreita. Hoje temos, no quintal, um magnífico alimentador de pássaros que comprei para Jill como presente de aniversário. E, agora, preciso confessar que uma das primeiras coisas que faço, todas as manhãs, é olhar lá fora para ver se temos algum hóspede de asas. Isso me dá um imenso prazer, talvez até mais do que dá a Jill, porque ainda é uma novidade para mim. A questão, evidentemente, é que deixei de lado os meus reflexos condicionados e descobri alguma coisa nova e diferente que ampliou meus horizontes; esse processo todo, no seu jeitinho, nos aproximou mais.

À medida que você aprende a gostar cada vez mais de uma pessoa, descobre que, se quiser que o seu relacionamento tenha sucesso a longo prazo, pode escolher entre ficar zangado toda vez que o seu parceiro agir de maneira diferente de você ou perceber que essa diferença é uma fonte incrível de riqueza, algo que se acrescenta à sua vida de uma forma que você não consegue nem imaginar até que aconteça realmente. Esse é o processo do relacionamento; esse é o mecanismo da ligação.

Aceite a responsabilidade

Não costumamos pensar nisso com freqüência, mas uma das razões pelas quais é preciso tanta coragem para amar é a seguinte: as responsabilidades andam de mãos dadas com o amor e o compromisso. Se você quer um amor adulto e maduro, precisa agir como adulto. Para muitas pessoas, entretanto, essa é *a* maior batalha. Se elas não tiverem lidado com suas perdas e fantasmas da infância, podem ter dificuldade para alcançar a maturidade – não importa que idade tenham.

Todos nós temos, pelo menos, uma certa resistência a crescer completamente, e precisamos trabalhá-la antes de sermos sinceramente capazes de assumir nossas obrigações num relacionamento comprometido. Muitas vezes, o motivo dessa resistência é justificado. Por exemplo: se você ainda está tentando recuperar a infância perdida; se você se tornou um "pequeno adulto" antes do tempo; se a sua inocência lhe foi roubada por maus-tratos ou por negligência; se você ainda tem uma criança dentro de você que não se acalma facilmente, talvez não esteja pronto para ser adulto. Você pode não estar pronto para (paraíso proibido) trazer filhos ao mundo e dar a eles o tempo, a atenção, a energia, o amor e, é claro, o dinheiro de que eles precisam – sobretudo se não tiver uma situação financeira favorável.

As pessoas que se sentem lesadas na juventude têm uma dificuldade real de confiar, de dividir o dinheiro com alguém e, de forma figurada, de se despedir do pátio do colégio. Se isso lhe soa familiar, talvez você esteja precisando aproveitar a infância que perdeu antes de assumir as responsabilidades de adulto. Isso não quer dizer que você deva ir ao parque equipado de *skate*, bola de futebol ou patins durante os próximos quinze anos para recuperar o tempo perdido. E o que você perdeu na infância não irá necessariamente compensar uma vida inteira de relacionamentos fracassados. Procure um terapeuta ou um grupo de apoio e tente compreender como os seus sentimentos se transformaram em conflitos em relação a assumir um relacionamento com compromisso. Se você quer se comprometer, chegou a hora de lidar com esses problemas e fazer algumas escolhas difíceis.

Aceite o seu parceiro como ele é

Quando Maeve se casou com Thomas, ela levou consigo uma programação secreta. Embora estivesse completamente apaixonada pelo marido, ela imaginou que seria capaz de convencê-lo a mudar seu modo de se vestir. Convencida disso, ela arquitetou um plano que imaginava ser sutil: ela compraria camisas, gravatas, calças, paletós, tudo na forma de presentes – de Natal, de aniversário, de Dia dos Namorados. Dentro de poucos anos, Thomas estaria com seu guarda-roupa todo renovado e com a aparência que ela sonhara. Só que, em vez disso, o que aconteceu foi que, depois de seis meses, ele desabafou: "Não sou o Ken, marido da Barbie, para você ficar brincando de me vestir!"

O que Maeve não foi capaz de perceber é que Thomas encara o seu modo de vestir como um reflexo dos seus valores. Ele quer usar ternos baratos. Ele gosta das suas camisetas e das suas calças *jeans* gastas. Elas o deixam feliz. Como ele costuma dizer a ela, ele sabe comprar roupas; sabe comprar roupas diferentes quando tem vontade. Ele sabe a diferença entre um Armani e o terno que usa. Ele não quer usar um terno Armani, porque o seu estilo não é esse.

Antes que você pense em elevar Thomas à categoria de santo, saiba que ele também levou para o casamento uma programação secreta. Ele pensou que, sob sua influência, Maeve poderia se interessar pelos acontecimentos que se desenrolam no mundo. Com isso em mente, ele começou a ler o *New York Times* em voz alta para ela à noite. Todos os dias, ele chega em casa para o jantar com uma penca de recortes do *Wall Street Journal*, que deixa para ela ler. Algumas vezes, durante o jantar, ele sintoniza a televisão em algum noticiário da CNN.

O que Thomas não leva em conta é que Maeve tem um emprego extremamente difícil e um chefe muito exigente. À noite, ela não quer se sentir como se estivesse assistindo a uma aula. Ao contrário de Thomas, ela não é capaz de encarar com objetividade os acontecimentos do mundo. Ela acha que os noticiários noturnos provocam desgaste emocional e ansiedade. Prefere ouvir música, relaxar e espairecer. Maeve odeia o Curso Intensivo de Política que Thomas ministra a ela. Ela sente como se o marido estivesse lecionando para ela ou avaliando até que ponto ela prestou atenção ao que aconteceu no mundo naquele dia. Ela considera isso terrivelmente aborrecido.

Parece difícil acreditar que Thomas e Maeve estejam prejudicando tanto o seu relacionamento ao tentar moldar e mudar um ao outro, mas eles estão. À medida que eles vão se alfinetando, tudo o que criam é ressentimento e raiva. É fácil perceber que a maior preocupação de Maeve é com o que os amigos dela vão pensar de Thomas, pelas roupas que ele usa.Thomas, por seu lado, gostaria de ser visto como um homem cuja mulher é atualizada e entendida em política.

Pode ser um desafio conseguir relaxar e deixar que o seu parceiro continue sendo a pessoa por quem você se apaixonou. Por definição, o tempo se encarregará de mudar os dois de uma maneira que vocês nem sequer imaginavam. Depois de cinco anos, Maeve talvez venha a ser uma mãe que trabalha em casa e que ficou positivamente viciada em noticiários; Thomas pode acabar arranjando um emprego que exija dele ternos mais bem-talhados e camisas tão finas que nem mesmo sua esposa consegue imaginar atualmente. Isso não quer dizer, é claro, que Thomas e Maeve não possam mudar a si mesmos a fim de agradar um ao outro.

Admita que você não pode controlar o comportamento do seu parceiro. Admita também que você não pode controlar os amigos, a família e a religião do seu companheiro – nem aquilo que ele tem

Conheço muitas mulheres que reclamam amargamente da suposta "tendência masculina" de controlar tudo. Não fiquei surpreso ao encontrar também muitos homens que lamentavam em viva voz aquilo que eles chamavam de "tendência feminina" de controlar tudo e todos. O controle – quem o detém, quem o quer – cria grandes problemas nos relacionamentos. E o controle, sem dúvida, é diametralmente oposto à aceitação.

Digamos, por exemplo, que o seu companheiro vá com você a uma festa e fique batendo papo com alguém que seja importante para você, que tenha um papel em sua vida – um grande amigo, um ex-marido, um irmão. Eles se dão tão bem que combinam sair para almoçar. É evidente que não se trata de uma ligação sexual, portanto você não tem por que estar enciumada; mas, por motivos que não consegue detectar, você não se sente à vontade com a situação. Sobre o que eles irão conversar? O que vão dizer? Por que você foi excluída desse encontro? À medida que evoluímos num relacionamento, aprendemos que não podemos dirigir nem controlar os relacionamentos do companheiro – tanto os novos quanto os velhos. Se a sua companheira e a sua irmã decidem se tornar grandes amigas, você tem de se libertar dos sentimentos de propriedade em relação a qualquer uma das duas e aceitar que novos e diferentes graus de amizade e relacionamento se tornem parte da sua vida.

Dessa forma, é terrivelmente desleal dizer: "Eu amo meu namorado, mas não quero nada com a mãe dele ou com seu irmão, seu filho, seu melhor amigo, seu cachorro ou seu gato." Seu companheiro tem relacionamentos que já existiam muito antes de haver uma ligação entre vocês. Admire-o por manter esses contatos e desista da idéia de destruí-los. Essas ligações mudarão naturalmente à medida que o relacionamento entre vocês se aprofundar e se tornar mais sólido. Muitas das amizades do seu companheiro podem até se desfazer – o que também pode acontecer com as suas. Mas o seu envolvimento com o seu parceiro se enfraquecerá se você tentar controlar ou desmanchar velhos laços de amizade ou de família.

Admita que é preciso fazer acordos

Hábitos de sono. Essa é uma das áreas mais difíceis para Jill e eu entrarmos em acordo. Quando nos conhecemos, ambos íamos para a cama depois da meia-noite, e Jill ajustava o despertador para as 7h15. Ela tinha um emprego formal e um horário fixo de entrada, todos os dias; além disso, ela precisava de menos horas de sono do que eu. E eu costumava dizer às pessoas que me tornara escritor para nunca mais ser obrigado a usar um despertador. Se não dormir sete ou oito horas seguidas, eu me sinto como um zumbi e tenho muita dificuldade para me concentrar no trabalho. E os sons agudos produzidos pelo despertador são suficientes para arruinar o meu dia.

Precisávamos encontrar um meio de acomodar as necessidades dos dois. Embora eu tivesse uma cama maravilhosa, novinha em folha, tivemos de comprar outra, mais dura, a fim de que eu sentisse menos os movimentos de Jill, e também um despertador menos barulhento, que acabei por tolerar. Jill aprendeu a andar nas pontas dos pés e a se vestir no outro quarto. Essa situação não era nada divertida, mas fazíamos assim porque a sobrevivência de um relacionamento a longo prazo dependia disso. Isso pode parecer uma coisa sem importância, mas é o tipo de situação que, muitas vezes, leva duas pessoas basicamente afins a se separarem.

É importante lembrar que fazer um acordo não significa que um parceiro imponha e o outro tenha sempre de se submeter. Thomas e Maeve, por exemplo, poderiam combinar o seguinte: Thomas concordaria em comprar alguma roupa especial para usar quando acompanha Maeve nos eventos ligados ao trabalho dela; e Maeve concordaria em conversar com Thomas depois do jantar, pelo menos uma noite por semana, sobre as notícias do que acontece no mundo.

Cada casal deve fazer sua própria lista das áreas em que devem entrar em acordo. Se você e seu companheiro se dispuserem a viver um relacionamento em que haja compromisso, estarão compartilhando um destino conjunto. Você não é o capitão desse navio chamado relacionamento. Há outra pessoa que tem o mesmo painel de controle que você e o mesmo poder de decisão e autoridade. Mas essa pessoa vê as coisas de maneira diferente e tem outras prioridades. E, mais cedo ou mais tarde, essas diferenças virão à tona; se você quer viver feliz para sempre (ou mesmo por uma semana), terá de se comprometer.

Admita que o seu companheiro tem uma vida separada da sua

Conheço duas pessoas que estão casadas há quarenta anos. Os dois sentem que têm um relacionamento fracassado. Mas, até hoje, eles raramente se separam por mais de uma hora. *Ela* insiste para que ele a leve de carro para todo lugar aonde vá; ele faz questão de que ela o ajude na compra de meias. *Ela* fica magoada quando ele quer ir jogar tênis sem ela; ele se aborrece quando ela conversa com amigos pelo telefone. Sem mencionar o fato de que ambos são imaturamente ciumentos quando um dos dois fala com alguém do sexo oposto. Tudo o que fazem, fazem juntos – discutindo o tempo inteiro. Mesmo assim, reconheço que alguns casais são capazes de passar o tempo todo juntos num ambiente de relacionamento amoroso, mas a maioria não consegue.

Eu descobri que não me sinto à vontade quando vejo um casal que parece estar ligado pelo umbigo. Acho que é importante para as pessoas perceberem que são indivíduos. É importante aceitarmos que nossos parceiros têm amigos e interesses separados dos nossos. Viver como casal não significa ter de viver uma vida limitada ou parcial – para nenhum dos dois parceiros. Num relacionamento em que haja confiança, a individualidade é uma boa coisa. Na verdade, é uma condição vital.

Aceite o seu companheiro na sua vida

Ter limites apropriados é uma das características de um bom relacionamento; as barreiras inadequadas são um dos sintomas do relacionamento compromissófobo. No começo de uma relação, as pessoas com sérios problemas de comprometimento dão a impressão de quase não ter barreiras. Elas aceitam pessoas novas em sua vida, prontamente, de bom grado e de forma completa. Suas conversas são temperadas com planos sobre coisas "que faremos". E então, à medida que o relacionamento progride, elas recuam, fazendo com que o companheiro tenha cada vez menos acesso à sua vida. O relacionamento se torna um exercício de como dar menos, que é exatamente o oposto do que se espera de uma relação amorosa.

Todos nós temos conflitos em relação a dividir nosso espaço e nossas emoções. Para ter coragem de amar você precisa encontrar coragem para deixar outra pessoa ter acesso a tudo o que é seu: espaço, amigos, família, coisas e pensamentos. Esse é um processo que leva tempo e, às vezes, só pode ser trabalhado um pouquinho de cada vez. Mas, se você quiser amor, tem de saber quando e como baixar as defesas e deixar os outros entrarem.

Não é difícil imaginar como se deve fazer isso. As palavras-chave são "devagar" e "gradualmente". Se você mal conhece uma pessoa, não vai querer lhe prometer que passarão juntos o resto da vida ou mesmo o Ano-Novo. Mas, se o relacionamento se mantiver firme durante seis meses ou mais, é meio fora de propósito um dos dois querer passar a véspera do Ano-Novo longe do outro.

Admita que os relacionamentos implicam fazer algumas trocas

Não é muito honesto querer todas as alegrias de um relacionamento sem aceitar o ônus de sua manutenção. Se o seu companheiro preparar um magnífico jantar, não há nada mais normal do que você ajudar na limpeza. Se quiser uma despensa cheia e roupa limpa, você tem de se dispor a ir ao supermercado e à lavanderia. O relacionamento pressupõe o trabalho conjunto. Você lava, eu enxugo. Você passa o aspirador, eu esfrego. Nunca: você faz tudo, eu assisto à televisão.

Agora, vamos dar mais um passo adiante. Se você estiver mantendo um relacionamento que envolva sexo, não deve haver lugar para a infidelidade. Fico louco quando ouço alguém dizer: "O que os olhos não vêem o coração não sente." A infidelidade não precisa ser ostensiva para magoar. Basta ela existir para que a base de uma relação fique ameaçada. Essa atitude é uma das que mais favorecem a destruição de um relacionamento e reflete uma visão distorcida do que é o amor.

Também é importante lembrar que é extremamente destrutivo e desonesto ter comportamentos que possam causar um sério impacto na vida, na saúde e no bem-estar do seu parceiro – e ocultar informações sobre esse comportamento. Isso se torna ainda mais importante se levarmos em conta a existência de doenças sexualmente transmissíveis.

Aceite o relacionamento em seus próprios termos

Como a maioria das pessoas, quando atingi a idade suficiente para fazer as primeiras tentativas sérias de me relacionar, eu estava com a mente lotada de informações sobre "as diversas formas de comportamento que esperavam que eu tivesse". Muitas vezes me ressenti profundamente com esses "deve ser", embora eu também esperasse que as coisas fossem de uma determinada forma. Eu tinha, por exemplo, idéias muito específicas sobre o que um casal deveria fazer nos fins de semana. Qualquer coisa semelhante a Paul Reiser e Helen Hunt, no seriado *Mad about You*, lendo o *Sunday Times* na cama ou viajando para o campo no domingo. O que realmente me confundia era a definição cultural de união.

Em alguns dos meus relacionamentos passados, fiz com minhas parceiras toda essa programação de fim de semana. Festivais de música com os amigos, festas em família, pacotes turísticos nos feriados. Eu achava que viver como um casal era isso, e nem sequer sonhava com nada diferente. Eu acreditava que um casal tinha de fazer a maioria das coisas em conjunto. Passar o fim de semana um ao lado do outro; ir ao cinema juntos; freqüentar as festas juntos. Nem sonhava em fazer nada no fim de semana que implicasse uma atividade individual. E, surpresa das surpresas, ficava infeliz na maior parte do tempo, porque *eu não queria estar ali*. Preferia ter ficado em casa ou ter feito alguma outra coisa, mas não sabia como fazer isso. Não sabia como ser um indivíduo e, ao mesmo tempo, um bom parceiro. Eu achava que, assim que assumia um relacionamento com uma mulher, todas as atividades deveriam tornar-se atividades do casal. Todas as decisões, tudo, enfim. Eu acreditava que, a partir do momento em que os parceiros se tornassem um casal "sério", não deviam mais fazer coisas separadamente. E isso me deixava infeliz. Isso não quer dizer que eu quisesse "sair com os amigos" para me distrair nos bares ou viajar desacompanhado dezenas de vezes para lugares distantes. Mas eu sentia que, se estivesse me relacionando com alguém, tinha de abrir mão da minha individualidade e da minha necessidade de isolamento.

Então conheci Jill, e o quadro de repente mudou. Jill tinha de trabalhar todos os sábados e na maioria dos domingos na galeria em que estava empregada, e de repente eu me vi com uma parceira que não estava disponível nos fins de semana. E fiquei zangado. Queria agir como os casais que iam passear de carro no campo, visitar os amigos, freqüentar feiras de antiguidade e exposições de artesanato. Queria tudo isso – o que era surpreendente, já que *odeio* a maioria dessas atividades.

O horário de trabalho de Jill me forçou a fazer uma análise dos caminhos que eu percorrera para chegar à minha concepção de como *deveria* ser um casal e que atividades um casal *deveria* ter. Em vez de ficar aflito e cultivar o ressentimento e a frustração, que eu julgava serem causados pelo horário de trabalho de Jill, decidi seguir pelo caminho mais fácil. Para minha surpresa, logo percebi que minhas idealizações sobre fins de semana começavam a se desfazer. Hoje, apesar de Jill não trabalhar mais aos sábados ou domingos, existe uma flexibilidade em nosso relacionamento que deixa espaço para que passemos o fim de semana numa programação conjunta ou não. Há espaço também para a ausência total de programação. Se houver alteração nos horários, trabalharemos juntos para acomodar as mudanças. Acredito, agora, que isso seja possível.

Admita que o relacionamento sexual *sofrerá* mudanças

Tim, que acaba de fazer 32 anos, ficou noivo há seis meses. Agora, às vésperas do casamento, está em pânico. Ele se convenceu de que há algo muito errado com o seu relacionamento. Quando ele e Stephanie se conheceram e se apaixonaram, passavam os fins de semana inteiros na cama. Quando foram morar juntos, embora o sexo ainda fosse maravilhoso, havia cada vez menos maratonas de fim de semana. Agora, quatro anos depois, eles estão prestes a se casar, e Tim diz que está pensando mais sobre como vai ser bom relaxar na praia do que em como Stephanie fica bem de biquíni. O sexo mudou! Isso significa que o relacionamento ficou chato?

A verdade é que o sexo se modifica, isso é inevitável; e, na maioria das vezes, fica menos intenso. Isso não é necessariamente um "mau" sinal. De fato, com freqüência é um bom sinal, que demonstra que as duas pessoas não estão mais tão "ansiosas" uma com a outra. Quando o relacionamento não se apresenta emocionante, o sexo perde a intensidade. Essa talvez seja uma das razões pelas quais as pessoas brigam apenas para despertar o apetite sexual. A familiaridade não leva ao sexo intenso, mas ao sexo mais amoroso. E não deve levar ao desrespeito nem justificar a infidelidade.

Admita que o "poder de cura" do amor tem suas limitações

Muitas pessoas que procuram uma relação com compromisso estão firmemente convencidas de que seus problemas mais prementes se resolverão assim que encontrarem a magia de um envolvimento amoroso. Elas acreditam que o "relacionamento certo" não só vai torná-las milagrosamente felizes o tempo todo, mas também incondicionalmente aceitas. Imaginam que, uma vez entrosadas num bom relacionamento, nunca mais se sentirão solitárias, deprimidas, incompreendidas ou desocupadas. E usam essas fantasias para julgar a "correção" ou "incorreção" de fulano ou beltrana com quem estejam seriamente envolvidas.

O problema é que os sentimentos desagradáveis que carregamos dentro de nós não desaparecem automaticamente porque estamos vivendo um relacionamento amoroso. Assim que a bolha cor-de-rosa do novo amor começa a murchar, percebemos, inevitavelmente, que não somos felizes o tempo todo; não ficamos contentes o tempo todo; nem animados. Há momentos em que ainda nos sentimos solitários, aborrecidos, deprimidos, incompreendidos e até mesmo, às vezes, não amados. Isso tem muito a ver com os problemas emocionais que você levou para o relacionamento e que permanecem com você porque se originam de intensas lutas interiores. Um parceiro amoroso talvez produza uma diferença em sua vida, mas não será a solução para todas as suas dificuldades. Considerar isso como uma falha do companheiro no relacionamento é um julgamento severo e errado. De fato, às vezes, os relacionamentos que aparentemente nos fazem esquecer todo o sofrimento são os que deixam um rastro maior de infelicidade quando a bolha da fantasia estoura.

Aceite a condição humana

Nascimento, morte, envelhecimento – esses são os temas que acompanham os compromissos a longo prazo. É um excesso de realidade, e *qualquer pessoa* tem dificuldade de lidar com isso. Por exemplo, uma questão que sempre me perturbou – e sei que incomoda muita gente – é a realidade do envelhecimento. É embaraçoso admitir isso, porque pode parecer superficialidade, mas é assim que eu me sinto, e todos nós temos coisas que só admitimos para nós mesmos. Por mais que eu fique nervoso com a idéia do meu próprio envelhecimento, sempre me preocupei com a possibilidade de estar convivendo com uma pessoa que estivesse envelhecendo. Como você pode saber de que modo uma pessoa vai envelhecer? E que problemas de saúde terá no percurso? E a mente, como reagirá ao envelhecimento? Sua amada vai ficar enrugada e ter celulite? Como você se sentirá quando a pessoa que você ama não conseguir se lembrar do lugar onde estacionou o carro? Ou se ela se esquecer até mesmo de que o carro existe? Muitas vezes me perguntei se eu seria capaz de aceitar o processo de envelhecimento de outra pessoa.

Lembro-me de discutir isso várias vezes com uma terapeuta. Eu perguntava a ela o que deveria fazer se os traços e as formas da minha companheira começassem a se alterar depois de vinte anos de convivência. Seria eu tão superficial a ponto de fugir do relacionamento? Ou eu seria como um desses homens que trocam uma mulher de 50 por duas de 25? A terapeuta logo me alertou para o fato de que eu estava me apavorando precocemente ao tentar dar um salto para visualizar um futuro que seria impossível adivinhar. Naquela altura da vida, eu não tinha a sabedoria que vem com a experiência; não conseguia imaginar a profundidade e a força que caracterizam uma ligação que sobrevive por vinte anos ou mais, com o casal vivendo lado a lado e, possivelmente, com filhos.

Quando nos comprometemos com um único parceiro, de muitas formas renunciamos à idéia de possibilidades sem limites, pelo menos no departamento das relações amorosas. Aceitamos o fato de que agora somos adultos e de que participaremos da produção em série da humanidade. Não estamos mais pensando em "com quem vou me casar quando crescer". Nós já crescemos e *fizemos* uma escolha. Ora, isso é difícil. Sabemos que somos mortais, que vamos envelhecer e que, algum dia, também iremos morrer, exatamente como todas as outras pessoas. Na verdade, é como se isso estivesse implícito, e não conseguimos imaginar nenhum compromisso tão assustador. Porém, uma das melhores formas de enriquecer nossa vida durante o tempo em que estamos neste mundo é assumir relações e compromissos a longo prazo. Relacionar-se e comprometer-se faz a vida valer a pena.

A aceitação leva ao compromisso

Onde vamos comer? Onde vamos morar? Onde vamos passar as férias? Deixaremos as janelas abertas à noite ou vamos mantê-las fechadas? Dividiremos todas as contas, metade para cada um? Quanto tempo passaremos com nossos amigos? Quanto tempo ficaremos um com o outro?

Afinal, o relacionamento é, todo ele, um compromisso. Quando estiver com a pessoa amada, você vai assumir compromissos ligados às questões mais importantes, às mais insignificantes e a todas as outras que se situarem entre essas duas categorias. Com sorte, em relação a algumas situações, você e o seu parceiro entrarão em perfeito acordo. Na maioria das vezes, entretanto, os dois precisarão lutar juntos para chegar ao centro – que é onde acontece o relacionamento verdadeiro. Esse processo é inevitável, para que a sua ligação seja equilibrada e sólida.

Sem aceitação não pode haver compromisso. Sem aceitação sobra pouco espaço para qualquer outra coisa diferente de nossa idealização de como as coisas "deveriam" ser, e essa rigidez nos torna impenetráveis. Mas, quando começamos a descobrir o caminho para a aceitação, essas barreiras se desfazem aos poucos. Passamos a perceber a condição de humanidade tanto nos outros quanto em nós mesmos, e o que antes parecia impossível de repente se torna viável. Ela não tem de ser ruiva ou mais nova do que você; ele não precisa ter mais de 1,90 metro de altura ou ser mais alto do que você. Ela não precisa necessariamente ser vegetariana; nem ele é obrigado a gostar de viajar. Ao aceitar a outra pessoa, começamos a apreciar as diferentes maneiras de ser, de se apresentar, de sentir, de pensar e de agir.

Ao aceitar a outra pessoa, começamos a apreciar as diferentes maneiras de ser, de se apresentar, de sentir, de pensar e de agir

Uma coisa com a qual continuo a me admirar em meu relacionamento é como a minha capacidade crescente de aceitação tem me aberto as portas do compromisso. Quando eu me apegava às minhas exigências estreitas e rígidas, não conseguia atingir o meio-termo num relacionamento. Francamente, eu não tinha idéia do que significava um compromisso saudável. É incrível quanta energia – e raiva – eu investia para me manter livre e descompromissado. Mas, quando comecei a aceitar mais as diferenças, quando essa necessidade de ser uma pessoa difícil e fechada começou a desaparecer, eu descobri, de repente, que existiam outras maneiras, mais produtivas, de me relacionar. É claro que enfrentei momentos de frustração e de raiva, mas nunca mais tive a sensação de estar vendendo minha alma se eu me desviasse um milímetro da minha postura defensiva. À medida que consegui, cada vez mais, me aproximar da minha parceira, também fui capaz de avaliar o que é ter uma companheira que age da mesma forma. E logo percebi como é maravilhoso estar com alguém que se preocupa mais em preservar a relação do que em se afirmar de maneira isolada.

Num relacionamento amoroso, não é possível ter sempre exatamente o que se quer, no momento desejado. Isso não significa que o relacionamento não seja válido, mas que você e o seu parceiro são duas pessoas, com características únicas e diferenciadas, que estão tentando manter uma ligação.

Desafio Sete

A coragem de definir um novo caminho

Acredito piamente que cada um de nós tem o poder e a capacidade de encontrar o amor e o comprometimento que deseja, mas temos de começar a mudar a maneira de agir. Muitas pessoas, por fazerem escolhas erradas, mergulharam em relações que lhes "ensinaram" muito (para encará-las de forma mais positiva). Essas "lições de amor" são exaustivas. Muitas vezes, pensei: "Basta de lições! Quero uma vida!". Para conseguir, por fim, a vida que eu queria, tentei aprender uma lição incrivelmente simples, mas essencial:

Ninguém consegue ter um relacionamento satisfatório enquanto não estiver pronto para agir e se comportar de uma maneira nova e melhor.

Em resumo, ao nos livrarmos do velho, deixamos espaço para o novo.

Todos nós temos padrões de comportamento ineficazes e ultrapassados que devemos descartar. Tomemos Glen como exemplo. Quando era um menino inseguro de 13 anos, ele tentava atrair a atenção das garotas exibindo sua técnica aprimorada de arrotar. Agora que Glen está na casa dos 30, ele costuma freqüentar bares com regularidade em busca de mulheres. Apesar de ter deixado de arrotar, não parou de se exibir. Se você observar o comportamento dele, verá que ele continua tão chato agora quanto aos 13 anos. É evidente que Glen faz sucesso com algumas mulheres, mas será que elas são o tipo de mulher que ele realmente gostaria de conquistar? É claro que não. Por que ele não percebe o que está fazendo? Se ele se tornasse mais consciente dos seus atos, seria capaz de mudar esse comportamento improdutivo? Se analisarmos melhor nossos atos, será que conseguiremos mudar alguns de nossos padrões ineficazes?

Certas formas de comportamento que adotamos para desenvolver um amor duradouro são fruto de uma programação complexa e de outros mecanismos psicológicos sofisticados que exigem tempo, energia e uma motivação considerável para explorar, compreender e mudar. Mas existem muitas e muitas coisas que fazemos por hábito – atos que repetimos inúmeras vezes, levados apenas por nossa familiaridade com eles e pela acomodação.

Nós assumimos esses comportamentos durante tantos anos, e em tantos relacionamentos, que eles parecem fazer parte de nós. Não os questionamos nem tentamos entendê-los. Não levamos em conta sua inutilidade nem os aspectos negativos criados por eles. Nem mesmo cogitamos em mudá-los. E é difícil pensar que eles podem ser um obstáculo no caminho de um relacionamento comprometido, mas eles são. E que obstáculo grande! Essas são as más notícias. Agora vamos às boas: muitos desses comportamentos são relativamente fáceis de mudar, e você pode começar a alterá-los já.

Repetimos certos atos inúmeras vezes, geralmente levados apenas pela nossa familiaridade com eles

Para mudar certos hábitos autodestrutivos, você precisa se tornar um observador atento dos seus relacionamentos, tanto passados quanto presentes, analisando a sua atuação neles. Você tem de descobrir quais foram os padrões que ditaram as suas escolhas, que tipo de comportamento você adotou durante a relação e quais reações suas foram improdutivas.

Quando decidimos não tomar consciência de nada que diga respeito aos nossos relacionamentos, cada parceiro e cada experiência parecem novos e diferentes. Quando um relacionamento acaba, tentamos expulsá-lo da memória consciente e colocá-lo em algum lugar que não nos incomode. E ao recomeçarmos o processo com outra pessoa, achamos que estamos iniciando uma relação a partir da estaca zero.

Mas, quando decidimos "acordar", logo percebemos um quadro diferente – na verdade, um quadro cheio de traços comuns. Às vezes conseguimos ver tantos traços comuns que, de repente, ficamos com a impressão de que vestimos sempre a mesma roupa. A "individualidade" de nossas muitas experiências de relacionamento parece questionável. De fato, há ocasiões em que as nossas relações se assemelham a cópias umas das outras.

Eu tenho sido um observador de relacionamentos durante a maior parte da minha vida adulta. É assim que ganho a vida e é assim que gosto de olhar o mundo. Mas tenho de admitir que deixei minhas relações em último lugar. Eu imaginava que cada experiência era única, que cada parceira era única e que a cada vez eu era um homem novo e diferente. Não estava interessado em observar com muita atenção nem me preocupava em aprender com as experiências do passado (francamente, eu nem acreditava que fosse capaz disso). Tudo o que me interessava era a "próxima". Como você pode imaginar, quando afinal parei e lancei um olhar para dentro de mim mesmo, a experiência foi humilhante. E também muito útil.

O que aprendi rapidamente foi que eu exercia certo controle sobre a maneira como conduzia meus relacionamentos. Embora eu não conseguisse eliminar meus medos magicamente, eu podia diminuir o impacto e a intensidade desses sentimentos. Muitas das minhas reações criavam uma pressão desnecessária, enviando mensagens inadequadas e preparando terreno para que possíveis parceiras (assim como eu mesmo) ficassem magoadas ou desiludidas. E tudo o que eu precisava fazer para mudar era parar de agir como um autômato. Creio que você também é capaz disso.

Livre-se de hábitos que destroem a relação amorosa

A lista que vem a seguir, relacionando hábitos autodestrutivos e reflexos condicionados, é o resultado de anos de observação e aprendizado. Mas essa lista não é definitiva, tem apenas a intenção de encaminhar você para a trilha certa. Suas maiores percepções virão quando você se comprometer (e aí está de novo essa palavra) a se observar em seu próprio mundo; a questionar seus motivos e suas estratégias; a se perguntar sobre sua maneira mágica de pensar; a questionar seus comportamentos e suas escolhas; e também a querer saber por que você não fazia perguntas suficientes para esclarecer as situações.

Pode parecer que estou tentando tirar toda a graça dos seus relacionamentos ao lhe pedir que analise a sua vida tão detalhadamente, mas minha intenção, na verdade, é lhe dar os instrumentos para que você se liberte e consiga assumir, com maior facilidade e sucesso, relações em que haja compromisso.

Diga adeus ao tipo ideal

Existe um "tipo" de pessoa que você está sempre procurando? Você deixa de prestar atenção em alguém, não importa o quanto essa pessoa for interessante, se ela não se encaixar nessa descrição? Você costuma encarregar amigos e parentes de procurar alguém que seja o seu tipo, e os mantém tão bem treinados que, quando eles cruzam com um "tipo" diferente, nem se lembram de você? Ele precisa ser alto, moreno e elegante, para que você pense nele como um possível parceiro? Ou baixo, loiro e musculoso? Ela tem de ser miúda e loira? Ou alta, longilínea e de cabelos compridos? Talvez você esteja sempre à procura de um tipo professoral. Ou do executivo talhado para o sucesso. Ou do líder expansivo e cheio de vitalidade. Ou do artista sofrido. Ou do homem ou da mulher com uma série de problemas pessoais. Qualquer que seja o seu tipo, está na hora de destruir o molde. E, quanto mais cedo você fizer isso, melhor.

Há uma diferença enorme entre ter uma *queda* por pessoas com certas características físicas, estilo ou temperamento e ser escravo desse tipo. Quando alguém *tem de* ser o seu tipo, isso impede que você conheça as pessoas como indivíduos. E também desestimula os outros a ajudá-lo em sua busca. Assim, suas chances de encontrar uma relação que valha a pena diminuem, já que você estabelece tantas restrições desnecessárias em seu mundo. Esse não é o perfil de uma pessoa que está aberta a um relacionamento verdadeiro.

Diante das coisas que já contei sobre mim, você provavelmente pode imaginar como desperdicei anos maravilhosos da minha vida tentando encontrar meu "tipo ideal" nos relacionamentos. Um amigo meu, que conheceu minha mulher dois anos antes de mim, nunca pensou em nos aproximar porque não imaginava que ela correspondesse ao modelo que eu havia impresso na mente dele! Felizmente, de um jeito ou de outro, acabei conhecendo minha esposa, mas eu poderia ter perdido essa oportunidade. Pense nas oportunidades que *você* talvez esteja perdendo neste exato momento. Agora imagine que você é capaz de começar a se abrir para essas oportunidades mudando a sua forma de abordagem e alterando as mensagens que você escolheu para enviar ao mundo.

Se você estiver lendo este livro, é bem provável que o seu tipo ideal não tenha produzido efeito sobre você até agora. Por que não experimenta ser diferente no futuro? Arrisque, comprometa-se com algumas coisas e veja o que acontece.

Desista da perseguição destemida

Quando Ed encontra alguém, ele diz ou faz praticamente qualquer coisa para que a mulher corresponda. Ele não tem a menor vergonha de escrever poemas arrebatados; contrata um avião para carregar uma faixa dizendo "Eu te amo!"; e diz à moça que ela é a pessoa mais importante da vida dele.

A irmã de Ed, Edwina, tem um estilo diferente, mas os resultados são muito semelhantes. Quando ela conhece um homem de quem gosta, transforma-o em seu projeto: lança-lhe olhares escandalosos; envia-lhe bilhetes sensuais; manda-lhe presentinhos adoráveis. Edwina diz ao seu eleito que ele é a pessoa mais inteligente e bonita que ela já conheceu; e afirma que é o melhor amante que já teve.

Nem Ed nem Edwina sabem receber um "não" como resposta. Eles são determinados e estão no comando. Suas ações parecem totalmente destemidas, mas não são. Ao contrário, estão carregadas de medo. E a experiência deveria lembrá-los de que o medo virá à tona assim que eles realizarem a conquista. Por isso, eles estão sendo profundamente desonestos e também estão preparando o clássico cenário de perseguição e pânico.

É fácil ser ousado no começo do relacionamento. Não é difícil você mergulhar em seus sentimentos, deixando de prever as conseqüências dos seus atos. A perseguição temerária faz parte de um estilo de fantasia e é um padrão destrutivo.

Se ampliarmos nossas fronteiras e decidirmos ser mais responsáveis por nossas ações e suas conseqüências, passaremos a encarar nosso estilo de assédio de maneira muito diferente. Perceberemos, então, que as pessoas bem-intencionadas podem sofrer muito ao interpretar erroneamente nossas palavras e ações; e, assim, nos comportaremos com mais seriedade e responsabilidade na fase inicial de um relacionamento. Dessa forma, sem ter em mente o rompimento final, muitos sentimentos dolorosos podem ser evitados.

Se não tivéssemos medo do compromisso, essa postura agressiva na perseguição aos novos parceiros até poderia parecer charmosa. Não necessariamente, é claro, mas, de algum modo, encantadora; entretanto, dada a intensidade do medo, isso simplesmente não tem graça nenhuma. Uma fachada de destemor sempre terá um resultado inverso: ou assustará as pessoas que forem mais realistas e cautelosas ou seduzirá enganosamente aquele pobre ingênuo que tiver passado a vida esperando em silêncio por aquela paixão arrebatadora. Nos dois casos, alguém sempre sairá ferido. Não deve ser isso o que você quer, mas com certeza é o que você está semeando, embora esse resultado não seja obrigatório. Você tem escolha.

Para começar, você pode, por exemplo, ser mais autêntico e apresentar uma imagem mais de acordo com o que você realmente é em seus relacionamentos: uma pessoa nem um pouco corajosa. Proceda com cautela, dando passos pequenos e lidando com seus medos à medida que eles vão surgindo. Em vez de agir como uma jamanta desgovernada, vá freando aos poucos, como se estivesse em "câmara lenta", e adote a eterna lição da tar-

taruga e da lebre. Isso talvez não lhe pareça muito *sexy* ou excitante, mas é honesto. E é a melhor maneira de você conseguir alcançar, algum dia, o destino que almeja.

Reconheça a boa técnica de venda por aquilo que ela é

Ele a leva para jantar e beber vinhos excelentes nos melhores restaurantes e a cobre de presentes. Vocês acabaram de se conhecer, mas ele passa horas ao seu lado no veterinário, com o seu cachorro. Ele canta para você e enche sua geladeira com as melhores iguarias. E tudo isso só para você baixar suas defesas e abrir seu coração. Você deve pensar mais ou menos assim: "Ele deve gostar de mim, para me dar tanta atenção." Mas, na verdade, você deveria pensar o seguinte: "Ele provavelmente faz isso com *todas* as mulheres."

Vocês acabaram de se conhecer, mas ela chega, incrivelmente atraente, bate à sua porta, vestindo uma camiseta azul, e se oferece para ajudá-lo na pintura do seu apartamento. Convida-o para passar a noite no apartamento dela, apesar de vocês se conhecerem a apenas três dias. E isso é tudo o que você precisa para imaginar um longo futuro partilhado pelos dois. Você pensa mais ou menos assim: "Ela deve estar realmente louca por mim, para querer fazer amor tão depressa." Mas você deveria pensar o seguinte: "Ela deve ser capaz de manter sua vida sexual em compartimentos isolados, já que consegue chegar tão rápido à intimidade física com um homem que é praticamente um estranho."

Todos nós queremos nos sentir especiais, e muitos gostam de se sentir como o objeto da paixão mais profunda de alguém – sobretudo se essa pessoa for atraente e desejável. É muito fácil ser seduzido por um vendedor persistente, e é compreensível, mas isso revela que não somos inteligentes. Quando o relacionamento é novo, há uma coisa em que você nunca deve confiar: a experiência de fazer "muita coisa em pouco tempo". Se você for uma dessas pessoas que agem rápido demais, precisa verificar quais são os seus motivos. E se você estiver na extremidade receptiva desse redemoinho, deve se pôr em guarda imediatamente.

Embora seu desejo de se sentir especial possa estar atrapalhando seu julgamento, eu sei que você, no fundo, ainda tem bons instintos que o estão avisando de que nem tudo está bem. Você precisa se ligar novamente a esses instintos protetores antes de concluir qualquer coisa sobre o que significa aquele seu comportamento sedutor. Talvez *seja* um sinal de que algo extraordinário e especial está acontecendo dessa vez. Mas é muito mais provável que seja um sinal crítico de que você não deve criar expectativas sobre esse relacionamento. É muito bom ser alvo de atenções e delicadezas; só não confunda atenções de curto prazo com atenções sérias a longo prazo.

Não deixe que a fantasia afaste você do amor verdadeiro

Toda vez que vê um estranho atraente, você fica imaginando: "Será que é este?" Como conseqüência, você gasta horas e horas do seu precioso tempo sonhando de olhos abertos com pessoas que mal conhece. Você deixa que as suas fantasias com astros da televisão fujam do seu controle; sonha com atletas profissionais; procura estranhos com os olhos, pelas ruas; age de forma excêntrica para chamar a atenção de alguém que não conhece, na esperança de conseguir uma única conversa; leva meses tentando conseguir ser apresentado a alguém que trabalha em algum lugar do prédio do seu escritório – apesar de não saber se essa pessoa é livre ou não. Muitas vezes seus esforços são improdutivos, e você fica se lamentando. Mas, mesmo que seus esforços sejam bem-sucedidos e você consiga manejar a situação para dar início a uma relação, logo ficará desapontado. E talvez você não perceba, mas estará desperdiçando muito tempo.

O que é que você está procurando? O que espera encontrar? A experiência me diz que, na verdade, você não está buscando uma pessoa, mas sim um *sentimento*. O sentimento mágico que tantas pessoas anseiam por encontrar é o da "relação perfeita", que existe apenas em sonhos. Não existe nenhuma relação *real* que seja totalmente assim. Não existe ninguém de verdade que tenha toda essa magia. Muitas vezes, sua experiência já lhe confirmou isso. Quando você terá coragem de integrar esse conhecimento ao seu comportamento?

A maioria das pessoas que procuram essa sensação de fusão perfeita e total estão tentando resgatar um sentimento que perderam muito cedo – no berço ou na primeira infância. E o lugar para resolver essas perdas é o consultório de um terapeuta, que pode ajudá-lo a juntar essas peças do seu passado. Não se deve esperar que um parceiro amoroso compense essa perda, mas há uma infinidade de pessoas que têm muito amor para oferecer. Não vire as costas para essas pessoas reais e para um amor de verdade só porque está determinado a encontrar uma paixão que seja maior do que a vida e que o consuma em seu ardor.

Comece de verdade – e apropriadamente – a procurar o amor

Você diz que quer amor e compromisso, mas fica esperando que eles batam à sua porta. Passa a vida esperando que o amor o encontre e nem se preocupa em ficar disponível. Não pede aos amigos que criem algumas situações para que você possa conhecer pessoas novas. Você não sabe como circular socialmente. Não só não sabe flertar, como nem tenta. Não sabe como procurar o tipo de companhia em que está interessado. Você não conversa com pessoas que encontra por acaso. Não deixa que o seu olhar cruze com o de outra pessoa. Não faz nada para conhecer gente nova. Quem vai descobrir você? Só os profissionais mais perseverantes – dom-juans e juanitas que se sentem desafiados por seu sistema de defesa. Porém, assim que você começa a corresponder, a ardorosa perseguição deles quase inevitavelmente se transforma em pânico total.

Quando você precisa de um emprego, vai à luta para consegui-lo, mesmo que tenha de recorrer a anúncios, agências de emprego ou até ir de porta em porta. Você faz isso de maneira inteligente, com aparência respeitável, o que valoriza as suas qualidades. E se empenha para que tudo dê certo. Então por que você não faz tudo o que pode para conseguir um compromisso verdadeiro? Você precisa assumir mais seu próprio poder e começar a se aproximar do prêmio. Isso nem sempre é fácil e quase nunca é engraçado; no entanto, apesar de haver ocasiões em que você gostaria de ter ficado em casa assistindo a algum programa de televisão bem medíocre, essa atitude lhe dará chance de lutar para conseguir o que quer.

Não estou sugerindo com isso que você deva sair correndo para seu *single's bar* favorito ou para uma discoteca – falaremos desse péssimo hábito no momento adequado –, mas sim que controle melhor seu futuro amoroso. A abordagem do tipo princesa-na-torre-de-marfim é um vestígio inútil de suas leituras juvenis e um costume do qual você precisa se livrar. Ser "aquele que espera" é um ótimo meio de sempre evitar uma posição em que você detenha algum poder. E é justamente aí que você tem chance de se realizar.

Pare de procurar o amor nos lugares errados

Janelle diz que não consegue encontrar um homem que esteja disposto a conversar com ela, a fim de conhecê-la melhor, apesar de encontrar novas companhias, quase todas as semanas, em seu clube de dança favorito, que parece ser o local mais barulhento dos Estados Unidos. Andrew, que tem 32 anos, afirma que nenhuma das mulheres que ele conhece encara os relacionamentos com seriedade. Só que os únicos lugares que ele freqüenta são bares e restaurantes localizados junto à universidade, em sua cidade natal. Victoria, que só sai com "artistas" (isto é, atores em busca de um lugar ao sol), reclama que os homens que conhece são frívolos, narcisistas e só estão interessados em ficar com a melhor parte. Kevin pediu aos amigos que lhe arranjassem alguns "encontros às cegas", mas avisou-lhes também que só consegue se interessar por mulheres que sejam muito, muito, muito bonitas. Todos têm medo de apresentar Kevin a qualquer pessoa, pois receiam que ele acabe desmerecendo as mulheres. Conseqüentemente, eles não se esforçam para fazer o que ele pediu.

O que está errado aqui? Tudo. Se você quer descobrir perspectivas melhores para um amor duradouro, precisa pesquisar com inteligência. Onde você terá mais oportunidade de encontrar pessoas que compartilhem de seus valores, objetivos e interesses numa relação com compromisso? Qual é a faixa etária apropriada? Que profissões elas podem exercer? Em que lugares existe uma atmosfera propícia ao início de uma ligação verdadeira? Durante os últimos seis meses, por exemplo, falei com três pessoas que começaram relacionamentos sérios em reuniões da faculdade ou do colegial. Mas, quando eu sugiro reuniões desse tipo como exemplo de um bom lugar para se relacionar, as pessoas sempre me olham como se eu estivesse fora da realidade. Algumas pessoas muito espertas agem como se fossem tolas quando se trata de encontros amorosos, e ficam muito desapontadas ou surpresas quando tudo sai ao contrário do esperado. Observe atentamente suas estratégias, ou sua falta total de planejamento na área, e descubra como você pode fazer alguns ajustes produtivos nesses velhos e improdutivos hábitos.

Não se meta em confusão por querer aparentar o que você não é

Quando está saindo com uma nova parceira em potencial, Tom sempre age como se o dinheiro não importasse. Ele não quer parecer mesquinho, porque não é. Não quer dar a impressão de que é pobre, porque ele não é. Não quer que pensem que ele é contra o romantismo, porque ele é muito romântico. Ele não quer ser julgado pelo que tem ou deixa de ter. Ele só não quer que problemas de dinheiro se interponham logo no princípio de uma relação. Mas Tom, atualmente, está com o orçamento muito limitado porque seus ganhos são estáveis mas modestos, e quando o relacionamento começa a dar certo, Tom entra em pânico porque sabe que não tem condições de manter a aparência de mão-aberta.

Assim como Tom, Summer esconde tudo o que ela é quando está começando um relacionamento. Se o rapaz estiver saindo com outra garota, ela diz que não se incomoda. Se o homem com quem ela está se encontrando estiver tendo dificuldade em dizer adeus à ex-namorada, Summer diz a ele: "Vá com calma." Ela acha que precisa aparentar que é compreensiva e paciente, mas, na verdade, não se sente assim em seu interior e guarda em silêncio sua aflição, esperando que as outras mulheres desapareçam com o passar do tempo. Mas, ao que parece, elas nunca vão embora, e Summer acaba rompendo esses relacionamentos que não consegue levar adiante.

A maioria das pessoas faz de tudo para atrair o interesse do companheiro e para fortalecer a ligação

No começo de um relacionamento, nós fazemos de tudo para atrair o interesse do companheiro e para fortalecer a ligação, mesmo que isso signifique comprometer seriamente a nossa verdadeira maneira de ser. Escondemos a verdade sobre nossa condição financeira e nosso estado emocional. Às vezes, ocultamos até nossos filhos. Não defendemos nossos valores, não exprimimos nossas verdadeiras opiniões nem revelamos nossas necessidades. E achamos que estamos fazendo o que deve ser feito.

Mas, se você não consegue conviver com a imagem que criou, então não está agindo certo. Muito pelo contrário, você está preparando o terreno para a raiva, o ressentimento, o pânico ou a dor. Você pensa que está apenas tentando não fazer muita onda, mas, ao "represar as águas" no momento em que está menos envolvido no relacionamento, você fará com que ondas gigantescas arrebentem mais tarde, quando você tiver muito mais a perder. Não custa empregar uma estratégia inteligente, se o seu objetivo for mesmo o compromisso.

Não transforme seu relacionamento em terapia

Algumas pessoas dão a impressão de estar sempre mergulhando de cabeça em relacionamentos nos quais, inevitavelmente, assumem o papel de terapeuta ou de paciente. Ted, por exemplo, está enfrentando um verdadeiro conflito, sem saber se quer mesmo continuar seu relacionamento com Katie. Ele se sente dividido. E com quem ele resolve dividir sua angústia? Com

Katie, é claro. Ele a trata como se ela fosse sua terapeuta. Ela é uma boa ouvinte; descobre detalhes que alimentam a psique de Ted; e parece entender realmente o problema do rapaz.

O relacionamento agora ficou muito desequilibrado. Tudo gira em torno das coisas que Ted quer, de que ele precisa, de que ele tem medo. Ted não se dá conta do quanto está sendo egoísta. Nem sequer lhe passa pela cabeça duvidar se Katie deveria ou não estar ouvindo seu diálogo interior ou a crítica severa a ele mesmo que acompanha sua ambivalência. Ted também não percebe que suas ações, particularmente, têm dado a ela uma falsa esperança. Para Katie, a atitude dele significa: "Quero que você faça parte da minha luta, porque é a *nossa* luta." Para Katie, as palavras de Ted querem dizer: "Vamos trabalhar essa situação para *nós* mesmos." Mas isso não é necessariamente o que ele sente.

Se Ted quisesse de fato que Katie penetrasse mais fundo em sua psique, para entender sua luta interior com o comprometimento, estaria fazendo isso no consultório de um terapeuta – em vez de tratar Katie como se *ela* fosse a terapeuta. Katie precisa de um intérprete para ajudá-la a entender o que está acontecendo. E Ted precisa de um árbitro – alguém que possa fazê-lo mais consciente de suas palavras e ações. Os dois necessitam de alguém que os ajude a impor limites. E essa é a função do terapeuta.

Se você algum dia perceber que está agindo como terapeuta ou como paciente num relacionamento, reconheça que vocês precisam de ajuda profissional.

Se o seu companheiro estiver lhe dando menos do que deveria, não reaja automaticamente dando-lhe mais

Ela demonstra menos interesse, e você reage tentando mostrar-lhe com mais veemência o quanto você é amável, interessante e especial. Ele diz que ainda não está pronto para se tornar monógamo, e você lhe diz que o esperará com paciência e fidelidade. Ela vai ficando distante, e você tenta se aproximar cada vez mais. Ele se torna crítico em relação a você, e você procura mudar para agradá-lo. O que está errado nesse quadro? Para iniciantes: o *direcionamento* de suas reações.

Tentar dar mais quando se está recebendo menos é um reflexo condicionado clássico que ocorre em relacionamentos problemáticos. E o que torna tão fácil essa reação é o fato de você pensar que está fazendo o que é certo. Você acha que o seu parceiro está precisando de mais apoio, de mais provas do seu carinho, de mais provas do quanto você vale. Mas a experiência me diz que o que ele precisa é de algum tempo sozinho.

Hábitos como esse têm início quando nos sentimos muito inseguros e vulneráveis na presença das pessoas que amamos. Quando alguém que é especial para nós expressa sua desaprovação, tentamos de qualquer jeito conseguir que ele nos aprove. Se alguém que é especial para nós não tem tempo para dedicar a nós, procuramos, de todo jeito, fazer com que ele perceba a nossa presença. Se alguém que amamos nos faz uma crítica, esforçamo-nos desesperadamente para agradá-lo. Esse "alguém" provavelmente era o pai ou a mãe, a babá ou um dos irmãos, que procurava controlar o seu comportamento. Mas hoje o problema não está ligado ao controle; você está lidando com um amante/parceiro, e com essa atitude você acabará afastando-os. São circunstâncias diferentes. Nessa situação, seu parceiro tem uma motivação muito diferente e pede uma resposta também diferente. Isso não é um teste para avaliar a extensão do seu amor e do seu carinho. Essa pessoa está tentando tirar de você aquilo que ela lhe deu, e a melhor reação que você pode ter é também recuar e começar imediatamente a dar pouco ou menos ainda do que está recebendo. Essa é a única forma de evitar que você se sinta frágil.

Quando surgem situações desse tipo, é muito útil ter uma bússola e saber lê-la. Se de repente a agulha começa a apontar para o oeste, você precisa virar para o leste. Caso ela esteja indicando o sul, você deve olhar para o norte. Ao agir de forma adequada, você poderá colocar em xeque os movimentos bruscos do seu parceiro e assim se preservar, à medida que se mantém com os pés no chão ao lidar com comportamentos que não são, de maneira nenhuma, amorosos nem têm fundamento.

Mantenham suas vidas separadas até terem certeza de que seus corações estão unidos

Cena 1: Você está passando muito tempo no telefone. O percurso até a casa do seu companheiro é muito cansativo. Se você passa a noite na casa dele, nunca pode contar com a roupa adequada para ir trabalhar no dia seguinte. Você se sente frustrado a maior parte do tempo. Então, lhe vem a idéia: por que não tentar morar com ele, para tornar as coisas mais simples? Afinal, já estamos no século XXI.

Cena 2: Vocês dois se interessam pelo mesmo tipo de trabalho; então, quem sabe não poderiam desenvolver juntos um projeto? Ou montar uma pequena empresa? Ou um dar emprego para o outro? É claro, vocês se conhecem há poucos meses, mas talvez seja uma união muito produtiva. E tudo poderia ser tão romântico! Por que não fazer uma tentativa?

Vou tentar lhe explicar "por que não": porque essas fusões físicas tendem a dar errado, por exercerem muita pressão sobre o embrião de um relacionamento. Outro motivo para você não fazer isso é o seguinte: não existe nada mais oneroso e desgastante do que ter de desfazer uma fusão física se a fusão emocional não se concretizar.

São inúmeras as pessoas que conheço cujos relacionamentos são infelizes porque se tornaram sérios cedo demais. Para que um relacionamento seja saudável, as pecinhas devem ir se encaixando uma de cada vez, como num quebra-cabeça. É um processo lento, e você tem de passar por ele. Viver com outra pessoa dá certo quando os dois parceiros se comprometem a tornar viável a convivência; porém, só é possível chegar ao compromisso quando a ligação emocional está sólida. Você tem esse compromisso? E a sua relação, é firme? Ou você espera que isso aconteça magicamente, pelo fato de vocês viverem ou trabalharem sob o mesmo teto? Tenha certeza de que a resposta é negativa. Um não tem nada a ver com o outro, e um não pode "coagir" o outro. Assim, antes que você ponha a sua vida de pernas para o ar, a vida do seu parceiro, a de seus filhos, a de seus animais de estimação, ao assumirem uma vida em comum ou começarem um negócio juntos, que tal comprometer-se com você mesmo a *ir com calma*?

Só faça promessas quando tiver certeza de poder cumpri-las

Você lhe diz que não vê a hora de apresentá-la à sua família. Você diz a ele que mal pode esperar para apresentá-lo a suas melhores amigas. Você diz a ela que quer levá-la para a Europa. Você lhe diz que está louca para que cheguem as férias, a fim de poderem passar o verão juntos. Você lhe diz que ela lhe inspira vontade de se casar. Você lhe diz que ele lhe inspira vontade de constituir uma família. Você lhe diz que quer estar junto dela para sempre. Você lhe diz que espera que ele faça parte da sua vida para sempre. Promessas, promessas, promessas. E vocês só se conhecem há poucas semanas. Essa conversa sobre o futuro é realmente necessária? Ela ajuda, em algum sentido? A resposta é não.

Só existe uma promessa que você tem de fazer no começo de um relacionamento: a de garantir à relação as melhores oportunidades de dar certo. Você não precisa prometer nada ao novo parceiro. E vocês ficarão em melhor situação se não o fizerem. O "papo sobre o futuro" é incrivelmente sedutor, mas é também um caminho para a dor e a decepção. O fato de você fazer promessas sugere que tudo já está muito claro em relação ao compromisso para o futuro, e as pessoas tendem a confiar no que você diz; às vezes até começam a planejar sua vida em função daquilo que você está afirmando. Mas você ainda não vê com clareza o seu comprometimento. Nem isso é possível. Não no começo de uma relação. Você pode ter certeza da intensidade dos sentimentos que está vivendo, e talvez esses sentimentos estejam levando você a fantasiar sobre o futuro, mas isso não vai além da sua imaginação. Há certas fantasias que devemos guardar conosco, até que realmente *sejamos capazes* de assumir um compromisso.

Não tenha medo de fazer muitas perguntas aos seus possíveis parceiros

Às vezes, temos razões ENORMES para não fazer perguntas. Temos medo das respostas. Ou temos receio de fazer uma cena. Ou tememos que o parceiro em potencial nos faça as mesmas perguntas, e nós sabemos que nossas respostas não serão bem recebidas. Assim, não perguntamos e passamos a viver com todas as conseqüências dessa omissão.

Mas, outras vezes, não há grandes motivos que nos impeçam de fazer perguntas. Só não o fazemos por um mau hábito, muito ingênuo, de achar que as pessoas involuntariamente acabarão por nos contar ou que conseguiremos intuir tudo aquilo que queremos saber. Ou, ainda, é um costume nocivo que adquirimos, também ingênuo, de imaginar que assim nos preservaremos de eventuais sofrimentos.

É claro, talvez você não queira forçar uma situação nem deixar ninguém pouco à vontade, mas as pessoas esperam que lhes façam muitas perguntas sobre os relacionamentos que viveram, quais são suas esperanças e suas intenções. É normal perguntar às pessoas sobre seu trabalho e sua família. E se alguém parece estar desestimulando você nesse sentido, mais motivos você tem para perguntar.

É a ausência de informação que provoca as terríveis surpresas num relacionamento, tais como: "Eu não acredito que ele não me tenha contado que era casado!" ou "Não acredito que ela não me tenha contado que tinha filhos!"

ou "Não acredito que ele não me tenha dito que jamais se casaria novamente!" ou "Não acredito que ela não me tenha dito que nunca foi fiel a um companheiro!" ou "Não acredito que ele não me tenha dito que não estava a fim de um relacionamento sério!" Nenhuma dessas frases lhe parece familiar?

Quando você conhecer uma pessoa, faça uma lista das coisas que quer saber antes de abrir completamente o seu coração. E essa lista deverá ir se ampliando naturalmente, à medida que o relacionamento evoluir. Não é necessário que você tenha todas as respostas no primeiro telefonema (e é melhor que isso não aconteça, a menos que você tenha uma lista de perguntas muito curta). Mas você precisa dessas respostas, de preferência mais cedo do que mais tarde, para ajudá-lo a avaliar as possibilidades a curto e a longo prazo, além de todos os riscos envolvidos.

Pare de se comprometer com parceiros que não estão disponíveis

Ele lhe disse que nunca poderia se separar da mulher. Ele lhe disse que está de mudança para a Austrália. Ele lhe contou que só tem seis meses de vida. Ele lhe disse que quer viajar pelo mundo *sozinho*. Ela lhe disse que ainda está apaixonada pelo ex-namorado. Ela lhe disse que jamais conseguiria se apaixonar por um homem. Ela lhe disse que tem um problema concreto que a impede de assumir compromissos. Essas constatações deveriam ser mais do que suficientes para fazer você tomar o rumo certo, mas em vez disso você acaba ficando mais interessado ainda. E, quando percebe, está completamente comprometido com o que não é passível de comprometimento e preparado para investir meses ou anos tentando fazer com que esse caso de amor dê certo.

Parece que eu estou exagerando? Gostaria de estar, mas não estou. Já vi situações como essas encenadas milhares de vezes, ouvi a respeito outras tantas vezes, e isso nunca deixou de me surpreender. As pessoas sabem, desde o princípio, que estão vivendo uma situação impossível, mas invariavelmente decidem se comprometer com essa situação impossível. E então dizem: "Olhe para mim... veja até que ponto sou capaz de me comprometer!"

Quando me vejo diante dessa cena tão distorcida, pergunto à pessoa que diz isso: Se você está tão completamente comprometido com o "incompromissável", será que está realmente comprometido... ou encontrou um jeito muito inteligente de evitar qualquer possibilidade de um comprometimento verdadeiro? Eu acho que você sabe a minha resposta a essa pergunta. Só espero que tenha coragem de me acreditar e comece a fazer outras escolhas.

Pare de passar de um parceiro para outro, na crença de que só será salvo pelo amor de outra pessoa

A história dos relacionamentos de Tammy é mais ou menos assim:

Tammy conheceu Billy e se apaixonou. Eles ficaram juntos até que Billy despedaçou o coração de Tammy. Tammy ficou acalentando seu coração até se apaixonar por Jake. Afinal, Jake deixou Tammy por causa de outra mulher, e Tammy ficou muito deprimida, até que conheceu Colin e se apaixonou por ele...

A história dos relacionamentos de Billy é mais ou menos assim:

Ele se apaixonou por Rhonda, mas começou a se sentir infeliz no relacionamento e, enquanto eles ainda estavam saindo juntos, conheceu Patti, o que encerrou seu caso com Rhonda. O relacionamento dele com Patti acabou quando ele conheceu Grace, e sua relação com Grace terminou quando ele se sentiu atraído por Frieda, que o trocou por outro. Billy ficou com dor-de-cotovelo por aproximadamente 24 horas, depois recomeçou, no mesmo padrão, com June...

Embora Tammy e Billy pareçam muito diferentes (já que Tammy tem muita dificuldade em se recuperar do rompimento de uma relação, enquanto Billy praticamente se recupera na mesma hora), eles seguem uma mesma premissa. Ambos acreditam que um novo parceiro vai resolver suas dores antigas e seu conflito emocional. Mas as coisas não funcionam desse jeito.

Se queremos chegar a um relacionamento satisfatório, precisamos primeiro nos fortalecer quando estamos sozinhos. Precisamos aprender mais sobre o processo de cura e de "luto" apropriado. Sim, o amor cura, mas se cometermos o erro de acreditar que o amor de outra pessoa é o caminho da salvação, haverá uma sensação constante de desespero em nossas ações; isso nos levará a sentir que não temos nenhum poder real em nossos relacionamentos.

A seguir, apresento algumas sugestões de como lidar com o fim de um relacionamento:

1. Fique pelo menos um mês refletindo sobre o que aconteceu e procure se tranqüilizar antes de fazer qualquer outra coisa.
2. Use esse tempo para fortalecer o relacionamento que você tem com vo-

cê mesmo. Tente descobrir coisas que gostaria de fazer. Trabalhe na construção de sua independência. Aproveite a companhia dos amigos. Não fique obcecado com o que aconteceu e não se isole das pessoas que gostam de você.

3. Se muitos meses se passaram e você ainda tem crises de sofrimento, reconheça que as perdas recentes desencadeiam a lembrança de perdas antigas, e todas elas juntas formam um fardo pesado. Isso pode ser desgastante sem a ajuda profissional de um terapeuta. Felizmente, esses períodos lhe dão oportunidade de se recuperar das perdas, tanto das antigas quanto das novas.

Mantenha seus relacionamentos sintonizados com o presente

Barbara conheceu Terrance ontem à noite e já está imaginando com quem se parecerão os futuros filhos dos dois.

Buddy está saindo com Glynis há duas semanas. Ele gosta muito dela, mas não consegue deixar de se preocupar com o que acontecerá ao relacionamento dos dois se ele e seu melhor amigo forem passar as férias como tinham planejado.

Muitas pessoas estragam seus relacionamentos porque não sabem aproveitar o momento presente. Assim que começam a se sentir à vontade numa relação, elas destroem esse bem-estar lançando-se numa confusa projeção de como será o relacionamento no futuro. Eu sei que já fiz isso. Agora está tudo bem, é claro, eu dizia a mim mesmo, mas como as coisas ficarão se continuarmos juntos? Eu fazia isso automaticamente, sem perceber que o que me fazia projetar minhas preocupações do presente num futuro remoto era o fato de tudo estar correndo muito bem naquele momento. O relacionamento tinha potencial, as coisas estavam bem; então, eu logo começava a procurar um lugar onde não me sentisse bem: trinta, quarenta ou cinqüenta anos à frente. E passava a projetar imagens de como as coisas poderiam não estar correndo bem. Esse era um costume abominável que reduzia completamente minha capacidade de aproveitar o que eu tinha, ao mesmo tempo que eliminava qualquer chance de eu chegar a esse futuro.

Quando um relacionamento ainda está dando seus primeiros passos, o foco deve permanecer no presente. Você deve fazer todo o possível para ampliar as potencialidades da relação. E, se for se questionar sobre alguma coisa, faça perguntas do tipo: "Como me sinto ao lado dessa pessoa?" "Essa pessoa é boa e honesta?" "Estou sendo sincero e honesto?" "Será que o relacionamento dará certo? E, se não der, por que não?"

Evidentemente, você precisa se preocupar com o futuro da relação se começar a ver bandeiras vermelhas que indicam possíveis problemas, como infidelidade, vícios ou conflitos em relação a assumir compromissos. Também não é impróprio nem inadequado avaliar o potencial que existe em termos amorosos e a longo prazo. Mas o que você *não* deve fazer é ficar obcecado por problemas neuróticos futuros – questões irrespondíveis, como: "Qual será a nossa aparência daqui a trinta anos?" "Será que ele vai engordar muito?" "Será que ela vai criar papada?" "Vamos sentir atração um pelo outro quando formos velhos?" "Vamos brigar o tempo todo?" "Ainda vou sentir atração por outras mulheres?". Não existem, no presente, respostas definitivas para essas perguntas, e, se você tentar respondê-las no momento, só vai ficar mais confuso e desorientado. Já disse isso antes e repito: os relacionamentos evoluem hora a hora, dia a dia. E é nesse sentido que você precisa concentrar sua energia, sua atenção e seus esforços.Você deve dar tudo o que tem em cada momento que passarem juntos, e tem de saborear a experiência. Você precisa estar *no* relacionamento. Toda vez que você pula anos à frente, está deixando para trás a realidade, o relacionamento e a ligação.

Muitas pessoas estragam seus relacionamentos porque não sabem aproveitar o momento presente

MUDE SEUS PADRÕES

Talvez você tenha se identificado com muitos desses padrões e se visto em muitas dessas situações. Isso não é um teste, e você não tem do que se envergonhar; ao contrário, sua disposição para se encaixar nessas descrições reflete uma coragem considerável. E também revela que você está pronto para mudar.

Se esses hábitos fossem totalmente inócuos, não teria muita importância o que você faz ou deixa de fazer em seu trajeto em busca do amor. No entanto, eles não são nem um pouco inofensivos, mas sim muito destrutivos. Às vezes criamos situações que levam as pessoas que se importam conosco a ficar confusas, desapontadas e feridas. Outras vezes estamos nos preparando para o mesmo arranjo doloroso. De um jeito ou de outro, nunca alcançamos o verdadeiro comprometimento.

Uma coisa é ter hábitos e reações condicionados quando não temos consciência de nossos padrões e de suas conseqüências. Mas agora que você está consciente desses padrões e de suas respectivas conseqüências, chegou a hora de fazer as coisas de forma diferente, tendo em vista objetivos de comprometimento a longo prazo. Seus hábitos e comportamentos antigos no que diz respeito aos relacionamentos danificaram sua capacidade de se envolver completamente e o mantiveram confuso durante muito tempo. Está na hora de seguir adiante. É tempo de você se livrar desses hábitos e começar a se ligar pelo coração. Você está preparado para o desafio? Acho que sim, porque sei que você tem coragem.

Durante os longos anos de tentativas infrutíferas para fazer o amor dar certo, eu senti que não conseguia mudar. Mas, de certa forma, isso ocorria porque nunca questionei ou desafiei os hábitos em que me sentia à vontade. Hoje, tendo um amor verdadeiro, aprendi que a mudança *é* possível. E você pode começar a se preparar para isso hoje, desde que se comprometa a quebrar velhos hábitos e a criar possibilidades mais saudáveis.

DESAFIO OITO

A coragem de lidar com suas ansiedades

Greg e Miranda estão sentados juntos numa cafeteria. Os dois estão tomando um *cappuccino*. É um domingo de manhã, em meados de dezembro. Na noite anterior, para comemorar um mês de namoro, eles fizeram amor pela primeira vez. Foi estranho, como costuma ser o sexo pela primeira vez, mas também foi íntimo e carinhoso. Será esse o início de um relacionamento sério e comprometido? A cabeça de ambos está repleta de pensamentos confusos:

Por exemplo:

- Será que o que aconteceu vai deixá-la na expectativa de passarmos o Ano-Novo juntos? Já fiz planos para esquiar com os amigos há semanas e não posso mudá-los agora. Mas não quero que ela saia com outra pessoa só porque não vou estar aqui. Será que eu deveria dizer alguma coisa ou apenas esperar?
- O Natal é na semana que vem. Será que devo comprar um presente? Quanto devo gastar? Não quero que seja um presente tão especial que ele fique envergonhado caso não tenha trazido nada para mim, mas também não quero parecer mesquinha ou de mau gosto.
- Será que estou preparado para um compromisso de verdade? Gostaria de namorar por mais alguns anos. O que será que ela está pensando?
- Será que ele percebeu minhas manobras amorosas? Será que ele ainda me acha atraente? Será que fiz alguma coisa ontem à noite que o afastou? O que é que eu posso dizer para descobrir isso?

- Talvez devêssemos deixar claro quais são as nossas intenções. A propósito, quais são as minhas intenções?
- Eu não deveria ter comido aquele camarão com alho ontem à noite. Acho que meu hálito está horrível.
- Ela parece um pouco mais retraída do que na noite passada. Será que ela está querendo desistir? Percebi o jeito como ela olhava para aquele garçom boa-pinta no restaurante, ontem à noite. Talvez eu não seja o tipo dela.
- Ele está olhando para o relógio. Aonde será que ele quer ir? Será que tem outro encontro? Ele fica olhando para todas as mulheres de pernas longas que passam. Se esse relacionamento se tornar mais sério, será que vou ficar o tempo todo pensando em que condições estão as minhas coxas?

Todos esses pensamentos refletem certa dose de ansiedade, não é mesmo? Os relacionamentos e a ansiedade muitas vezes parecem andar de mãos dadas. Isso é especialmente verdadeiro nos relacionamentos novos. Em todas as situações, é assim que o amor funciona. Mas, à medida que lutamos para nos apaixonar e nos manter apaixonados, todos nós temos pelo menos alguns "pontos fracos". Às vezes ficamos ansiosos porque temos medo da rejeição; outras, porque tememos a nós mesmos; outras, ainda, ficamos ansiosos em relação àqueles que amamos. Em geral, a ansiedade é simplesmente um sinal de que nos importamos com o relacionamento e que, por isso, ele tem boas chances de ir adiante.

Em geral, a ansiedade é simplesmente um sinal de que nos importamos com o relacionamento e que, por isso, ele tem boas chances de ir adiante

Todos nós seríamos mais felizes se alguém fosse capaz de nos dar informações mais precisas sobre o que devemos fazer e sobre o que o futuro nos reserva. Queremos alguém que nos dê explicações sábias, que nos esclareça o significado de cada ato e nos tranqüilize quando estamos ansiosos. Na ausência de tão elevada autoridade onisciente que nos diga o que o nosso parceiro está pensando, podemos facilmente ficar confusos, agitados ou inseguros. Nós queremos saber o que nossos companheiros pensam e sentem; queremos ter a capacidade de reagir de forma adequada. Mas, sem essa informação, muitas vezes a ansiedade toma conta de nós. Ela domina nossos pensamentos e, inevitavelmente, acaba influindo bastante no desenrolar do relacionamento.

A ANSIEDADE EM RELAÇÃO AO PRIMEIRO ENCONTRO

Recentemente, Laura foi a uma festa, onde conheceu um homem chamado Scott, que lhe pareceu muito atraente. Embora ela não tivesse muita certeza se tinha gostado dele ou não, deu-lhe o número do seu telefone e, a pedido dele, seu endereço na Internet. No dia seguinte, quando acordou e ligou o computador, ela encontrou um e-mail de Scott, com uma série de piadas que circulam na rede. Tudo muito engraçado. No dia seguinte, Scott telefonou para ela. E no outro também. E no outro. Lisonjeada, mas ainda um pouco relutante, Laura concordou em jantar com ele no sábado à noite.

À medida que o sábado foi se aproximando, Laura descobriu que seu entusiasmo estava aumentando. Ela sentiu prazer em se dedicar àqueles pequenos rituais que acompanham os preparativos femininos para um encontro e começou a pensar como era bom ter alguém com quem sair. Então, durante o jantar, Laura começou a perceber em Scott algumas características que ela apreciava. Ele era engraçado, inteligente, e a qualidade dele que mais lhe chamou a atenção foi que ele parecia gostar dela. O seu interesse nela era muito convincente. "Por que", ela pensou, "eu não poderia ficar com uma pessoa que goste mais de mim do que eu dela?"

Scott levou Laura para casa, e eles começaram a se beijar em frente à porta. Beijos longos, prolongados. "Muito, muito bom!", pensou Laura. Scott finalmente foi embora, dizendo que telefonaria. Laura não sabia bem o que isso significava. Ela esperava que ele telefonasse no domingo ou na segunda, apenas para dar um alô, mas ele não ligou. Na quarta-feira, Laura começou a ficar ansiosa. Não sabia se deveria fazer planos para o sábado ou reservar aquela noite para Scott. Estava preocupada, com medo de que ele não telefonasse. Ficou imaginando se havia feito alguma coisa durante o jantar que o tivesse afastado. Ela até pensou em ligar para ele. Como é que isso foi acontecer?, perguntou a si mesma. Ela mal conhecia Scott, e então *se descobria esperando que o telefone tocasse!*

Quando Scott finalmente ligou, no sábado de manhã, e a convidou para saírem no domingo à tarde, a primeira reação de Laura foi de alívio. Depois, ela começou a se preocupar com a possibilidade de ter sido "rebaixada". Por que ele não a convidara para sair no sábado à noite? Por que aquilo estava acontecendo? Se Laura analisasse a fundo seus sentimentos, teria de reconhecer que nem sequer estava segura do que sentia por Scott. Entretanto, a ansiedade dela quanto ao futuro do relacionamento é tão intensa que confere poderes a Scott sobre sua vida.

Laura é assim quando se trata de relacionamentos, o que não é nada fácil!

Por que os relacionamentos fazem Laura ficar ansiosa e perder o controle?

Não é segredo que, assumindo um papel ativo e mais agressivo, culturalmente, os homens tenham tomado o controle do processo do namoro e da velocidade em que os relacionamentos começam. Não é segredo que a estrutura antiga e tradicional do namoro – os rapazes indo atrás das moças – deixou as mulheres enfraquecidas e sem o controle da situação. A expectativa do telefonema do homem de quem você gosta, ou de qualquer outra pessoa, pode provocar ansiedade; a dúvida, a necessidade de saber se você atende ou não aos requisitos do outro, também produz ansiedade. Os homens, é claro, ficam igualmente ansiosos ao imaginar se a mulher vai dizer sim ou não; mas é diferente. Como homem, aprendi que não teria de esperar que alguém me "escolhesse". Eu seria o "selecionador", e não há dúvida de que essa é a posição mais vantajosa.

No caso de Laura, esse padrão tradicional foi reforçado por seu próprio passado. As perdas e os fantasmas da vida dela a deixaram ultra-sensível. Pela aparência exterior, ninguém consegue acreditar que os relacionamentos deixem Laura ansiosa. Ela tem uma família unida, os pais são carinhosos. Entretanto, a mãe de Laura ficou doente quando ela era bem pequena, e precisava ser hospitalizada com freqüência, por longos períodos; Laura se lembra de ficar preocupada, sem saber se a mãe voltaria ou não. Durante aqueles anos, o pai de Laura manteve um caso discreto com sua secretária – o que Laura só descobriu há pouco tempo. Agora que sabe disso, ela começa a entender algumas das mensagens que a mãe lhe passava sutilmente, no correr dos anos, a respeito de como os homens são volúveis e não confiáveis por inteiro. Os pais de Laura lhe passaram dois outros recados: disseram a ela que a coisa mais importante na vida é ter um relacionamento; e também que ela era tão linda e inteligente que algum dia um homem especial apareceria e, na mesma hora, perceberia o quanto ela era maravilhosa.

Os romances que Laura leu na faculdade e no curso secundário completaram algumas dessas mensagens. Ao contrário de muitas de suas amigas, Laura sempre passava um período difícil depois que um relacionamento acabava. Ela nunca foi capaz de namorar por namorar ou de passar de um namorado para outro. Ela sempre ficou surpresa com o comportamento dos homens; sempre esperou que seus relacionamentos fossem sérios; e ela teve muitas desilusões. Essas experiências deixavam Laura ferida e desanimada, e ela ficava assim até conhecer outra pessoa, e então o processo começava mais uma vez.

Mas quando Laura conheceu Scott, estava completamente sensibilizada. Se Scott não tivesse telefonado, como prometera, Laura logo pensaria o pior: *Ele já tem uma namorada. Ela estava viajando; agora voltou... ou... Ele conheceu outra pessoa. Ele não gosta mais de mim. Ele não me quer. Eu o estou perdendo.*

E quanto a Scott?

Scott é uma pessoa solitária, sempre foi. Apesar de ter sido criado por uma mãe que o adorava, o pai se ausentava por longos períodos; e, ainda pior, o pai de Scott, quando estava em casa, era nervoso demais para ser considerado um homem equilibrado. Scott sempre sentiu que sua família era diferente da de seus amigos; e, embora fosse popular e um bom atleta, ele sempre se sentia deslocado nas coisas que fazia.

Scott se casou poucas semanas depois de ter-se formado, mas ele sabia que estava cometendo um erro do qual se arrependeria mais tarde. Ele e a mulher eram bons amigos e companheiros, mas não existia muita paixão. Felizmente, a mulher não engravidou, e depois de cinco anos ambos perceberam que a relação não estava sendo satisfatória e então resolveram se separar. Scott começou a namorar avidamente. Era um mundo diferente; ele estava mais velho e mais seguro, tinha um bom emprego, boas roupas e uma casa própria. E havia tantas mulheres para namorar.

Entretanto, Scott nunca foi capaz de namorar só por namorar. Quando não tinha namorada, ele canalizava toda a sua energia para conseguir uma. E quase todos os seus relacionamentos sempre acabavam ficando sérios. Scott acabava revelando muito de si mesmo e dizendo coisas das quais se arrependia depois. Lembre-se de que Scott é uma pessoa solitária, ele quer se envolver com alguém, mas não entende muito sobre essa questão do comprometimento. Ele está solteiro há seis anos, e seus conflitos o mantêm em eterna dificuldade com as mulheres.

Agora Scott está com medo de que aconteça a mesma coisa com Laura. No princípio, ele ficou ansioso para saber se ela gostaria ou não de sair com ele. Quando ela finalmente aceitou, ele ficou ansioso, temendo que ela cancelasse o encontro. E, quando ela não cancelou, ele ficou com medo de que Laura não gostasse muito dele. Assim, escolheu um restaurante que a deixasse impressionada, e se empenhou ao máximo para agradá-la logo no primeiro encontro. Scott não relaxou nem por um segundo, esforçando-se para parecer o mais encantador possível.

Mas, no momento em que o encontro terminou, Scott sentiu suas preocupações mudarem. Ficou claro para ele que todo o seu esforço valera a pena: Laura *tinha* gostado dele e aceitaria vê-lo de novo, se ele a convidasse para sair. Agora ele tinha um outro problema com que se preocupar: até que ponto queria que essa relação chegasse? Ele gostava de Laura. Com certeza. Mas *quanto* ele gostava dela? Isso ele não sabia bem.

Scott começou a pensar na moça com quem flertara em outra noite na videolocadora. Ele tinha certeza de que poderia encontrá-la de novo se resolvesse realmente fazer isso, e ela era atraente de verdade. E ele percebeu que estava pensando na moça da chapelaria do restaurante. Quando ela pegou o casaco de Laura, o olhar de Scott cruzou com o dela. Ela era uma graça! Será que Scott se sentia preparado para limitar seu mundo *apenas* a Laura? Scott se ressentia por ter de tomar uma decisão como essa naquele momento. Por que não era possível apenas se divertir? Por que as coisas tinham de se tornar sérias tão rapidamente? Não adianta dizer a Scott que Laura não lhe pediu para tomar nenhuma decisão.

Quando percebeu que Laura estava receptiva, Scott sentiu que isso aliviava em parte sua ansiedade, mas, por outro lado, agora ele está preocupado com a possibilidade de assumir uma relação "para sempre". Quanto mais Scott sente que é capaz de fazer Laura corresponder à sua atenção, mais ele questiona sua vontade de ir adiante. Sim, Scott se sente solitário, mas não o suficiente para desistir de sua liberdade e entrar num relacionamento que talvez não tenha sucesso. Há tantas outras mulheres, diz ele a si mesmo, e ele sabe que é uma mercadoria desejável. Talvez ele ainda não esteja pronto, talvez precise esperar. Pelo menos, deveria ir mais devagar com as coisas e, no momento, não se mostrar *tão* interessado. Duas noites de sábado seguidas com certeza iriam aumentar a expectativa dela quanto ao relacionamento, e isso seria demais. Então Scott decidiu mudar para o domingo, e logo se sentiu aliviado. O problema é: como agir na próxima semana? O que fazer para que Laura continue interessada, mas não demais? As ansiedades de Scott o deixam muito inseguro. Agora que conseguiu a atenção de Laura, Scott quer se mostrar mais difícil – não a ponto de fazê-la desinteressar-se por completo, mas apenas para que ela recue um pouco.

Quando e como ficamos ansiosos

Nos relacionamentos, a ansiedade surge quando tememos uma dessas situações:

- Nosso parceiro está ficando muito íntimo.
- Nosso parceiro está se afastando demais.

Nem todos, é claro, ficam ansiosos no primeiro encontro. Muitas pessoas com problemas de comprometimento ficam absolutamente calmas nesse momento e guardam seus ataques de ansiedade para quando houver mais motivos. Existem quatro tipos diferentes de ansiedade:

1. **O nervosismo noturno**

Um bom primeiro (ou segundo) encontro faz muitas pessoas ficarem ansiosas. Um dos parceiros, ou ambos, pode se sentir inseguro por achar que se espera mais da parte dele. O outro talvez comece a se preocupar: "Será que ele vai telefonar?"

2. **Nós fizemos amor, e agora?**

Em primeiro lugar, o sexo também cria ansiedade. De novo, um parceiro pode entrar em pânico por temer que o outro crie a expectativa de um compromisso, e então começa a recuar. Em contraposição, é possível que o outro comece a pressionar, tentando uma aproximação maior. Isso, muitas vezes, cria um círculo vicioso de papéis e comportamentos que ameaça o relacionamento.

3. **É hora de o relacionamento ficar sério**

O momento em que as pessoas costumam ficar mais ansiosas é quando o casal já namorou o suficiente para completar todas as preliminares do relacionamento; é hora de seguirem adiante – juntos. Mais uma vez, um dos parceiros começa a se sentir pressionado demais e procura ganhar tempo. O outro, também levado pela ansiedade, muitas vezes reage com discussões e ameaças.

4. **O dia seguinte**

Algumas pessoas só levam a sério o relacionamento depois que ele realmente se efetiva (isto é, na manhã seguinte ao dia do casamento ou uma semana depois que o casal começou a morar junto ou se casou). Então, um dos parceiros, ou ambos, entra em pânico. Começa a se sentir sufocado, a achar que deveria ter pensado melhor a respeito da relação, ou passa a criticar o outro.

A ansiedade ligada ao relacionamento é causada pelo medo. Mas do que nós temos medo?

Em nosso trabalho ou com amigos e a família, podemos ser os pilares da segurança e da confiabilidade. Mas no mundo do relacionamento amoroso somos apenas feixes de nervos. Às vezes, o simples fato de pensarmos em nos envolver emocionalmente com alguém já nos deixa à beira do descontrole; mostramo-nos ansiosos antes de começar. Ficamos nos "debatendo", e continuamos assim à medida que a ligação vai se tornando mais forte e nos sentimos ainda mais vulneráveis. Às vezes a ansiedade é mínima; outras, é avassaladora.

A seguir apresento uma lista de algumas coisas que nos deixam ansiosos no que diz respeito ao amor:

Nós tememos ser alvo de comparações; temos medo de ser rejeitados; de perder; de ser abandonados; de nos sentir invadidos. E temos receio de perder nossa liberdade e independência. E também de perder o sono ou nosso armário favorito. Temos medo de ter expectativas e de perder nossa personalidade. Temos receio de que nossas limitações físicas e intelectuais sejam expostas – e julgadas. Temos medo da desilusão. Temos medo de ter novas prioridades ou um aumento de responsabilidades. Temos medo da nossa própria vulnerabilidade, dos nossos sentimentos mais intensos, de perder o controle e de nos magoar. Temos medo de cometer mais um erro ou de que essa seja nossa última chance de encontrar o amor. Tememos ser mal entendidos ou não ser devidamente amados ou reconhecidos. E também temos receio de não conseguir corresponder à expectativa. Receamos repetir o passado ou que ele nos assombre. Temos medo de que o futuro nos traga uma desilusão. Tememos o sexo – particularmente o sexo monogâmico e suas implicações. Temos medo de ir "longe demais" ou de não avançar o suficiente. Tememos os fantasmas que surgem para nos lembrar de como é difícil se relacionar.

E, o mais importante, temos medo dos sentimentos associados à própria ansiedade.

O que fazer com as nossas ansiedades

A ansiedade é uma emoção difícil. Quando estamos ansiosos, nosso estômago se ressente, o peito dói e o coração bate mais depressa. A ansiedade nos assusta; nos esmaga; nos desequilibra. Ela nos distrai e impede que nos concentremos no trabalho. É infinitamente dolorosa. ELA NOS IMPEDE DE APROVEITAR A VIDA.

Causa um pouco de espanto o fato de não fazermos quase nada para nos livrar desse sentimento. Mas o que podemos fazer? Nos relacionamentos, tentamos dominar a ansiedade procurando controlar a intensidade do que sentimos ou deixamos de sentir. Também tentamos controlar o que nossos parceiros fazem ou deixam de fazer; tentamos controlar até mesmo a evolução do relacionamento.

Em nosso íntimo, sabemos que os relacionamentos devem evoluir gradual e naturalmente. Entretanto, a ansiedade, muitas vezes, nos leva a abreviar esse processo. Queremos ter certeza de que temos opções e algum tipo de controle. Essa necessidade de controlar a ansiedade nos faz agir como bobos. Às vezes, até, nos afasta do nosso parceiro. Outras, faz com que tentemos aproximar demais o parceiro. Outras, ainda, nos leva a brigar; e, por fim, outras vezes, nos faz desistir.

Vamos dar nome às nossas ansiedades

Muitas vezes, o simples fato de tomar conhecimento de nossas ansiedades e de lhes dar um nome já nos ajuda a compreender como elas podem destruir nossas ligações amorosas. Em seguida, apresento alguns comportamentos provocados pela ansiedade que, conseqüentemente, nos impedem de prosseguir no caminho do comprometimento.

Desistir no momento em que entramos em pânico (em vez de aprender a compreender e a lidar com nossos medos)

Se os atores deixassem o palco no momento em que se sentem ansiosos, não teríamos a ópera, a dança ou o teatro. Se os atletas voltassem ao vestiário toda vez que se sentissem ansiosos, não teríamos esportes para comentar. Se os homens de negócios abandonassem seus encontros ao primeiro sinal de ansiedade, nossa economia ficaria paralisada. Se os oradores deixassem a tribuna no instante em que ficassem ansiosos, nunca mais teríamos de ouvir um discurso. E se cada um de nós desistisse dos relacionamentos num momento de ansiedade, não sobraria nenhuma relação. A ansiedade não é necessariamente uma coisa *ruim*; é apenas um desafio, e você precisa se levantar e enfrentá-lo.

Se você perguntar a alguns casais cujo relacionamento você respeite de verdade, é provável que eles lhe digam a mesma coisa: no início da relação – por *melhor* que ela seja –, haverá muitos momentos de incerteza, de dúvida ou até mesmo de crises de pânico. "Será que isso está certo?" "Será que esse é o momento adequado?" "Será que essa é a pessoa que eu queria?" "Será que estou pronto mesmo para isso?"

Todas essas perguntas têm boas respostas. Mas aí é que surge o problema: as boas respostas não estão disponíveis *agora*. Por esse motivo, é um grande erro tentar *fazer* alguma coisa *agora*, exceto respirar fundo e "deixar a onda nos levar". Você tem que aprender a trabalhar interiormente o seu medo, em vez de deixá-lo tomar conta de todas as situações. Você precisa encontrar uma voz interior "adulta" que ponha seu medo no devido lugar até que você consiga descobrir de onde ele surgiu ou até que ele finalmente se aquiete. A ansiedade pode ser uma prova de que você e o seu parceiro estão mais próximos. Encare-a como um sinal *positivo*.

As respostas às suas perguntas ansiosas vão surgir com o passar do tempo, à medida que o relacionamento for progredindo. No momento, só há uma coisa certa: desistir da relação não é uma resposta. Dê uma oportunidade ao relacionamento. O que hoje parece tão assustador, amanhã pode parecer tolo ou sem importância. Mais tarde, isso talvez se torne mais fácil de lidar ou, então, *desapareça*, fazendo-o perguntar: "Afinal, qual era mesmo o problema?" A sua missão é chegar no amanhã, em vez de cruzar os braços sem ter verificado todas as possibilidades do relacionamento.

Apegar-se ao parceiro diante da perda (ou falta) de interesse dele

Se você tivesse perguntado a Bryce, quatro dias atrás, como ele se sentia em relação a Melissa, sua namorada atual, ele lhe teria dito que a achava uma garota "legal". Mas, se você lhe fizer a mesma pergunta hoje, ele lhe dirá que está apaixonado por ela. O que aconteceu para que, de repente, seus sentimentos mudassem? Bastou Melissa dizer a Bryce que não queria sair exclusivamente com ele.

Se você tivesse perguntado a Jennifer, duas semanas atrás, o que ela sentia diante da perspectiva de um relacionamento a longo prazo com Keith, ela lhe teria respondido que não tinha muita certeza de que ele era o "homem da sua vida". Mas, se você lhe perguntar a mesma coisa hoje, ela lhe dirá que aceitaria imediatamente, caso ele a pedisse em casamento. O que aconteceu, para que ela mudasse de forma tão drástica? Ontem, Keith disse a Jennifer que não tem certeza de que ela seja a "mulher da vida dele".

Essa é a reação decisiva das pessoas que lutam com o medo do comprometimento: ficar repentinamente mais interessado, no momento em que o interesse do parceiro diminui. Se você costuma fazer isso, ou seja, passar de repente a querer "aprofundar" a ligação, quando começa a suspeitar que o seu parceiro quer "se afastar", entenda que essa reação tem pouco a ver com sentimentos verdadeiros ou motivação genuína.

Reflita bem sobre isso, porque esse é um sintoma de quem não pretende manter um relacionamento a longo prazo. Tente compreender que o desinteresse de uma pessoa deixa você livre para fantasiar, desejar e até mesmo agir sem se preocupar com nenhuma conseqüência. Para um relacionamento dar certo, os dois parceiros têm de querer a mesma coisa, na mesma hora. Se vocês não tiverem isso em comum, não adiantará nada.

Pressionar demais, logo no início

Muitas pessoas querem passar da fase de namoro ao compromisso o mais rápido possível, para poderem aliviar sua ansiedade e "voltar à vida normal". Talvez seja isso que você esteja sentindo, e é por esse motivo que está com tanta pressa. Ou talvez você tenha medo de que os seus sentimentos ou os do seu parceiro mudem, se demorar muito tempo. Ou, ainda, talvez essa seja a maneira que você encontrou para afastar intencionalmente as perspectivas sólidas de relacionamento. Qualquer que seja a razão, isso revela que o seu senso de oportunidade é assustador e que você não tem uma noção muito clara de como uma relação deve evoluir apropriadamente. E, assim, o seu parceiro em potencial poderá se perguntar: "Com quem será que ele está mantendo esse relacionamento?... Comigo não é, com certeza."

Os primeiros estágios de um relacionamento dão aos parceiros uma grande oportunidade de exploração. É o momento de cometer erros e aprender com eles, e também de conseguir as informações necessárias para que ambos possam tomar decisões concretas quanto à possibilidade de um relacionamento a longo prazo. Esses estágios iniciais, embora pareçam repletos de ansiedade e tensão, fazem parte do processo de relacionamento. Se você tentar abreviar o processo, só conseguirá aumentar a ansiedade e a tensão já existentes, comprometendo seriamente suas chances de ser bem-sucedido.

Rejeitar para não ser rejeitado

Charles ama Selma realmente; porém, está se sentindo muito pressionado, não apenas por ela mas também pelo trabalho. Ele disse a Selma que quer vê-la menos durante as próximas semanas porque está trabalhando num grande projeto. Diante disso, qual foi a reação de Selma? Ela lhe respondeu que, se é isso que ele está sentindo, talvez fosse melhor eles deixarem de se encontrar. Ponto final.

Nesse caso, Charles quer, realmente, apenas um pouco de tempo e distanciamento para executar seu trabalho no escritório e poder avaliar o relacionamento com Selma. Se ela tivesse pedido a Charles para definir o que ele tem em mente, teria dado uma chance para os dois expressarem seus sentimentos, ajudando o relacionamento a crescer. Se a atitude dela refletisse que ela compreendera e que também precisava de um tempo livre, teria aberto possibilidades para os dois. Da maneira como tudo aconteceu, a reação de Selma não ajudou em nada o relacionamento. Charles não quer perder Selma, por isso acalmou-a deixando de falar em passarem um tempo separados. Entretanto, está extremamente ressentido e zangado. Ele não quer passar o resto da vida se sentindo assim, o que o faz questionar seriamente esse relacionamento.

Todos nós já vivemos essa cena: quando você tem certeza de que a espada está para cair sobre sua cabeça, você agarra sua própria espada e toma a iniciativa. Por algum tempo, isso o faz se sentir melhor; você tem uma sensação de poder. Mas então começa a se perguntar se a sua reação não foi grosseira e rápida demais. O problema é que você nunca saberá a resposta para isso.

Muitas vezes, aquela "certa" sensação de que a rejeição é iminente é uma projeção de algo com o qual já lutamos no passado. Alguma coisa relacionada às palavras ou ao comportamento do parceiro lembra demais as palavras e o comportamento de antigos companheiros, e logo nos precipitamos a tirar uma conclusão negativa. Mas nossas suposições podem estar completamente erradas.

Certas pessoas brigam como uma forma de intróito à ruptura do seu relacionamento; outras brigam apenas para aliviar a tensão. Outras dizem que "precisam de espaço" como uma desculpa para terminar um relacionamento; outras, ainda, afirmam isso porque realmente precisam de um ou dois dias só para si. Há pessoas que não respondem ao telefonema de alguém porque estão tentando desistir do relacionamento, mas outras fazem isso por estarem sobrecarregadas de trabalho naquele dia. Só existe uma maneira de saber a diferença: conseguir mais informações. Não estou sugerindo que você permaneça envolvido e vulnerável num relacionamento que com certeza está lhe fazendo mal. Estou apenas lhe sugerindo que se informe com a maior clareza possível e que esteja emocionalmente equilibrado e ciente dos fatos antes de tomar decisões firmes e definitivas.

Exercer o controle para evitar a "invasão de espaço" e outras situações que provocam ansiedade

Um relacionamento exige compromisso. Isso significa que você não vai conseguir tudo do seu jeito até nas menores coisas. Para algumas pessoas, isso dá a impressão de que estão perdendo a liberdade e o controle de seu próprio ambiente. Isso causa ansiedade. Muitas vezes, a reação correspondente é tentar controlar ainda mais.

Eu, por exemplo, sei que às vezes tento controlar minhas ansiedades regulando o comportamento da minha companheira. Quem não faz isso? Na minha época de solteiro, eu me acostumei a ter o controle total sobre o lugar onde vivia. Então, à medida que os diversos relacionamentos que vivi iam se tornando mais íntimos, eu enfrentava meus problemas com o controle. Muitas vezes eram questões que diziam respeito ao espaço. Eu sentia meu espaço sendo ocupado; isso me fazia ficar ansioso, e assim eu tentava controlar o que estava acontecendo.

Toda vez que uma mulher começava a passar um tempo no meu "espaço" (meu apartamento de solteiro, com um quarto só), eu logo começava a sentir como se estivesse perdendo o controle do lugar onde morava, e eu não gostava disso. Uma parte de mim tornava-se uma caricatura do solteirão inflexível e maníaco. E, mesmo que não dissesse isso para a mulher, eu reagia interiormente. As coisas "dela" se espalhavam por todo o banheiro, pela cozinha e pela sala. "Ela" começava a mudar as coisas. Na geladeira, a mostarda ia parar atrás do suco de laranja, em vez do contrário. Parecia uma "invasão" de espaço. O leite acabava (como alguém conseguia beber tanto leite?), e ninguém repunha. Eu, só ao avaliar o peso da caixa, já sabia exatamente quando deveria comprar mais leite. Mas, quando uma mulher começava a passar mais tempo no meu apartamento, um novo fator aparecia: *havia outra pessoa para tomar o meu leite*. Como você pode perceber, eu tinha alguns pensamentos terrivelmente implicantes. Sem ter consciência de que estava vivendo uma ansiedade ligada ao relacionamento, eu culpava minha parceira.

Lembro-me de pensar que eu gostava das coisas em ordem e que essa outra pessoa estava instalando o caos no meu apartamento. Não sei como me comportar quando tenho de pisar nas coisas dos outros, por exemplo. Eu lhe conto isso para que você perceba como é tola a argumentação de uma pessoa que tem conflitos em relação ao comprometimento. Quando eu começava a sentir que alguém estava invadindo meu espaço, às vezes me prendia a questões como o uso do papel higiênico. É incrivelmente idiota, eu sei, mas eu não conseguia aceitar que alguém gastasse uma quantidade tão grande de papel.

Naquilo que eu imaginava como meu estado perfeito de solidão particular, eu costumava calcular precisamente quantos rolos de papel higiênico eu precisava para três meses e os estocava num armário. "*Ela*, quem quer que fosse", entre retirar a maquiagem e tudo o mais, acabava em poucas semanas com o meu estoque de papel para três meses. Isso me enfurecia. Aceito o fato de que minha ansiedade, não reconhecida na época, me tornava muitas vezes um controlador insuportável em relação a todo tipo de coisas tolas e insignificantes.

Quando eu e minha esposa começamos a arrumar nossa casa para morar, tive muitos problemas desse tipo, todos ligados ao controle. Jill, por exemplo, queria imediatamente "decorar" o quarto sobressalente para servir como quarto de hóspedes. Eu não queria gastar dinheiro naquilo que não considerava uma prioridade. Achava que os hóspedes já ficariam muito felizes só com o fato de terem um quarto para eles. "Por que não?", eu argumentei com motivos que me pareciam perfeitamente lógicos. Mas Jill não queria apenas um quarto, queria um quarto *bonito*. Começou por comprar a mobília, uma parte da qual ela sabia que era provisória, na melhor das hipóteses. De uma hora para outra, senti que não tinha controle sobre o meu próprio ambiente. Eu achava isso emocionalmente dilacerador, porque eu percebia que aquelas soluções provisórias provocavam ansiedade.

Com certeza, temos tido nossas discussões a respeito dessas questões. Mesmo quando Jill faz alguma coisa que me desagrade profundamente, consigo me dar conta de que isso não seria um problema tão grande se eu não tivesse tanta necessidade de controlar meu espaço mais próximo. E, é claro, eu gostaria de exercer um controle maior sobre as decisões de Jill.

No período "rosa" de um relacionamento novo, parece que não tem muita importância o que você faz ou deixa de fazer com o espaço. Bolsas jogadas no chão, roupas espalhadas por toda parte, camas arrumadas ou desfeitas, o som ligado ou desligado, janelas abertas ou fechadas. Mas, à medida que o relacionamento toma corpo, essas questões podem se tornar importantes; para muitas pessoas, isso se torna uma batalha de vida e morte. Lembre-se de que o problema é a ansiedade que você está sentindo em relação à perda de controle do seu ambiente. Suas discussões não são fundamentadas em valores, estilos ou higiene, mas no controle – controle sobre o seu espaço e sobre o comportamento das outras pessoas.

Todos nós sentimos certa frustração por nossos parceiros serem diferentes de nós e pelo fato de não sermos capazes de controlar as coisas de que eles gostam ou não gostam, suas necessidades, seu jeito de se comportar. Minha mulher se adaptou a essas questões mais rapidamente do que eu.

Admito, achei tudo bastante difícil. Entretanto, aprendi a reconhecer o que está acontecendo, e isso faz muita diferença. Pode também influir em seus relacionamentos.

A ligação amorosa e o controle são como água e óleo: simplesmente não se misturam. As ligações íntimas verdadeiras só acontecem se não houver controle, quando os dois parceiros "deixam estar". O relacionamento apresenta riscos por todos os lados, e o controle é o oposto do risco. O controle interpõe-se no caminho dos sentimentos. Controle é manipulação, e ele fecha as comportas do coração.

Manter uma convivência mais intensa com nossa ansiedade do que com nossos parceiros

Todos nós temos botões que regulam a ansiedade. Aperte os botões certos, e qualquer um reagirá de imediato. Alguns com mais freqüência, outros com menos. Por que tantas pessoas acabam se relacionando com parceiros que sabem exatamente quando e onde apertar nossos botões de ansiedade? O que vem primeiro? Será que reagimos primeiro aos nossos parceiros porque eles sabem que botões apertar? Ou nós, inadvertidamente, reagimos primeiro aos próprios botões da ansiedade?

Nos relacionamentos, essas questões são bastante importantes pelo seguinte motivo: muitas vezes, nos ressentimos com uma pessoa simplesmente porque achamos que ela tem o poder de ligar e desligar os botões que controlam nossa ansiedade. É quem engata a alavanca que desencadeia nosso primeiro ataque de ansiedade, talvez ao ser infiel, imprevisível ou ao nos rejeitar. Nós ficamos tão ansiosos que, daí para a frente, acreditamos que o único jeito de aliviar nossa ansiedade é resolver as coisas com o parceiro.

Outra coisa que sempre acontece é o seguinte: a ligação parece tão firme e a atração tão forte que isso traz à tona uma série de sentimentos enterrados que fazem parte da nossa vida pessoal. Ficamos ansiosos – tão ansiosos, de fato –, que achamos que o único meio de conseguir algum alívio é fugir do relacionamento e do parceiro que desperta esses sentimentos.

A ansiedade pode ser provocada por medo da perda e do rompimento; ou então por relações positivas muito fortes. O que precisamos perceber é que essas são ansiedades que carregamos conosco. Elas podem ser provocadas por inúmeras situações. Cabe a cada um de nós descobrir como e por que ficamos ansiosos. Dessa forma, a) deixaremos de achar que estamos sendo vítimas de parceiros que nos controlam ao controlar nossas ansiedades; e b) deixaremos de fugir de pessoas maravilhosas que poderiam se tornar nossos parceiros e que, inadvertidamente, deixaram escapar um pouco da própria ansiedade.

ALGUMAS SUGESTÕES IMPORTANTES PARA LIDAR COM A ANSIEDADE LIGADA AO RELACIONAMENTO

Aprenda a dominar sua ansiedade

A ansiedade não surge do nada, e também não se origina necessariamente de uma só fonte. Para poder lidar com o que está acontecendo, você precisa pôr sua ansiedade numa centrífuga e fazê-la girar até que consiga ver com clareza sua complexa composição. Desse modo, você poderá trabalhar cada parte separadamente. Em resumo, analise sua ansiedade, agora desmembrada:

- Esta aqui é a parte que me faz lembrar do meu irmãozinho, que costumava pegar todos os meus brinquedos para brincar e depois os quebrava, e eu sinto como se fosse passar a vida inteira grudado a alguém que está tirando vantagem de mim.
- Esta é a parte que diz respeito às minhas preocupações com a minha imagem, o que me deixa ansioso, pois tenho medo de estar convivendo com alguém que me faça ficar o tempo todo preocupado com o que os outros vão pensar.
- Esta é a parte que pressiona meus botões ligados à insegurança e me faz ter medo de ser abandonado e de ficar sozinho para sempre.

Quando não estamos bem, misturamos nossas ansiedades com a necessidade de controlar as situações. Se você acrescentar a isso a maneira que escolheu para retomar o controle (afastar-se, ir embora, começar uma briga, separar-se), terá uma grande miscelânea. Não é verdade que todos esses componentes criam uma enrascada sem solução. Assim que você tiver todas as peças na mesa, à sua frente, poderá trabalhar cada uma delas separadamente.

Não aumente sua ansiedade insistindo em pensamentos do tipo "ou... ou..."

Por exemplo: Vinnie e Cheri têm uma divergência com relação a Ray, irmão de Cheri, e o melhor amigo dele, Donny. Vinnie fica enciumado porque acha que Cheri passa muito tempo ao telefone, conversando com os dois. Ele sente que os três são *muito* próximos e não consegue lidar com isso. Cheri diz que Vinnie está enganado, porque os três cresceram juntos e são como irmãos. Cheri diz que Ray e Donny gostam de falar com ela a respeito de seus problemas com as namoradas e ela gosta de ouvir. Vinnie acha que Donny tem um interesse amoroso por Cheri e que Ray apóia esse interesse.

Na semana passada, Vinnie deu um ultimato: "Ou você pára de ficar o tempo todo no telefone com esses dois, ou nosso caso está acabado!" Cheri disse que não pretende passar o resto da vida com alguém que policie seu comportamento. Nessa discussão, Vinnie e Cheri chegaram muito perto do rompimento. Ambos disseram coisas que gostariam de não ter dito. Eles lidaram muito superficialmente com o conflito e... temporariamente. Porém, ele não foi resolvido. Nessa discussão, podemos ver que tanto Vinnie quanto Cheri estão muito próximos do "ou... ou..."

Na verdade, Vinnie não tem informações suficientes para saber se suas suspeitas sobre Donny são reais. E ele certamente não tem o direito de pedir a Cheri para não conversar com o irmão. Cheri também não sabe se o ciúme de Vinnie é tão forte a ponto de impedi-lo de ser um bom companheiro. Em vez de deixar suas angústias individuais levá-los em direções opostas, Vinnie e Cheri precisam encontrar uma forma de trabalhar o relacionamento. Seria possível desfazer essa situação? Cheri poderia ver Ray e Donny um pouco menos? Vinnie seria capaz de concordar em ser mais amigável e ir ao cinema ou a uma pizzaria com os três, para se sentir mais à vontade com a amizade deles?

Algumas vezes, quando estamos ansiosos, ficamos tão incomodados com nosso medo que "tudo o que queremos é resolver logo isso". Assim, acabamos levando adiante a situação. Nosso mantra operacional passa a ser: "Se é para terminar, vamos fazer isso agora." E, geralmente, o fato de nos apegarmos ao conceito de que "ou as coisas são absolutamente perfeitas (o que, na verdade, é impossível) ou não são nada" resulta no que mais tememos: um relacionamento atribulado.

Aprenda a respirar quando estiver com medo

- Seu parceiro não está correspondendo com tanta paixão ou intensidade como normalmente faz. Você entra em pânico. Será que ele ainda sente atração por você? Será que está querendo desistir da relação? Você tem todo um arsenal de argumentos que pode usar para analisar o relacionamento e alimentar suas inseguranças: pode começar uma briga, chorar ou pedir explicações.
- Ela demora cinco minutos a mais para ficar pronta. Você já fica imaginando uma vida inteira de espera. Isso o leva a sentir-se ansioso e preso a uma armadilha. Você está pronto para começar uma grande discussão e sair porta afora.

- Ele resolveu comprar um carro que você odeia, de uma cor que você não suporta. Esse fato lhe causa ansiedade em relação ao que as pessoas vão pensar quando a virem circulando num automóvel tão ridículo. "Isso é demais para mim", você pensa, olhando para o parceiro que você realmente ama. Você está pronta para começar uma guerra doméstica.

Contar até dez é a primeira coisa a fazer, em caso de emergência. Dê um passo adiante. Aprenda a respirar quando estiver com medo. Essa é a fase "agora-afaste-se-da-arma", que faz parte do controle ao crime violento. Espelhe-se numa pessoa que já foi especialista na arte de destruir relacionamentos, mas aprendeu a se controlar. No início do meu relacionamento com minha mulher, havia muitas vezes em que a única coisa que me impedia de bombardear a relação era respirar devagar e profundamente, até que eu conseguisse controlar minhas reações imediatas, induzidas pela ansiedade. E elas, de fato, desapareciam.

Eu costumava caçoar das pessoas que falavam a respeito do poder da respiração, mas aprendi a usá-la para controlar minhas ansiedades. Quando estamos assustados, nossa tendência é prender a respiração até que não agüentemos mais – a situação pode chegar a proporções alarmantes. Por isso, todos juntos agora, inspirem um ar saudável e expirem o medo.

Não aumente sua ansiedade ficando obcecado por ela

O relacionamento que você tem com sua ansiedade pode assemelhar-se à máquina de uma locomotiva. Uma vez começado o fogo, você passa a jogar pás de carvão cada vez mais depressa, até criar o fogo do inferno.

Por exemplo: Martha e Syd estão saindo juntos há alguns meses. Nesta semana, Syd disse que seus pais estavam com problemas e que ele precisava passar o fim de semana em casa, com eles. Ele não telefonou para Martha no fim de semana; hoje é segunda-feira, e ele ainda não ligou. Martha se lembra do seu último namorado, Sean, que costumava fazer isso sempre. Ela fica histérica e telefona para sua melhor amiga. Ela liga para Syd. A ligação cai na secretária eletrônica. Ela desliga e repete o processo várias vezes. Telefona de novo para a amiga. Juntas, elas imaginam as cenas mais prováveis. Todas elas caracterizam Syd como um mentiroso, enganador, ou como estando jogado na sarjeta, em algum lugar, chamando pelo nome de Martha.

Martha começa a imaginar que Syd está tendo um caso com a mulher que flertou com ele no elevador do prédio em que ele mora. Sim, ela pensa. É isso! Então telefona de novo para a amiga. Elas discutem essa possibilidade.

Quem sabe onde Syd está? Mas Martha vai descobrir logo, logo. Por que ela não deixa esses pensamentos de lado? É sempre um erro deixar que a ansiedade nos consuma até que seja a única coisa que você consegue sentir. VOCÊ TEM UMA ESCOLHA: pode externar sua ansiedade, até que ela passe, ou levá-la até um ponto crítico.

Não deixe seu comportamento refletir seu conflito

Às vezes, emoções conflitantes nos levam a agir de forma contraditória. Num momento, você quer manter o seu espaço; dois dias depois, convida seu parceiro para ir com você até o Havaí. Tente imaginar como deve ser difícil e penoso para o seu companheiro ter a própria vida virada de cabeça para baixo, de pernas para o ar e revirada por suas mudanças de comportamento.

Quando você é envolvido pelas oscilações do seu conflito com compromissos, é muito fácil representar esses vaivéns de muitas formas – rompendo e conciliando, indo embora e voltando, brigando muito e se desculpando muito. Esse vaivém é uma das coisas mais destrutivas que as pessoas com conflitos ligados a compromisso costumam fazer. Assim, não se esqueça disso, faça experiências com um amigo ou com um parente confiável, que mantenha seus sentimentos em caráter confidencial, ou procure ajuda com um profissional habilitado. Lembre-se de que qualquer atitude que você tomar, no seu relacionamento, terá conseqüências. Por isso, reflita bem antes de agir.

Reconheça a reação ansiosa do tipo "lutar ou fugir" por aquilo que ela é

Às vezes, ficamos tão sensibilizados com nossa própria história emocional que, no momento em que estamos mais próximos de uma pessoa, somos literalmente envolvidos por sensações de fobia. Essas reações fóbicas clássicas se caracterizam como ondas de ansiedade, medo intenso, dificuldade de respirar, sensação de sufocamento, taquicardia, dor de estômago, suor excessivo ou, até, calafrios. Podemos passar por isso toda vez que sentimos medo. Às vezes tememos ter sentimentos de perda (semelhantes àqueles pelos quais já passamos); outras, associamos emoções desagradáveis a relacionamentos íntimos, e ficamos com medo deles; outras, ainda, a proximidade de um relacionamento amoroso nos produz sensações de claustrofobia.

O vaivém é uma das coisas mais destrutivas que as pessoas com conflitos ligados a compromisso costumam fazer

Você só pode lidar com sua ansiedade se for capaz de reconhecê-la quando estiver face a face com ela. Por exemplo:

Quando Liam não está vivendo um relacionamento amoroso, ele é uma pessoa relativamente pacata, que passa muito tempo sozinho. Entretanto, no instante em que uma relação começa a se aprofundar, ele de repente toma consciência de que ainda quer fazer sexo com muitas mulheres, antes de se comprometer com alguém. Essa é a parte "fuga" da reação lutar ou fugir.

Quando Max e Brittany se conheceram, Max achou Brittany incrivelmente inteligente e bonita. Agora que o relacionamento está se estreitando, Max começa a ver os defeitos de Brittany. E, à medida que os descobre, ele chama a atenção da moça para eles. Um por um. Num tom condescendente. "Por que você não usa sacos maiores na lata do lixo? Assim eles se encaixariam melhor nela." "Como você se esqueceu de reciclar a garrafa de plástico de refrigerante?" Quando ela fez aquele jantar romântico para os dois, seguido de uma noite de sexo apaixonado: "Por que você não se lembrou de pôr a panela do frango de molho? Agora a pia da cozinha está cheirando a gordura e dá impressão de sujeira. Não posso nem olhar para ela." Esse comportamento de Max descobrindo falhas em Brittany é uma aula perfeita de como destruir um relacionamento. Essa é a parte "luta" da reação lutar ou fugir.

À medida que uma relação se aprofunda e surgem a apreensão, a dúvida e o medo, precisamos reconhecer a ansiedade por aquilo que ela é. Temos de perceber se é ela que nos leva a querer brigar, representar, fugir ou enganar. Da próxima vez que você tiver um impulso destrutivo em seu relacionamento, tente parar e descobrir o que está comandando aquele impulso. O que está fornecendo tanta energia? É bem provável que seja a sua ansiedade, que está fora de controle.

Encare a ansiedade como uma emoção, não como um comando

Algumas pessoas não vêem a ansiedade como uma emoção que passa com o tempo. Por exemplo:

Clint está pensando em ir morar com Winnie, mas isso o está deixando nervoso. Na fila do supermercado, ele começa a ficar realmente ansioso. Será que ele vai conseguir fazer isso? Será que vai ser feliz? Talvez ele ainda queira namorar outras pessoas. Ele observa uma loirinha bonitinha, com um carrinho de compras lotado de verduras e tofu. Ele começa a conversar com ela. Mais do que depressa, ele consegue o número do telefone dela. Ao fazer isso, ele se sente menos ansioso em relação a ir morar com Winnie. Mas ele tem outras questões que o deixam ansioso. E se convidar a loirinha vegetariana para sair com ele? E se Winnie descobrir isso? Com esses pensamentos, ele fica ainda mais ansioso.

Algumas pessoas não encaram a ansiedade como uma emoção, mas sim como um comando para agir. Não é sempre que elas sabem que estão ansiosas; sabem apenas que há "algo errado". Elas se sentem infelizes. Podem se sentir mal do estômago, ter dores de cabeça, palpitações ou uma sensação difusa de medo; podem até sentir os joelhos fraquejarem. Em vez de encarar o que nos incomoda e procurar entender a situação, tendemos a fugir tanto do sentimento quanto da pessoa a quem acusamos de tê-lo provocado – *isto é*, a outra pessoa, que é tão importante para nós. Queremos fazer alguma coisa – qualquer coisa – para nos livrar do sentimento de ansiedade. E, muitas vezes, nossas atitudes só contribuem para aumentar ainda mais os problemas e a ansiedade.

A ansiedade, como qualquer outra emoção, não deve controlar você, a menos que você permita. Você tem uma escolha. A ansiedade ligada ao relacionamento é apenas uma reação emocional a uma situação que é basicamente assustadora: ficar de verdade ao lado de outra pessoa. Não assuma que a sua ansiedade é um "sinal" de que você está cometendo um erro.

Descubra um ritmo com o qual você possa viver sem estar sempre no seu limite emocional

Você se conhece. Sabe quais são as situações que lhe trazem ansiedade e agitação. O que faz você ficar com medo de perder o que tem? O que o leva a se sentir como se estivesse pisando em ovos? Quando começamos novos relacionamentos, muitas vezes fugimos ou permitimos que alguém nos faça fugir. Tudo se torna muito importante, depressa demais. Não espere a lua e as estrelas; assim, você não atingirá tão rápido seu limite. Observe-se o tempo todo; dessa forma, você não se sintará derrotado pela ansiedade.

Toda vez que criamos situações que provocam ansiedade, seja em nós, seja em nossos parceiros, agimos como nossos piores inimigos. Algumas coisas dão impulso ao relacionamento com muita rapidez. Não use o sexo para levar um relacionamento adiante. Não faça planos para o futuro antes que a relação amorosa esteja madura. Isso inclui tanto planos para férias e feriados quanto planos para noivado, casamento ou, apenas, para morarem juntos.

É verdade que, num relacionamento, pelo menos uma parte da ansiedade é fruto da reação a coisas que acontecem independentemente de você; porém, muito da sua ansiedade pode ser criação sua. Você determina uma velocidade, e ela o atropela; você faz promessas, e suas próprias promessas o horrorizam; você é fiel às suas fantasias de como deve evoluir um relacionamento, e isso faz você se sentir pressionado, e essa pressão foi criada por você mesmo.

Descubra um você com quem você possa conviver

- Paul acha que Randall espera que ele se vista e se porte como um editor bem-sucedido, por isso ele age de acordo com esse pensamento, comprando paletós aflanelados e freqüentando sessões de leitura de poesias, embora preferisse usar suéteres e freqüentar as quadras de basquete da cidade.
- Dodi é alguns anos mais velha do que Geoff. Ela está tão preocupada em não parecer mais velha, que faz seis aulas de ginástica por semana e nunca sai com pessoas da sua idade.

A ansiedade aparece toda vez que você tenta ser alguém que não é, na verdade, e então procura viver de acordo com essa falsa *persona*. Quer você goste ou não, só o verdadeiro eu consegue lidar com um relacionamento real. E, como eu já disse antes, se o seu relacionamento não der certo, saiba que ele não deu certo para *você*, não porque você *ocultou* o seu verdadeiro eu.

Construa uma vida que seja forte o bastante para suportar todas as ansiedades

- Loretta acredita que não consegue viver sem amor. Ela tem certeza de que, se seu relacionamento com Josh terminar, ela mal conseguirá respirar.
- Woody depositou todos os seus sonhos e esperanças em sua vida com Deedee. O que ele fará se ela o desiludir?

A proporção da nossa ansiedade depende do peso das nossas expectativas. Para algumas pessoas, um relacionamento tem o poder de consumir sua vida. Elas querem muito isso. Talvez até demais. Não é de admirar que estejam sempre tão ansiosas no que diz respeito a relacionamentos.

Quando crianças, todos nós aprendemos a lição dos três porquinhos. Lembre-se do porquinho que era tão esperto que construiu uma casa de tijolos. A casa dele era tão forte que nem mesmo o Lobo Mau conseguiu derrubá-la com seu sopro. Construa uma vida que lhe dê tanto prazer que você até fique preocupado com o fato de talvez não conseguir mudá-la – mesmo pelo amor da sua vida.

Quanto mais "vida" você tiver, garantindo-lhe estabilidade, menos possibilidades você terá de sofrer crises de ansiedade aguda ligadas a relacionamentos. Embora você tenha muito a ganhar com um amor em sua vida, há menos a perder se, por alguma razão, ele não for adiante.

Perceba a diferença entre a ansiedade causada por um parceiro e a ansiedade que você carrega consigo

Vamos encarar a realidade: algumas pessoas colaboram para deixar seus parceiros ansiosos. Se você estiver com uma pessoa que mente, trapaceia ou manipula, ela é a fonte da sua ansiedade. Você também ficará ansioso se tiver um parceiro que não telefona ou não aparece quando era esperado; um parceiro que tem mil histórias que soam como falsas; um parceiro cujo amor é contido e que cria muitas barreiras; ou um parceiro que está tentando controlar seu comportamento ou pressioná-lo demais para aumentar a intimidade entre vocês. Esse é o tipo de pessoa que realmente destrói o relacionamento. Você tem motivos concretos para ficar ansioso. O que você tem de se perguntar é o seguinte: por que continuar ansioso? Só depende de você tomar a iniciativa de consultar um especialista ou terminar o relacionamento.

Se você quiser descobrir o que ou quem o está deixando ansioso, precisa analisar-se interiormente. Lembre-se, a solução de uma crise começa com o diálogo interior. Fale a respeito do problema – em voz alta. Dê as boas-vindas a todas as diferentes vozes que estão contribuindo para você se sentir tão ansioso. Descreva, por escrito, seus sentimentos e o que está acontecendo. Isso é para você; é um passo para ajudá-lo. Não use o que você escreveu como um meio de tornar obsessivos os pensamentos sobre como seu parceiro o magoou. O que você está fazendo é encontrar uma atitude adequada para você mesmo.

Lembre-se de que, mesmo que o seu parceiro esteja "tentando" deixá-lo ansioso, se você não carregasse consigo ansiedades tão facilmente acionáveis, não reagiria de maneira tão previsível.

Entre em contato com o seu "mediador" interno

Gena, uma mãe solteira, e Dean estão namorando há alguns meses e saem juntos, mais ou menos, de quinze em quinze dias. A primeira vez que fizeram amor foi no último fim de semana. No momento em que Dean sugeriu que talvez ele e Gena pudessem viajar num fim de semana prolongado, Gena o levou ao pé da letra e tratou de arranjar uma babá. Depois de ter feito a sugestão, Dean pensou melhor – principalmente na parte financeira. Ele não tem dinheiro para gastar nesse momento.

Hoje, durante o jantar, quando Gena começou a falar sobre o fim de semana planejado, Dean foi obrigado a lhe dizer que não sabia se teria condições de viajar. A reação imediata de Gena – o desapontamento – logo se transformou em ansiedade (o que será que Dean está querendo realmente dizer com isso?). Então, tentando passar por cima de seus sentimentos, Gena ficou zangada e na defensiva e perguntou a Dean qual era o rumo do relacionamento deles. Ele respondeu: "Bem, não sei. Pensei que gostássemos da companhia um do outro. Achei que podíamos namorar e ver no que ia dar." Gena retrucou: "Já ouvi isso antes. Sei exatamente no que isso vai dar. Tenho uma filha a quem preciso proteger. Acho melhor terminar tudo agora mesmo." E, num rompante, ela saiu do restaurante. Basicamente, Gena ficou furiosa. Ela aproveitou a situação como uma oportunidade de se perder em seus enredos assustadores.

Quando Gena desafiou Dean, não havia nenhum "mediador" a postos. Não havia uma terceira pessoa aconselhando, nenhum tribunal para encaminhar o problema, absolutamente nada. O instinto de Gena estava certo num ponto. Se ela se sentiu tão mal a respeito do que Dean dissera, esses sentimentos tinham de ser expressos. Mas como? À medida que Gena foi ficando ansiosa em relação ao seu futuro com Dean, ela precisaria ter esperado pelo menos um minuto para descobrir como. Precisaria ter entrado em contato com seu mediador interno. Ela poderia ter ido para casa e refletido sobre o problema, racionalmente, antes de decidir o que deveria fazer ou dizer, se é que algo deveria ser feito ou dito. Deveria ter esfriado a cabeça por um dia ou dois – talvez até uma semana, para um assunto dessa importância. Poderia ter ido para casa, tomado um bom banho, bebido um copo de leite morno e entrado debaixo das cobertas, para tentar dormir bem, com a esperança de que tudo parecesse diferente na manhã seguinte. Ou, sentada no restaurante, ela poderia ter tido uma conversa de verdade com Dean sobre o que significava tudo aquilo e o que os dois estavam sentindo. Mas Gena nem contou até dez. Se ela tivesse feito isso, teria dado espaço para que o seu "mediador" interno assumisse o controle e encontrasse o equilíbrio para a situação.

Gena deixou que tudo lhe subisse à cabeça, atingindo o pior lugar possível, o ponto em que ela ficava tão assustada com sua ansiedade que passava a viver os clássicos sintomas fóbicos – lutar ou fugir. E ela assumiu os dois sentimentos. Muitas pessoas são como Gena: quando o relacionamento parece prestes a trazer alguma desilusão, elas acham mais fácil deixar as coisas fugirem do controle e terminar tudo. Assim, não são obrigadas a viver a realidade de um relacionamento e ver se é possível ou não dirigi-lo e ajustá-lo para que ele satisfaça ambos os parceiros, que é o caminho de uma verdadeira ligação.

Suponhamos que Gena agisse de forma diferente. Que ela dissesse, simplesmente:

"Ah, que pena! Eu estava sonhando em passar uns dias com você, só nós dois."

Gena estava aborrecida de verdade. O que a levou a pensar que seria melhor que Dean a visse enfurecida do que decepcionada? Afinal, era isso que ela estava sentindo, na verdade. Como Dean reagiria à decepção dela? Com essa reação, Gena poderia ter descoberto muito sobre o futuro do relacionamento. Dean talvez achasse a reação carinhosa. E então poderia falar sobre sua própria decepção e também sobre seus problemas. Talvez esse momento fizesse o relacionamento crescer. Em vez disso, tornou-se uma demonstração de força.

Toda vez que você sentir que vai ter reações de ansiedade do tipo "lutar-ou-fugir", entre em contato com seu "mediador" interno antes de fazer qualquer coisa.

Pense seriamente em falar com um terapeuta sobre a sua ansiedade

É incrível como um bom terapeuta pode ajudar quando se trata de lidar com a ansiedade ligada ao relacionamento. Ele é capaz de ajudá-lo a analisar sua vida, de maneira que você consiga atingir o ponto onde são geradas suas ansiedades mais profundas. E ele também deve ajudá-lo a avaliar seu relacionamento de forma realista. Deve auxiliá-lo a ter acesso ao seu "mediador". Quando você procura aconselhamento, está cuidando de si mesmo. Não deixe que suas ansiedades o levem a romper bons relacionamentos; não deixe que sua ansiedade o impeça de terminar as ligações que devem ser desfeitas.

Segure-se!

Viver em constante ansiedade ligada a relacionamentos é como cavalgar um cavalo selvagem. Não tenha dúvida. Se você se segurar e mantiver o animal sob controle, ele *acabará* se cansando. O fato de você saber que o cavalo finalmente se cansará também é uma motivação para você tentar sobreviver à cavalgada. Você é mais forte do que suas ansiedades. Sem dúvida. Você pode se comprometer com você mesmo; pode parar de ser dirigido pela ansiedade, seja ela causada por medo da perda ou por medo do comprometimento. E você pode assumir um compromisso com outra pessoa sem ser derrotado pela ansiedade e pelo medo.

Se você quiser, sua ansiedade poderá lhe ensinar muitas coisas. Tente pensar nela como um instrutor tentando conduzi-lo até a informação. Essa informação é muito valiosa. Você precisa dela para lidar com seus relacionamentos e para o seu crescimento em geral. Se você perder o autocontrole ou fugir de seus relacionamentos para escapar da ansiedade, estará jogando fora o bebê, a água do banho e a banheira.

CONCLUSÃO

Consiga o que você quer

Quando me decidi a escrever este livro, pretendia que ele fosse curto e leve: "Abaixo os velhos conceitos; adotemos os novos, seguindo alguns passos bem simples...". E eu queria que ele tivesse uma mensagem muito positiva e esperançosa, porque eu me sinto muito positivo e esperançoso quanto ao futuro dos relacionamentos. E então comecei a escrever, e logo fui obrigado a me lembrar de como continua sendo complexa e multifacetada a questão do comprometimento.

Apesar de que eu gostaria de pensar no processo de "comprometer-se" como a celebração da possibilidade do amor duradouro, sei que, acima de tudo, este foi um livro sobre faxina interior. Velhas coisas: escolhas, hábitos, fantasias, programas, linguagem, dúvidas e medos – tudo isso tem que ser encaixotado, lacrado e removido do seu caminho para limpar o trajeto até o comprometimento. Mas, assim que você tiver retirado a pior parte do caminho, ou pelo menos a tiver colocado numa perspectiva mais clara, algo de extraordinário começará a acontecer. Existe a recuperação, o entendimento, o perdão, a reorganização emocional. A possibilidade de amor verdadeiro e comprometimento desabrocha diante de você lentamente, como uma belíssima flor. Algo que parecia tão complicado de repente se torna tão simples, direto e claro. Aquilo que parecia tão estranho agora é tão correto e natural.

Eu poderia comparar isso ao tênis, fazendo uma analogia. Só depois de centenas de aulas, milhares de horas de prática e incontáveis números de batidas na bola você o julgará um esporte acessível e terá facilidade de praticá-lo. Quando você chega a essa fase, parece a coisa mais natural do mundo, e você nem se lembra mais da batalha que travou para atingir esse ponto. Hoje, minha mulher chega em casa, me beija na porta, e tudo parece a coisa mais natural do mundo. Mas foi preciso trabalhar duro para chegar até aí.

Neste exato momento, talvez você esteja imaginando: "Quanto tempo vou levar para conseguir assumir um relacionamento com compromisso?" "Como vou saber se estou fazendo o que é preciso?" "Como vou saber se estou pronto?" "Será que sou capaz de enfrentar os desafios apresentados por esse relacionamento?" "Vale a pena essa luta?" Evidentemente, não tenho como prever todas as suas perguntas nem como respondê-las, mas posso lhe oferecer uma pequena série de regras, que espero que você siga em sua jornada especial e desafiadora, até conseguir uma relação em que haja comprometimento.

Comprometer-se... REQUER VONTADE

Você precisa realmente querer isso em sua vida, pois, caso contrário, vai parecer que todo o trabalho não vale a pena, e você estará sempre procurando razões e oportunidades para desistir. Você não deve fazer isso só porque as pessoas lhe disseram que você tem problemas ou porque se sente culpado. Você deve se propor a fazer isso porque tem uma visão clara do que é um compromisso e quer que ele faça parte da sua vida.

Comprometer-se... REQUER TEMPO

O relacionamento que você deseja não vai acontecer da noite para o dia, só porque você sente que já está "pronto". O comprometimento é um processo que se desenvolve lentamente, em etapas, e está sempre evoluindo. Sua ansiedade para ter alguma relação que signifique algo não vai acelerar o processo. As coisas simplesmente não funcionam assim. Quando muito, podem agir contra você. Pense nisso como se estivesse construindo uma casa cômodo a cômodo, que é o único modo possível de construí-la. Aproveite o processo de construção.

Comprometer-se... EXIGE ENERGIA

Não importa o quão maravilhoso seja o seu parceiro, nem a intensidade da química entre vocês. Uma relação com comprometimento sempre exige trabalho árduo. Mas é o trabalho que traz amor para a sua vida, e isso é uma recompensa extraordinária.

Comprometer-se... EXIGE RISCO

Você vai ter de aproveitar as chances. Precisa estar vulnerável. E abrir realmente o seu coração. Quando se trata de construir um relacionamento amoroso, com compromisso, não há como ter segurança absoluta. A única maneira de você se proteger é agindo DEVAGAR, o que sempre incentivo as pessoas a fazer. Se esse é o relacionamento do século, você terá um século para desfrutar dele. Assim, assuma os riscos em pequenas doses administráveis.

Comprometer-se... EXIGE AJUDA

Preparar-se para passar o resto da vida com outra pessoa é uma coisa que você não precisa fazer sozinho. Acho, mesmo, que você não deve nem *tentar* fazê-lo. Se você pedir, terá apoio em diversos lugares. Os amigos e a família lhe darão muita força, se você deixar claro que precisa disso. Grupos de apoio também podem lhe dar muita força. Assim como grupos espirituais ou ligados a igrejas. E não se esqueça da ajuda profissional fornecida por especialistas e terapeutas. Um pequeno aconselhamento pode ajudar um casal a superar a fase de conhecimento mútuo.

Comprometer-se... EXIGE DUAS PESSOAS

Por favor, lembre-se de que um relacionamento em que haja compromisso só é possível quando ambos os parceiros estão lutando pela mesma coisa, ao mesmo tempo. Seu desejo é fundamental, mas a vontade do seu parceiro também é. Ficar totalmente comprometido com um parceiro não-comprometido é um exercício de futilidade, e muitas vezes um disfarce para seus próprios medos inexplorados. Se você e o seu companheiro não estiverem trabalhando com o mesmo objetivo, é provável que todo esse trabalho não seja recompensado.

Comprometer-se... EXIGE FÉ

Você tem de acreditar que é possível existir uma relação amorosa verdadeira entre duas pessoas. Não importa qual tenha sido seu histórico amoroso ou sua história familiar, você precisa ter fé, mesmo que tenha medo. Pode ser difícil; pode ser arrasador. Mas você sabe, do fundo do coração, que o amor está ao seu alcance. Eu sei, por minha longa experiência, que isso é possível para você. Mas você tem de trazer à tona sua própria fé.

O comprometimento real é mágico e transformará você. Construir uma vida com alguém que você ame e por quem seja amado só fará brotar o melhor que existe dentro de você. O que é maravilhoso no comprometimento – o fato realmente assombroso – é que ele dá em troca muito mais do que recebe.

APÊNDICE

Como superar as oito maiores barreiras ao amor – um breve resumo

Desafio um: a coragem de parar de culpar os outros

Pôr a culpa nos outros mascara a verdade; sempre leva a sentimentos de alienação e desligamento. Essa atitude impede que você aprenda qualquer coisa valiosa com os relacionamentos que não deram certo. Todo relacionamento tem duas partes responsáveis. Enquanto você puser a culpa nos outros pelos rompimentos ou pela falta de comprometimento em sua vida, você não irá adiante e nem crescerá. As mudanças começam quando você se responsabiliza por seus sentimentos e medos, seus sucessos e fracassos.

Desafio dois: a coragem de dizer adeus aos seus fantasmas

Todos nós somos assombrados por nossa própria história. Todos nós carregamos uma bagagem complexa. Analise o seu passado e o assuma, para poder curá-lo. E aprenda com ele. Aprenda como sua história controla suas oportunidades e seu comportamento. Aprenda de que forma seus fantasmas são responsáveis por suas complexas emoções. A mudança começa quando você encara sua própria história.

Desafio três: a coragem de se descobrir e lutar por si mesmo

Aprender mais sobre o que você é, aceitando quem é e defendendo aquilo que você é, faz parte do processo de viver uma relação. Enquanto você não se conscientizar de que precisa se conhecer, se respeitar, se preservar e se valorizar, você não irá adiante. A mudança começa quando você passa a dar um valor real ao relacionamento que você tem consigo mesmo e se sente capaz de dividi-lo com outra pessoa.

Desafio quatro: a coragem de se manter com os pés na realidade

A vida real e o amor verdadeiro acontecem num relacionamento real com um parceiro real num mundo real. Se você viver no mundo da fantasia (seja a fantasia sua ou de outra pessoa), pode até ter experiências amorosas cheias de magia, mas isso não o leva a um amor em que possa confiar. Por esse motivo, você deve se manter no mundo real. Se você nunca tiver tentado, talvez ele pareça aborrecido, mas não é, quando você se prende a ele, pois é cheio de vida e de significado. A mudança começa quando seus pés tocam o chão, e você está querendo manter essa ligação.

Desafio cinco: a coragem de se deixar conhecer

Construir uma ligação amorosa que "cole" e se fortaleça com o passar do tempo exige que você revele seu eu verdadeiro, pedaço por pedaço. Isso significa compartilhar sabiamente seus pensamentos e sentimentos que fazem parte da sua história, bem como novas experiências. Se você ficar escondido em seus relacionamentos, estará negando a si mesmo e a seu parceiro a "cola" que vai mantê-los juntos. Se você acha que só a intimidade física cria um laço duradouro, você estará roubando muito da riqueza do seu relacionamento. As mudanças acontecem quando você se torna visível.

Desafio seis: a coragem de aprender a aceitar

Chegue a um acordo com os seus problemas ligados à imagem que o levaram a escolhas tão destrutivas. Pare de ser crítico em relação a possíveis parceiros e aceite-os, abrindo a porta para uma ligação amorosa. Ao se deixar controlar por seu desejo de encontrar a perfeição, você se mantém desligado e vazio. Se você se apegar a idealizações primitivas de como um parceiro deve ser, agir ou falar, você não irá adiante. A mudança começa quando você se conscientiza da "condição humana", tanto sua quanto dos outros, e a aceita.

Desafio sete: a coragem de definir um novo caminho

O velho caminho vai continuar a levá-lo de volta ao ponto de partida. Seus antigos padrões não vão mudar sozinhos nem vão se alterar porque você quer alguma coisa diferente. Para mudar, você precisa se desligar de velhos hábitos que o mantêm preso a circunstâncias que o levam a se anular. Você tem que caminhar em novas direções. Pare de esperar um tipo diferente de parceiro, que seja capaz de revelar o que há de melhor em você – um tipo diferente de você. As mudanças começam quando você decide que é capaz de agir de outro modo em seus relacionamentos e que consegue construir uma relação duradoura.

Desafio oito: a coragem de lidar com suas ansiedades

Não se renda ao seu medo da intimidade. Você é capaz de se tornar mais forte diante do seu medo. A ansiedade é parte integrante do processo de relacionamento amoroso. O fato de nos aproximarmos de outra pessoa o suficiente para criar um vínculo duradouro sempre trará à tona questionamentos e ambivalências. A vulnerabilidade é uma constante, e as dúvidas a seu próprio respeito afloram com regularidade. À medida que um relacionamento se aprofunda, a perda da liberdade às vezes parece terrível. Naturalmente, algumas ansiedades vêm à tona. Tudo isso é normal, mas o mais importante é que você tem a possibilidade de sobreviver a tudo isso, se parar de fugir. Se deixar que o medo o domine, você não dará um passo adiante. As mudanças começam quando você se conscientiza de que é maior do que o seu medo.